Pinsker · Die Ziellinie

Für meine Kinder Clara, David und Julius

Marcus Pinsker

Die Ziellinie ist irgendwo da draußen

Vom Nordpol-Marathon, dem Comrades und anderen Läufen auf sieben Kontinenten

Arete Verlag

Bibliografische Information der Deutschen Nationalbibliothek
Die Deutsche Nationalbibliothek verzeichnet diese Publikation in der Deutschen Nationalbibliografie; detaillierte bibliografische Daten sind im Internet über http://dnb.d-nb.de abrufbar.

Titelfoto: Mike King
Alle Fotos (wenn nicht anders angegeben): Marcus Pinsker
Layout, Satz, Umschlaggestaltung: Composizione Katrin Rampp, Kempten
Druck: Plump Druck & Medien, Rheinbreitbach
ISBN 978-3-96423-110-9

Inhalt

Laufen ist überhaupt das einzige,
dann fühlt man sich gleich wie ein anderer Mensch.

Ulysses

James Joyce

Vorwort

Die Säulen des Herakles. So nannte man in der Antike die beiden Berge, die auf dem europäischen und dem afrikanischen Kontinent die Straße von Gibraltar umfassten. Dahinter lag nur noch irgendwo das geheimnisvoll untergegangene Atlantis, von dem der Philosoph Platon berichtet hatte, „jenseits der Säulen des Herakles". Aber die bekannte, die bewohnte Welt, die endete hier, am Ausgang des Mittelmeers. Herakles soll dort eine Inschrift angebracht haben. Non plus ultra. Nicht mehr weiter. Im Wappen Spaniens wurden die zwei Säulen des Herakles mit einem roten Spruchband verbunden und Kaiser Karl V. ließ *plus ultra* auf das Band schreiben. Die Grenzen wurden nicht länger akzeptiert, das Ende der unbekannten Welt wurde verschoben.

Plus ultra. Das beste Motto für einen Langstreckenläufer, das es gibt. Immer weiter. Und so laufen wir an Orten hinter den Grenzen, außerhalb der bewohnbaren Welt, an Orten, von wo es auf den ersten Blick nicht mehr weiter geht. Und weil Menschen das noch nie akzeptiert haben, geht es auch für uns eben doch immer wieder weiter. Immer weiter. „Auf das Ruder! Abfallen lassen, rund um die Welt!", so rief Kapitän Ahab mit seiner Löwenstimme aus in Hermann Melvilles *Moby Dick; oder: Der Wal.* „Rund um die Welt! Da ist viel in diesem Klang, was stolze Gefühle hervorruft", ergänzte Melville Ahabs Ausruf. Rund um die Welt, ist das nicht ein schöner, ein ewiger Traum? Und ob die Reise dann 80 Tage dauert oder ein paar Jahre ist egal. Heute wie in den Tagen von Jules Verne, Hermann Melville oder Ferdinand Magellan, der 1522 nach dreijähriger Odyssee als erster Weltumsegler nach Hause kehrte.

Die Geschichten in diesem Buch erzählen vom Laufen in arktischen Regionen und großen Städten, in Südafrika im Juni und an der Kieler Förde im Februar, im fernen Tasmanien wie im vergleichsweise nahen Mailand, von Mikroabenteuern und Begegnungen an den Enden der Welt. Und neben den äußeren Grenzen geht es immer auch um die eigenen, die inneren Grenzen, um selbstgesetzte Ziele und das ewige Streben, diese für sich selbst zu erreichen. Wir leben, weil wir laufen, und wir laufen, weil wir leben. Laufen ist ein Lebensstil, und wer es nur als lästigen Workout betrachtet, den man möglichst schnell und schmerzlos hinter sich bringen muss, verpasst das Wesentliche. Es geht um den Spaß und die Freude an der Bewegung, die Lust an jedem Atemzug, um jeden bewusst erfahrenen Moment, der uns zeigt, dass wir wirklich am Leben sind und dass wir frei sind. Frei zu laufen, wo immer wir wollen, wann immer wir wollen und so lange wir wollen.

Geht's raus und lauft, rufe ich, in leichter Abwandlung der berühmten Kabinenrede vor dem Fußball-WM-Finale 1990 von Kaiser Franz. Geht's raus und lauft. Lauft schwerelos und unbeschwert und mit der Tiefengelassenheit, die vielleicht nur ein Langstreckenläufer dem Leben gegenüber entwickeln kann. Lauft durch die Stille der Wälder, Savannen und Wüsten, durch den Lärm der Städte und über die Felsen und das Eis der Berge, über warme Sandstrände und grüne Wiesen, über Tartanbahnen und Tierpfade. Und wenn es gar nicht anders geht, lauft auch auf dem Laufband. Hauptsache, du läufst, das ist immer mein Mantra gewesen in vielen Trainingsstunden. Hauptsache, du läufst.

In diesem Sinne. Marathon plus ultra. Viel Vergnügen beim Lesen und Laufen.

Nordpol (90°0'N)

Zwei Sonnen stehen über dem Horizont. Davor erstreckt sich eine weite und menschenleere Wüste. Luke, ruft eine Frau, Luke, komm rein. Es gibt Abendessen. Dann explodiert etwas. Ich atme schwer, das Blut summt in meinen Ohren. Eine Eisschicht ist unter meinem rechten Fuß zerborsten. Ich versinke bis zum Knöchel in den darunterliegenden Schnee. Die Sonne hängt fahl und blass über dem Horizont. Natürlich ist da nur eine Sonne. Vor mir liegt das mit Eis bedeckte Nordpolarmeer. Mein Gesicht ist mit einer Maske und Skibrille bedeckt, das Gesichtsfeld wird verengt zu einem schmalen Tunnel.

Ich bin am nördlichen Ende der Welt. Eis und Schnee und immer wieder Risse und Spalten zwischen den Schollen. Und ich laufe. Auf einer Eisscholle, die sich auf der leichten Dünung des arktischen Ozeans hin und her bewegt. Hunderte kleine schwarze Plastikfahnen markieren die Strecke. Sie wackeln im Wind, das weiche Plastik wird von der Kälte sehr hart, immer wieder brechen kleine Teile raus und einige sehen schon aus, als würde der Wind sie seit Jahren hier zerfetzen, wie die alte Piratenflagge auf der Black Pearl. North Pole Marathon steht auf jeder einzelnen Fahne.

Es ist zwei Uhr morgens. Vor gut vier Stunden war der Start. Unter dem Schnee schimmert manchmal ein Stück des schwarzen glatten Eises durch. An anderen Stellen türmen sich die Eisplatten zu kleinen Erhebungen wie auf dem Bild von Caspar David Friedrich. Eine Welt aus Wasser und Eis und ohne feste Behausungen der Menschheit. Sehr viel weiter kann man sich von der Erde nicht mehr entfernen, ohne sie endgültig zu verlassen.

Von derlei romantischen Anwandlungen bin ich aber gerade weit entfernt. Das Rennen gestaltet sich leider mühsamer als geplant. Eine schwarze Schutzmaske bedeckt Nase und Mund und soll bleibende Frostschäden im Gesicht verhindern. Die hustenartig herausgestoßene Atemluft wird aber trotz der vorhandenen Luftschlitze zum Großteil in das Innere der Skibrille gepresst. Die Gläser beschlagen, obwohl ich schon den ganzen Schaumgummi aus den Lüftungsöffnungen entfernt hatte. Meine Ohren sind durch die enganliegenden beiden Mützen dicht verschlossen. Es fühlt sich an, als hätte man mir wie einst dem Odysseus Wachs in die Ohren geschmiert. Ich höre nur mit den Innenohren meine eigenen Laufgeräusche. Alle Feuchtigkeit in meiner Kleidung ist verschwunden, zu Eis gefroren, bei jedem Schritt zerplatzt der mich umgebende dünne Eispanzer. Von der bizarren Außenwelt höre ich fast nichts. Ein Eisbär könnte mich von hinten so lautlos packen wie ein weißer Hai. Damit die Kälte ein wenig von der Nasenschleimhaut abgemildert wird, versuche ich es immer wieder mit der Nasenatmung, was aber wegen der Maske schwierig ist. Bis heute bin ich keinen Marathon gelaufen und habe dabei nur durch die Nase geatmet. Es funktioniert auch heute nicht. Man kann keinen Marathon laufen und nur durch die Nase atmen, ich ersticke ja beinahe.

Weit vor mir sehe ich mal wieder jemanden. Vierzig Teilnehmer sind wir, verteilt über eine 4.2 Kilometer lange Runde. Trotzdem ist man stellenweise ganz allein auf dem Eis. Das größte Problem ist aber im Moment gar nicht mehr die Kälte. Das Problem ist der Boden. Der Schnee bekommt durch die starke Kälte eine sandartige Struktur. Statt platt und fest getrampelt zu werden von unseren immer wiederkehrenden Schritten, wie ich das eigentlich erwartet hätte, wird er immer weicher. Je öfter wir also die Runden gelaufen sind, umso tiefer sinken die Füße darin ein. Darunter erschweren dann noch unebene Eiskanten, Stufen, kleine Schlaglöcher und glatte Flächen einen schnellen Schritt. Ich wollte den Lauf hart angehen und direkt von Anfang an stark laufen und ich war wirklich gut in den Lauf gestartet. Ein Finish unter sechs Stunden wäre in allen Jahren zuvor eine Top-Ten-Platzierung gewesen. Das hatte ich mir zugetraut, das war mein Ziel. Ich wollte hier nicht nur finishen, ich wollte eine gute Platzierung. Mein Traum trifft auf die Wirklichkeit. Und zerplatzt. So ist Realität eben. Eine andere Wirklichkeit. Und manchmal eine weniger schöne.

Die Sonne bleibt über dem Horizont und umwandert diesen einmal komplett im Kreis. Sie geht zwischen März und September nicht unter. Es ist Frühling in der Arktis, übermorgen ist Ostersonntag. Auch wenn es nicht mehr so kalt ist wie im Winter, waren es beim Start minus 30 Grad. Seit über vier Stunden kämpfe ich mich jetzt schon hier durch einen immer tiefer werdenden, immer schwerer zu laufenden Sandschnee. Immer wieder Gedanken der Panik. Hoffentlich hält das Eis. Hoffentlich kommt kein Eisbär. Hoffentlich erfriere ich mir nichts. Die Vorstellung einer Spalte in der dicken Eisplatte, die sich kurz auftut und dann wieder verschließt. Spurloser kann man gar nicht verschwinden. Keine Eisbären in Sicht. Würde mir auch wenig nutzen, wenn ich ihn noch sehen würde. Eisbären sind Linkshänder und sehr schnell. Irgendwann kommt ein wenig Schnee in die Schuhe, trotz Gamaschen, trotz wasserdichter Schuhe. Wenn die Zehen erfrieren, merkt man das nicht direkt, erst wenn es wieder warm wird, kommt der Schmerz. Erst wenn man die Schuhe auszieht, sieht man die toten Zehen. Ist ja entzückend. Denk mal an was anderes. Versuche ich ja. Wie viele Runden noch? Ich glaube noch drei. Oder vier? Positiv denken. Ich komme gut durch. Das stimmt nun wiederum so offensichtlich gar nicht, dass es als Motivation nicht funktioniert. Ich komme nicht gut durch. Selbst das Wort Jogging wäre noch zu viel gesagt für das Schlurfen hier. Mike Spino nennt in *Beyond Jogging* verschiedene Lauftempi, darunter das Shuffle-Laufen im Fresh-Swing-Tempo, langsam laufen, aber dabei locker bleiben. Das erste Ziel gelingt, das zweite eigentlich nicht. Mike King, offizieller Fotograf des Rennens, empfahl, wir sollten nicht winken, wenn wir ihn sehen, sondern möglichst übertriebene Bewegungen mit den Armen machen, das sähe auf den Fotos dann dynamischer aus. Wir sind hier doch wohl beyond Jogging. Wir laufen Marathon am Nordpol. Und irgendwann wird es sicher doch wie immer, wie bei jedem Marathon, einfach immer weiterlaufen, einfach nur noch laufen, die Ziellinie ist irgendwo da draußen. Schritt für Schritt, das Tempo ergibt sich von selbst, mehr kann man nicht machen. Die Sorgen vor Eisspalten oder Eisbären lösen sich auf, inmitten der schneeweißen himmelblauen Landschaft. Das Laufen erfüllt den Geist voll und ganz mit sich selbst. Wieder einmal.

Sechshundert Stück der im Wind flatternden schwarzen Fähnchen hat Renndirektor Richard Donovan vor dem Start in den Schnee gesteckt und die Route markiert. Ich gehe wieder ein paar Meter. Diese Runde noch und dann noch? Wie viele habe ich noch? Drei, glaube ich. Ja, drei noch. Was für eine Zeit wird das? Ich habe keine Uhr über der Jacke, sie läuft unter den Handschuhen und der Jacke, die Kälte der Luft würde die Batterie zu schnell entladen. Es ist noch eine ganze Weile zu laufen. Denk nicht drüber nach, wie lange noch.

Denk am besten gar nicht mehr nach. Konzentriere dich auf das Laufen. Auf den nächsten Schritt. Auf das Gefühl des Bodens unter deinen Füßen. Was machen die Arme? Wie fühlen sich Rücken und Bauch an? Schritt für Schritt geht es über das Eis. Ich verfalle wieder in meinen Shuffle. Schnelles Laufen ist mir hier nicht möglich. Einfach versuchen, möglichst ohne großen Widerstand über die Strecke zu cruisen. Ein klassischer Shuffle eben. Die Füße wenig anzuheben, mit so wenig Anstrengung wie möglich, so wenig Druck wie nur geht, über den Boden zu schweben. Vielleicht ist es doch nur Jogging? Lass den Gedanken davonziehen in die Einsamkeit des Pols. Dann löst er sich auf im kalten Nichts. Die Sonne umkreist mich und der Himmel ist von einer eigenartigen Konsistenz. Als wäre man kurz davor, die Erde zu verlassen. Kalt ist mir gerade nicht. Es ist wirklich anstrengend und meine Ausrüstung perfekt.

Wie einfach der Nordpol zu erreichen ist. Also, eigentlich. Im Prinzip. Und im Vergleich zum Südpol. Wir leben in verrückten Zeiten, wenn so etwas möglich ist. Mit zwei normalen Linienflügen kommt man über Oslo schon nach Spitzbergen und ist in der Hocharktis. So bezeichnet David Attenborough Spitzbergen. Hocharktis klingt sehr bedeutend. Svalbard. 78°13'Nord, 15°38'Ost. Das ist schon einmal weit nördlich vom Polarkreis bei 66°33', der magischen Grenze, an der die Sonne an den Tagen der Sonnenwende nicht mehr auf- oder untergeht. Auf der Südhalbkugel liegt dieser Punkt mitten auf dem antarktischen Kontinent und ist deutlich schwerer zu erreichen. Allerdings enden dann auf Spitzbergen auch die kommerziell verfügbaren Linienflüge. Und damit unsere normale Welt. Mit zwei Linienflügen in wenigen Stunden tief hinein in die Arktis. Als hätte man den Eingang in den Kaninchenbau gefunden, der Alice ins Wunderland führte. Es ist wirklich unglaublich, wie einfach der Nordpol heute zu erreichen ist. Naja, also eigentlich. Von Svalbard sind es dann noch einmal knappe 1.300 Kilometer bis zum Pol. Und die sind nicht mehr ganz so einfach zu bewältigen.

Vor einem Jahr hatte ich mich online angemeldet. Eine Anzahlung wurde geleistet, die release from liability unterschrieben und mit der Post verschickt. Mein Name erschien in der Teilnehmerliste. Planung ermöglicht Vorfreude und Vorbereitung. Bücher lesen. Träume träumen. Laufbedingungen wie für einen Astronauten. Totale Kälte. Absolute Abgeschiedenheit. Schnee und Eis und darunter ein tiefer Ozean und am Grund des Ozeans der Nordpol. Der Gedanke daran fühlte sich fremd und unwirklich an. Und ein wenig beängstigend.

Ich fliege Anfang April nach Oslo. Hier ist eine Übernachtung vorgesehen. Ich treffe W. aus Wien und seine Freundin beim Frühstücksbrunch, sehr gute Freunde aus Österreich. Nach einem Bummel durch die Stadt, vorbei am Neuen Opernhaus und einem fernen Blick auf das königliche Schloss, landen wir im Hard Rock Cafe Oslo. Vor einer Gitarre, auf der Kurt Cobain gespielt hat, verharre ich andächtig. Eine Fender Mustang in arcticblue. „Kurdt" steht handgeschrieben darauf. Erinnerungen an Nirvanas letzten Live-Auftritt in München-Riem, dem ausrangierten Flughafen. Wie passend. Am Ende sang Kurt Cobain *Heart-Shaped Box*. Es war sein letztes live gespieltes Lied. Einen Monat später am 5. April war er tot und die Frage „who shot Curt Cobain" hat mich eine Zeitlang sehr umgetrieben. Es gab Bücher und Fernsehdokus darüber. Aber vielleicht war es am Ende doch ein Selbstmord. Ich muss mich vom Anblick der Gitarre und vielen Erinnerungen losreißen. Er war nur ein Jahr älter als ich und ist jetzt doch schon so lange tot. Die beiden Österreicher essen eine Kleinigkeit. Ich trinke viel schwarzen Kaffee. Wie immer vor so einem großen Lauf befinde ich mich in einer alkoholfreien Zeit. „Bonjour tristesse" steht in riesigen schwarzen Buchstaben auf einem grauen Kreuzberger Wohnhaus.

Am nächsten Tag geht es weiter nach Svalbard, wie sie die Norweger nennen, die kühle Küste. Eine geheimnisumwitterte Inselgruppe hoch oben im Nordatlantik. Der als Entdecker der Inseln geltende Niederländer Willem Barents sichtete die Inseln 1596 auf der Suche nach der Nordostpassage und benannte sie nach den spitzen Bergen der Westküste. Die bis dato unberührte Tierwelt wurde in der Folge rasch und brutal dezimiert, besonders durch den intensiven Walfang. Grönlandwale und der Atlantische Nordkaper, Narwale und Finnwale und Blauwale, alle wurden bis an den Rand ihrer Ausrottung gejagt. Später kamen noch Felljäger dazu und setzten das Schlachten an Land fort, Opfer wurden nun Walrosse, Eisbären, Polarfüchse und Robben. Heute sind Walrösser und Eisbären zwar vor der Jagd durch den Menschen geschützt, dafür droht ihnen jetzt, Ironie der Geschichte, die endgültige und unwiederbringliche Ausrottung. Durch die globale Erwärmung. Wir könnten die letzte Generation sein, die sich die Erde mit frei umherstreifenden Eisbären teilt. Denn das Aussterben hat bereits begonnen. Das Leben in der Arktis hängt vom Eis ab. Und wenn die Muttertiere nicht genug zu fressen haben, werden die Babys zu klein geboren, und das bedeutet in dieser wie in jeder Wildnis aber einfach nur zu schwach. Zu schwach für den ersten Winter. Und so könnte der große weiße Bär verschwinden, weil seine Babys ihren ersten Winter nicht mehr überleben können. Und das alles vor unseren Augen. Den kalten Augen einer daran nicht interessierten Menschheit.

Der Flug wird durch einen kurzen und merkwürdigen Stop in Tromsø unterbrochen. Jeder muss aussteigen, aber wir können das ganze Handgepäck auf unserem Platz lassen. Dann werden wir einmal im Kreis durch das Gebäude geführt, bevor wir wieder einsteigen. Immerhin bekommt jeder wieder seinen alten Sitzplatz. Neue Gäste scheinen nicht hinzugekommen zu sein. Ob sie in der Zwischenzeit getankt haben oder der Stopp dem Erwerb weiterer Alkoholreserven diente, bleibt unklar.

Wir landen schließlich auf dem Flughafen in Longyearbyen. Der amerikanische Unternehmer John Munroe Longyear gründete 1906 eine kleine Siedlung, um Kohle abzubauen. Auch wenig schmeichelhaft als „das Lager" bekannt. Aus Longyear-City wurde später das norwegische Longyearbyen. Zwischen den Gepäckbändern steht ein ausgestopfter Eisbär. Svalbard Lufthavn 78°15N, 15°30E steht auf einer weißen Tafel vor dem Flughafen. Darunter zeigen ein paar Pfeile in verschiedene Richtungen. Sydpolen 18.699 Kilometer steht auf einem. Nordpolen auf einem anderen. Dorthin sind wir unterwegs. 1.309 Kilometer. Tromsø 957 Kilometer, da kommen wir her. Bangkok 8.378, Hamburg 2.743. Von Hamburg zum Nordpol sind es gerade einmal 4.050 Kilometer. Das entspricht ungefähr einem Flug von New York nach Los Angeles oder von Lissabon nach Moskau. Nicht direkt um die Ecke, klar. Aber auch nicht unvorstellbar weit.

Unser Hotel wirkt von außen wie eine mit einem Dach versehene Ansammlung von Containern. Neben der Eingangstür hängt ein Schild. BYOFS. Gemäß der Tradition auf Svalbard werden wir gebeten, die Schuhe auszuziehen und in dem dafür bereitstehenden Regal zu deponieren. Überall gilt BYOFS, im Hotel, im Museum, in den Schulen, in vielen öffentlichen Einrichtungen. Bring your own fuzzy slippers. Die Zimmer sind schlicht und zweckmäßig. Expeditionscharakter im nördlichsten mit Personal ausgestatteten Hotel der Welt. Dafür stehen im Frühstücksraum bequeme Ledersessel. Und eine Bar gibt es auch. Aus den weiten Fenstern hat man einen guten Blick auf schneebedeckte Berge, den anmutigen Hiorthfjellet und die eisfreie Bucht. Das Thermometer zeigt milde minus sechs Grad, in der Sonne ist es sicher noch ein wenig wärmer. Es ist Frühling in der Arktis. Und uns trennen jetzt wirklich nur noch 1.300 Kilometer vom Pol.

Die knapp 2.000 Einwohner leben heute vor allem von der wissenschaftlichen Forschung und, seit der Flughafen 1975 eröffnet wurde, noch vom Tourismus. Der Kohleabbau lohnt schon lange nicht mehr. Menschen aus über 50 Nationen leben hier. Spitzbergen ist ein perfekter Fluchtort vor dem Chaos der großen Städte. Dauerhaft bleiben wenige, sieben Jahre ist die durchschnittliche Verweildauer. Eine indigene Bevölkerung gab es nie. Auf den Speisekarten der Restaurants findet sich Wal Carpaccio und Rentier in Lingonberry Sauce.

Von 1971 bis 2017 wurde es im Jahresschnitt um sieben Grad wärmer. Der Permafrostboden taut bereits. Spitzbergen ist einer der Orte mit dem schnellsten Temperaturanstieg weltweit. Und die Prognosen sagen für die Inselgruppe einen weiteren Temperaturanstieg bis ins Jahr 2100 um 18 Grad voraus. Dazu kommt ein Anstieg des jährlichen Niederschlags um 65 %. „Ich möchte ein Eisbär sein im kalten Polar." Der Grauzone-Klassiker aus dem kalten Jahr 1980. Das würden die Eisbären von heute wohl nicht mehr unterschreiben.

Am Nachmittag mache ich einen kleinen Trainingslauf. Aus der Ferne wirkt Svalbard wie eine Geisterstadt. Die industriellen Überreste des Kohleabbaus hängen schwarzen Gerippen gleich im Weiß der Berge. Ich muss unbedingt noch einmal hierher zurückkommen. Ich will den Global Seed Vault besuchen. Ich möchte Polarlichter sehen und Eisbären in ihrer natürlichen Umgebung erleben. Longyearbyen scheint mir ein guter Ort dafür zu sein. Ein weißer Eisbär auf schwarzem Grund in einem roten Warndreieck, das Warnschild gibt es weltweit nur hier. Gjelder hele Svalbard steht drauf, überall auf Svalbard gibt es Eisbären. Ich kaufe eines als Magnet für den Kühlschrank. Weil der Mensch für den Eisbären im Gegensatz zu den meisten anderen Bären ein Beutetier ist, sind die Führer bei den Touren immer bewaffnet. Ganz generell gilt, ohne Schusswaffe soll man die Stadt nicht verlassen. In der Hotellobby steht der nächste ausgestopfte Eisbär, aufgerichtet auf seinen Hinterbeinen. Ein junger Brite ist kürzlich in seinem Zelt auf dem Campingplatz von einem Eisbären zerfleischt worden. Weil es auch verboten ist, mit einer Schusswaffe die Bank zu betreten, gibt es auch hierfür Schilder. Schusswaffen verboten. Klingt eher nach Wildem Westen als nach Europa.

Meine Laufjacke ist leider viel zu warm. Zum Laufen. Die anderen haben alle nur papierdünne Windjacken dabei. Daheim konnte ich mir nicht vorstellen, dass das reichen soll. Im Laden für „Touristen aus der großen Stadt, die wo absolut keine Ahnung haben" suche ich mir zwei Jacken aus, eine dünner als die andere. Sie bieten eigentlich nur Schutz gegen Wind und Regen. Aber genau darum geht es ja, wie eine Zwiebel sollst du laufen. 750 € kosten die beiden, aber was soll's. Ich fliege zum Nordpol Marathon und habe ganz offensichtlich keine passende Jacke zum Laufen dabei. Es gibt eine Grundregel für den Marathon, nämlich im Rennen nie etwas Neues zu verwenden, nichts, was nicht lange und ausgiebig im Training getestet wurde. Ich werde mich leider wieder einmal nicht daran halten können.

Am Dienstag treffen wir das erste Mal die ganze Gruppe. Vierzig Teilnehmer aus 16 Ländern. Richard hat gleich mal schlechte Nachrichten für uns. Der Abflug verzögert sich um mindestens zwei Tage. Die Landebahn konnte nicht fertiggestellt werden, weil es in den letzten beiden Wochen zwischen minus 40 und 50 Grad kalt war und nicht wie sonst um diese Jahreszeit nur minus 30 Grad. Rund 800 Meter von der Landebahn fehlen noch. Die Russen machen das meiste davon mit Schneeschaufeln per Hand, unterstützt von zwei kleinen Planierraupen. Die Rückflüge sind natürlich alle fest gebucht. Weil am kommenden Sonntag Ostern ist, macht sich ein wenig Unruhe breit. Ich checke die Flugpläne kurz. Gibt wie zu erwarten aber kaum Alternativen. Wenn ich meinen Rückflug nicht erwische, sitze ich für die ganze Woche hier fest. Es gibt im Prinzip Schlimmeres. Lasse es einfach auf dich zukommen. Jetzt kannst du sowieso erst einmal nichts machen. Von Spitzbergen zum Nordpol ist es eben doch kein normaler Linienflug mehr. Richard berichtet dann erst einmal weiter von der Geschichte des Nordpol Marathons, zeigt alte Fotos und gibt noch ein paar Tipps.

„Wenn ihr denkt, dass ihr langsam lauft", sagt er, „lauft noch langsamer. Ihr könnt erst während des Rennens euer eigentliches Tempo finden."

„Ihr solltet sehr langsam starten, damit schont ihr eure Reserven."

„Ihr werdet deutlich länger unterwegs sein als bei einem normalen Stadtmarathon."

Am Ende der Einführung bekommen wir unsere Startnummern, eine sehr coole Mütze, das entsprechende T-Shirt, einen Sticker und einen Beutel. Wir versammeln uns in der Lobby um den aufrechtstehenden Eisbären herum für das Gruppenbild. Danach begeben wir uns in die Ledersessel der Bar. Ich trinke viel Kaffee und ein wenig Wasser.

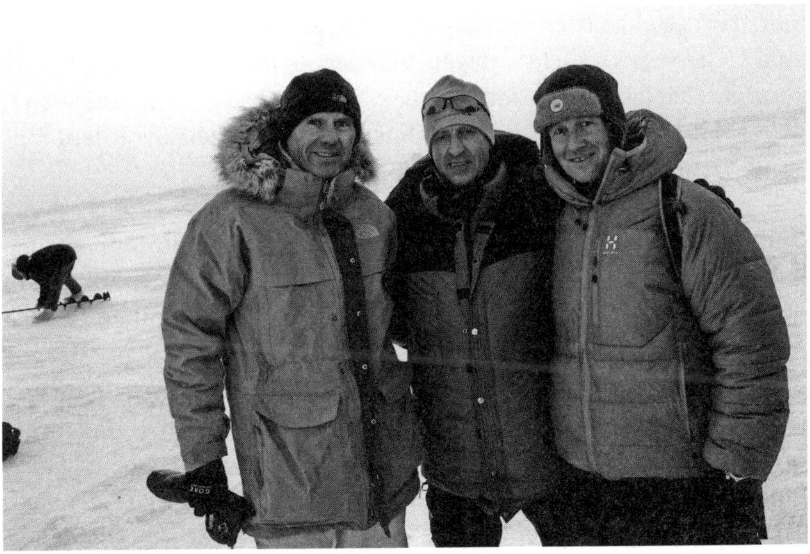

Mittwoch. Heute wäre eigentlich unser Flug zum Nordpol gewesen. Ich mache wieder einen Test- und Trainingslauf. Auf einer kleinen Anhöhe vor einem zerklüfteten Hügel steht eine kleine Kirche aus rotem Holz. Das Dach ist mit grauen Schindeln gedeckt. Svalbard Kirke steht auf einem Schild. Es ist offiziell die Kirche unseres Erlösers auf Spitzbergen. Sie war lange Zeit die nördlichste Kirche der Welt, verlor diesen Titel aber mittlerweile an die Church of St. Nicholas the Miracle Worker in einer russischen Militärbasis. Die Tür ist offen, ich trete ein. Niemand da, scheint es, nur im Augenwinkel eine Gestalt, ich schau nach links und erstarre buchstäblich. Ein Eisbär steht da. Die Sekunde verstreicht, er rührt sich nicht. Ist auch ausgestopft. Meine Güte, mein Herz kommt wieder in Gang, ich kann wieder einatmen. Wer stellt denn einen ausgestopften Eisbären in eine Kirche, direkt zwischen den Fenstern und neben die Sitzreihen? Ich setze mich kurz auf einen der Holzstühle und beruhige mich langsam. Alles ist gut. Himmelblau ist das Holz des Taufbeckens und der schlichten Kanzel. Bilder aus dem Leben Jesu zieren den Altar. Es ist eine hübsche Kirche. Auf der Ebene davor grasen Spitzbergen-Rentiere, eine Unterart, die nur hier vorkommt. Es gibt hie und da ein paar Lücken über der kargen Tundra, wo der Wind den Schnee weggeblasen hat. Braunes Gras oder Wurzeln, kaum vorstellbar, dass hier etwas Nahrhaftes zu bekommen ist. Sie müssen sich im Sommer eine dicke Speckschicht anlegen, von der sie im Winter leben. Klingt vertraut. Ich laufe zum Hotel zurück, vorbei an der Bucht, vorbei am Supermarkt. Auch hier steht ein ausgestopfter Eisbär vor dem Eingang. Vielleicht hätte ich mitzählen sollen.

Donnerstag, geplanter Tag des Marathons. Wir sitzen immer noch hier fest und niemand weiß, wann es weitergeht. Manche nutzen die Zeit für Ausflüge mit einem Schneemobil. Eisbären beobachten und über die Insel fahren. Ist mir zu riskant, am Ende erkälte ich mich noch. Mein ganzes Sein ist auf den Nordpol Marathon ausgerichtet. Lesen und spazieren gehen, essen und schlafen. Hauptsache, ich bleibe gesund. So vergeht die Zeit des Wartens. Der nördlichste Punkt der Erde ist der geographische Nordpol, das Ende der Erdachse im Norden. Daneben gibt es noch einen arktischen Magnetpol, einen arktischen geomagnetischen Pol und für Romantiker den Nordpol der Unzugänglichkeit. Dieser liegt ungefähr 660 Kilometer vom geographischen Nordpol entfernt und ist der küstenfernste Punkt im Nordpolarmeer. Wahrscheinlich lebt hier deswegen auch der Weihnachtsmann.

Am Freitag gibt es grünes Licht. Die Landebahn ist fertig. Die russische Antonov kann immer nur 20 Leute transportieren, es werden zwei Gruppen gebildet. Ich bin in der ersten Maschine um 9.00 Uhr. Der Flug wird zweieinhalb Stunden dauern, dann laden sie aus, fliegen zurück und holen die zweite Gruppe. Die wird so gegen 18.30 Uhr erwartet. Geplant sind zwei Nächte Aufenthalt, es gibt also ein kleines Zeitpolster für den Marathon. Aber wann genau wir laufen können, entscheidet Richard kurzfristig erst vor Ort. Bei dem Flugzeugtyp Modell AN-74TK-100 können die Flügelvorderkanten enteist werden, das erweitert die Einsatzzone bis zu minus 60 Grad. Die Zuverlässigkeit dieses alten Flugzeugs ist garantiert. Ich hatte nie und zu keinem Zeitpunkt irgendwelche Zweifel oder Bedenken. Auch wenn es im Inneren der Maschine aussieht, als wäre sie noch vor der ersten Mondlandung gebaut worden. Aber vielleicht gerade darum. Zum Nordpol. Nach Norden! Los!

Wir überfliegen die Zauberwelten von Spitzbergen. Soweit das Auge reicht nur Wasser und schnee- und eisbedeckte Inseln. Das Nordpolarmeer selbst ist hier noch eisfrei. Aus dem Weltall betrachtet ist die Erde sowieso ein Wasserplanet. Ein blauer Ball, umgeben vom dunklen Schwarz des Weltalls. Die dreißig Prozent Landfläche fallen kaum auf. Während ihrer Entstehung soll die Erde sogar mal ein Miniplanet gewesen sein. Was immer das auch heißen mag. Ich lese über die moderne Lehre vom Eis. Hervorgegangen aus der Gletscherkunde des 19. Jahrhunderts. Eine Eiskappe, lese ich, ist ein Plateaugletscher auf einer Landmasse. Wie in der Antarktis. Wir fliegen in die Arktis. Die Eiskappe hier ist eine Packeiszone, die umgeben von Treibeis auf dem Arktischen Ozean schwimmt. Polare Eiskappen gibt auch auf dem Mars. Packeis, Treibeis, Schelfeis. Eisschollen und Eisberge. So viele Begriffe vom Eis und Schnee. Dann gibt es noch die Eisschilde in Grönland und der Antarktis. Der Definition nach erfordert ein Eisschild mindestens 50.000 km^2 geschlossenes Gletschereis. Kleinere Gletscher sind nur Eiskappen. Ich kann es nicht mehr auseinanderhalten. Eiskappe, Eisschild, polare Eiskappe. Egal. Die Wahrnehmung verschwimmt, die Zeit bleibt vielleicht ein wenig stehen hier oben, die Maschine des Flugzeugs brummt, viele schlafen in ihren Sitzen. Ich döse ein wenig und blättere in einem zerlesenen Buch herum und blicke auf das blaue Wasser hinab. Der Horizont geht über in den Himmel und die Sonne. Alles löst sich auf im Blau. Das Spiegeln der Sonne auf dem Wasser, die ersten Eisschollen werden größer und das Treibeis geht in eine geschlossene Packeiszone über. Von hier oben sieht die Erde jetzt wirklich aus wie ein Eisplanet, der Horizont ist stark gekrümmt, der Himmel dunkelblau, der Ozean bedeckt von der nun endlos wirkenden weißen Fläche aus Eis. Aber die Eisdecke ist nur vermeintlich geschlossen, überall sind große Risse im Eis zu sehen, Türme und Verwerfungen, große Bruchstellen, man kann immer wieder den freien Ozean sehen. Wo sollen wir denn da landen? Wo einen Marathon laufen?

„Die Russen machen das hier jedes Jahr, die kennen sich im Eis aus", so die beruhigenden Worte der Organisatoren.

„Net problem", lacht der Pilot.

Als ich an die offene Tür und hinaus in die frische Luft trete, kann ich das Knirschen und Erstarren fast hören. Alles Wasser in meiner Kleidung, an meinem Körper gefriert mit einem Schlag. Ich bin sofort hellwach. Über die Treppe staksen wir hinunter auf die schneebedeckte Eisscholle, ich ziehe mir schnell den Buff über das Gesicht. Es ist echt kalt. Für minus 30 Grad sind meine Jeans trotz langer Unterhose bei weitem keine adäquate Kleidung mehr. Aber ich wollte nicht mit einer Skihose im Flugzeug sitzen. Und wenn ich mir die dicken weißen Winterstiefel ansehe, die die Russen und die Veranstalter tragen, sogar ein paar der Läufer haben welche an, dann sind meine ungefütterten Lederstiefel auch nicht ganz der Lage angepasst. Sorel heißen diese weißen Kraftpakete, das Emblem ist ein Eisbär, vor einer orangefarbenen Sonne. Sollte ich noch einmal hierherkommen, muss ich auch diese Stiefel haben, bis minus 70 Grad würden diese Schuhe taugen. Ich sag's ja, die muss ich haben. Beim nächsten Mal. Wenn es ein nächstes Mal gibt. Die Antonov wird mit laufenden Motoren entladen. Man kann die Motoren nicht ausstellen, weil sie möglicherweise nicht mehr angehen. Und sie fliegt ja ohnehin gleich wieder zurück, das Eis kann ihr Gewicht nicht lange tragen. Wir schauen beim Ausladen zu. Ein Fernsehteam macht Interviews. Dann schließen sich die Luken und das Flugzeug rollt an das Ende der Startbahn. Motoren heulen auf und die Gewalt ihrer beiden Turbinen, die wie große runde Ohren über den Tragflächen ruhen, explodiert in einer Wolke aus Schnee und Eis und Windwirbeln. Für einen kurzen Moment verschwinden wir im White Out, dieser weißen Blindheit, in der die Konturen verschwinden, wie eine Mondrakete schiebt sie sich an uns vorbei, alles wird weiß und löst sich im leeren Raum auf. Am Ende der Startbahn erhebt sie sich aus dem weißen Sturm und steigt würdevoll in den blauen Nordpol Himmel hinauf. Die Luft beruhigt sich wieder. Der White Out löst sich auf. Wir bleiben zurück auf dieser Eisscholle mitten im arktischen Ozean. Es fühlt sich merkwürdig an. Das Einzige, was an das Anthropozän erinnert, sind die beiden MI8-Helikopter. Das Eis ist in Bewegung, die genaue Entfernung zum Nordpol daher nicht konstant. Keine 20 Meilen sind es bei unserer Ankunft. Camp Barneo. Sehnsuchtsort für Abenteurer und Verrückte, Wissenschaftler und Fotografen, Sportler und Exzentriker. Anlaufort für die meisten, die zum Nordpol wollen. Das nördlichste Forschungslager weltweit, betrieben von der Russischen Geographischen Gesellschaft. Es wird jedes Jahr Ende März, Anfang April neu errichtet und steht dann lediglich für ungefähr dreißig Tage zur Verfügung, bevor die Eisdecke im Sommer schon wieder zu instabil wird. Alle mobilen Teile werden eingepackt, bis auf die beiden Planierraupen, die für das Anlegen der Landebahn erforder-

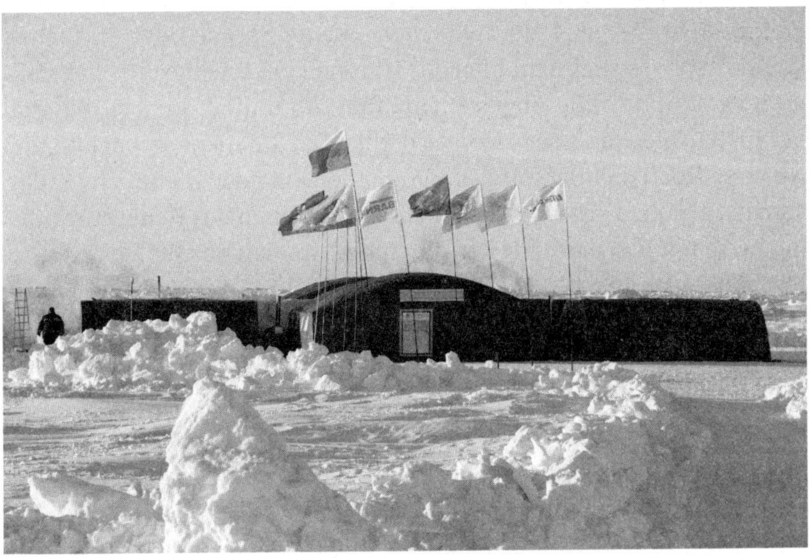

lich sind. Sie seien zu schwer für einen Rücktransport und so versinken zwei Planierraupen Jahr für Jahr im Ozean. Immerhin, so sagt man uns, Öl und Benzin werden vorher abgepumpt. Wir bekommen unsere Feldbetten im 12-Personen-Zelt und russische Vollpension. Die Toilette steht am Rand des Camps, das aus mehreren Schlafzelten, Küchen- und verschiedenen größeren Aufenthaltszelten besteht. Weil jedes Zelt wie ein Luftballon mit warmer Luft aufgeblasen wird, muss alles hermetisch abgedichtet sein. Auch der Fußboden ist Teil dieser Blase ist und Schuhe dürfen nur ohne scharfe Kanten getragen werden. Das Geräusch der brummenden Dieselgeneratoren nimmt man schon bald gar nicht mehr war.

Ich laufe rund um das Camp eine erste kleine Runde. Start und Zielbanner stehen bereits. Rundum freier Blick bis zum Horizont. Ich atme tief ein. Die Luft hier hat ihren ganz eigenen Geschmack, bilde ich mir ein, sie vermittelt ein ganz eigenes Gefühl. Als würde der ganze Körper mit tiefgefrorenem, dunkelblau funkelndem Meersalz eingepökelt werden. Die Weite der Polarkappe ist überwältigend. Ein makellos blauer Himmel liegt ausgebreitet über uns, darunter Eis und Schnee, Schatten und Lichtbrechungen, das endlose Weiß nur unterbrochen durch die Farbtupfer der Fahnen und bunten Zelte unseres Camps. Die Fahnen flattern laut klappernd im kalten Wind. Es gibt keine Vögel, kein Zwitschern, keine Bäume oder Sträucher, keine Farben, außer dem Blau des Himmels. Es ist eine wirklich vollkommene und totale Abgeschiedenheit. Ab und an verirrt sich mal ein Eisbär hierher, aber eigentlich kommen sie nicht so hoch in den Norden. Noch nicht zumindest. Wenn das Eis noch mehr schwindet, werden sie dazu gezwungen sein. Das Brummen des Generators, der die Zelte mit warmer Luft befüllt, und ab und an das Bellen des Huskys. Ansonsten Stille. Kälte. Unter mir 4.000 Meter dunkler Ozean. Über mir der Himmel über dem Nordpol. Man ist dem Gefühl, wirklich und leibhaftig auf einem fremden Planeten zu stehen, immer sehr nahe in den arktischen Regionen. Lebensfeindlich. Kalt. Unbewohnt. Fantastisch. Wir sind in einer fremden Welt, nichts und niemand braucht uns hier. Ein Wüstenplanet aus Eis und Wasser. Es ist surreal, hier zu sein. Das Eis und der Himmel sind in ein außerirdisches Licht getaucht. Ich schau noch einmal in Richtung Sonne, ist da nicht eine zweite daneben, nein, natürlich nicht. Ich dreh mich um und geh wieder ins Camp zurück.

Gegen 20.30 Uhr kommen alle zusammen. Es gibt eine Einweisung über die gewünschten Verhaltensregeln im Camp. Wir sollten vor allem nicht alleine zu weit vom Camp weggehen, es seien zwei Eisbären! Der russische Leiter des Camps macht eine kurze Pause. Sieht in unsere Gesichter, vermutlich erweitert sich gerade die ein oder andere Pupille, Stress bedingt. Meine sicher.

„Keine Sorge", lacht er dann, „keine Sorge, das war letztes Jahr. Dieses Jahr waren noch keine da."

Witziger Typ, gefällt mir. Und sie haben einen weißen Husky, der meistens die nie untergehende Sonne anheult. Er dient als Wache gegen die Eisbären. Aber wie gesagt, es gibt eigentlich keine hier oben am Pol. Eigentlich bedeutet, der ein oder andere verirrt sich eben doch und letztes Jahr waren tatsächlich zwei Eisbären bis zum Camp gekommen. Er lacht wieder und sagt dann, dass die, die es soweit nach Norden verschlägt, besonders hungrig seien. Aber sie würden schon auf uns aufpassen. Es gebe genug Männer mit Gewehren, die die Strecke des Laufs absichern.

„Das Leben wird sich", sagt Richard, „das Leben wird sich für euch nach dieser Reise in zwei Abschnitte teilen. Ein Leben, bevor ihr am Nordpol wart. Und das Leben danach."

Er macht eine Pause.

„Der Start ist heute. Um 22 Uhr."

Das Wetter sei gut und die Vorhersagen bis morgen auch. Kein Grund zu warten. Das ist nun doch ein wenig überraschend kurzfristig, da bleibt ja gerade mal noch Zeit zum Umziehen. Aber in der Wildnis kann auf Banalitäten wie Schlaf keine Rücksicht genommen werden. Wenn das Wetter gut ist, muss gelaufen werden. Das ist schon richtig. Wer weiß, wie das Wetter morgen wird. Wenn man laufen kann, sollte man es auch nicht aufschieben. Sie werden uns ja kaum eine Woche hier beherbergen, nur weil wir gerne um 8.00 Uhr morgens starten wollen. Es kommt das Go, die Aufforderung uns startklar zu machen. Umziehen. Toilette. Das ganz normale Programm vor einem Marathon eben. Apropos Toilette. Hinter aufgetürmten Eisblöcken steht ein Eimer, davor ein handbeschriebenes Schild. Ist vielleicht nur ein Scherz für die Fotos der Besucher. Vielleicht aber auch nicht.

Zum Gruppenfoto am Start bedeutet der Fotograf mir, ich solle mich hinknien. Beim Aufstehen verdrehe ich mir das Knie, ein scharfer stechender Schmerz. Ich mache vorsichtig ein paar Schritte. Es geht wieder, alles gut. Das wäre es ja jetzt gewesen. Wir stellen uns hinter die Startlinie, es gibt noch ein paar aufmunternde Worte von Richard, er zählt laut von zehn runter und schießt mit einer russischen Pistole in die Luft. Das nenne ich einen Startschuss. Es geht los. Manche jubeln, rufen, schreien. Ich fühle mich, als würde ich in einem Taucheranzug stecken und müsse plötzlich losrennen. Der Schnee quietscht unter unseren Füßen. Der arktische Ozean unter uns nimmt das Gewimmel an seiner Oberfläche belustigt zur Kenntnis. Start und Ziel sind direkt im Camp, wir laufen erst auf der Landebahn und dann in einem großen Bogen wieder zurück zum Camp. Zehnmal 4.2 Kilometer pro Runde macht einen Nordpol Marathon. Am besten kann man noch auf der Landebahn laufen, hier ist der Boden fester. Später wird man die Bewegung der Eisscholle auf dem Ozean anhand der GPS-Streckenaufzeichnung meiner Uhr sehen. Die Runden sind wie an einer Perlenkette nebeneinander aufgereiht.

Dass es ein Wagnis ist und bleibt, sieht man an der mehrseitigen Verzichtserklärung, die jeder Teilnehmer im Vorfeld unterschrieben musste. Darin wurde sehr schnell klar, worum es geht. Wir stimmen zu und verstehen und erklären und stimmen zu und so weiter. So beginnen die jeweiligen Absätze. Neben der selbstverständlichen Versicherung, sämtliche möglicherweise entstehenden Kosten für Schäden an Leib und Leben selbst versichert zu haben und ansonsten diese selbst zu übernehmen, sprechen wir gleichzeitig, auch dies ganz selbstverständlich, die Organisatoren von jeglichen finanziellen Forderungen frei, seien sie durch Verletzungen, Tod oder Sachschäden, Verlust von Einkommen oder allem anderen bedingt, was im Zusammenhang mit der Teilnahme am Nordpol Marathon entstehen könnte, und das Ganze auch gleich im Namen unserer Kinder, Eltern, Ehepartner, Verwandten, Betreuer und aller möglichen anderen Anspruchssteller. Trip cancellation, travel, medical insurance, voluntary participation and assumption of risk, release from liability, responsibility, governing law and jurisdication and finaly the signature. Geschenkt. Wenn man dabei sein will, muss man das unterschreiben, also bitte sehr. Und überhaupt bin ich der Meinung, dass man die Organisatoren solcher Läufe vor Klagen schützen muss. Sonst kann das ja keiner mehr organisieren. Die Eigenverantwortung kann nicht an der Startlinie abgegeben werden, grobe Fahrlässigkeit ist natürlich ausgenommen. Aber jegliches Lebensrisiko kann doch nun wirklich nicht in der Verantwortung des Ausrichters liegen. Gesunder Menschenverstand hilft. Wer in kurzer Hose auf den Everest laufen möchte, kann das machen. Aber man sollte danach niemanden verklagen, wenn einem dabei kalt wird. Viel interessanter fand ich, was das Dokument über die Bedingungen vor Ort sagte. Ich verstehe, ist zu lesen, dass die arktische Eisfläche über 2.000 Kilometer im Durchmesser umfasst und darum übliche Rettungseinrichtungen nach westlichem Standard nicht zur Verfügung stehen. Dass wir auf einer Eisscholle logieren, die 6 bis 12 Fuß dick ist, mitten im Arktischen Ozean. Sechs Fuß sind ja gerade mal 1.80 Meter. Klingt viel, ist aber, wenn die Eisscholle ein paar hundert Meter lang ist und auf einem rollenden Ozean schwimmt, gar nicht mehr so dickes Eis. Und da kommt es auch schon. Dass nämlich plötzliche Spalten, Brüche, druckbedingte Verwerfungen im Eis jederzeit auftreten können, und dass Strömungen den Ozean jederzeit frei sichtbar machen können. Dass die Temperaturen im April unter minus 40 Grad Celsius sein können und mit Windchill bis zu minus 100 Grad Celsius. Dass schlechtes Wetter oder ein Defekt am Flugzeug die Expedition für viele Tage stranden lassen können. Dass es zum Verlust von Fingern, Zehen, und anderer body parts durch die polare Umgebung kommen kann. Dass es viele Gründe für den Verlust des Lebens gibt, darunter Hypothermie, Dehydratation und Ertrinken aufgrund einer Eisbären-Attacke. Und so geht das weiter. Ich bestätige schriftlich verstanden zu haben, dass ich mich durch meine Teilnahme am Nordpol Marathon dem Risiko aussetze, zu sterben, in das kalte Wasser zu stürzen, oder in der Arktis verloren zu gehen, sei es wegen schlechten Wetters oder dem Verlust von Kommunikationsmöglichkeiten. Dass ich also vollkommen verstehe, voll und ganz, dass ich in einer abgelegenen Region bin, fern von medizinischer Hilfe und medizinischen Einrichtungen. Natürlich bleibt ein gewisses Restrisiko. Es ist immer noch eine Reise an den Nordpol. Ich habe es verstanden, truly and utterly, und dann habe ich es unterschrieben. In den letzten Jahren ist doch auch nie was passiert.

Das Weiß vor mir verschwimmt ein wenig, die Brille beschlägt, ich muss die Maske ein wenig verschieben, dann geht es wieder. Wenn man schwitzt, wird es gefährlich, weil der Schweiß dann gefriert und sich als Schnee und Eis ansammelt, an den Wimpern, den Bärten und teilweise sogar unter den Jacken. Mit ein wenig Pech rutscht man auf einem Stück freipolierter Eisplatte auch noch aus. Dann ist es wieder wie das Laufen über einen weichen Sandstrand. Alles egal, solange das Eis nicht auseinanderbricht und kein Eisbär meine Kreise stört, alles egal. Ich werde laufen, bis ich im Ziel bin, zehn Runden insgesamt. Im Camp höre ich wie viele Runden noch fehlen, wie meine Zeit gerade ist. Wenn man im Hier und Jetzt laufen will, sollte es keine Rolle spielen, wie lange es noch dauert. Die Gedanken an den Rest der Strecke stören nur das Sein im Augenblick. Aber im Hier und Jetzt ist auch Marathon. Und ich will wissen, wo ich stehe und wie lange ich noch zu laufen habe.

Drei Fragen gab es im Vorfeld zu klären. Wie gefährlich ist es für die Lunge, bei solch niedrigen Temperaturen zu laufen? Das hatte man ja immer wieder mal gehört, dass die Lunge erfriert, wenn man bei extremer Kälte laufen geht. Stimmt nicht, schreibt Tim Noakes in Lore of Running, bis minus 56 Grad ist es für die Lungen kein Problem, erst wenn es noch kälter werde, sollte man nicht mehr laufen. Diese Ausrede kann demnach für immer gestrichen werden, für jeden der nicht in Sibirien oder auf dem Mount Everest lebt. Bei uns daheim im warmen Mitteleuropa ist es immer sicher zu laufen. Minus 56 Grad wird es so schnell nicht haben. Was ziehe ich an? Auch hier hilft Noakes weiter, eine Abbildung zeigt, wie viele Clothing (CLO) Units man bei welcher Temperatur und verschiedenen Aktivitätsniveaus tragen muss. Eine CLO entspricht der Kleidung, mit der man 21 Grad Raumtemperatur in Ruhe als angenehm empfindet, also normale Alltagskleidung. Bei Windstille und schnellem Laufen reicht bis minus 22 Grad demnach 1CLO. Wenn man 16 km/h schnell laufen könnte,

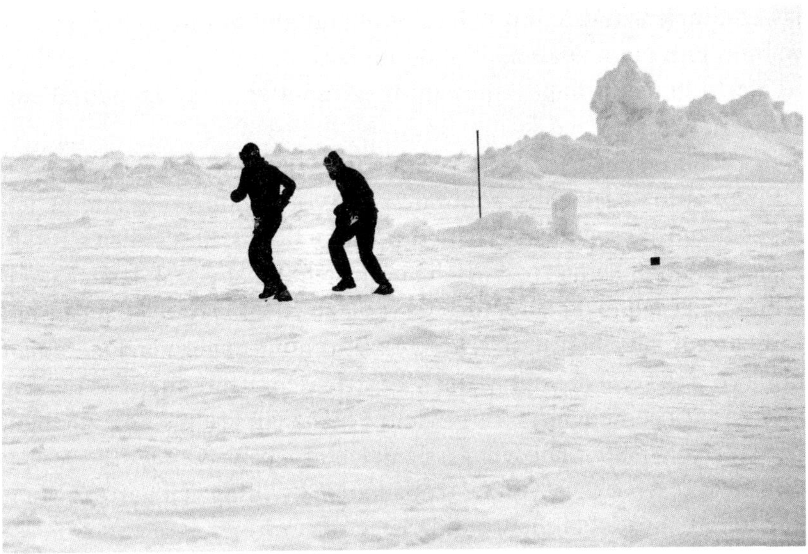

Foto: Mike King

würden sogar bis minus 50 Grad fast lächerliche 1.25CLOs ausreichen. So schnell werde ich nicht unterwegs sein. Aber auch für meine geplanten 8 bis 10 km/h seien 2.0CLOs genug. Das ist nicht viel. Und weil es mir viel zu wenig erschien, kam es zum Fehler mit der Jacke. Der eigentliche Schutz habe ohnehin im Wesentlichen den Akren zu gelten, also Ohren, Nase, Finger und Zehen, die Geschlechtsmerkmale nicht zu vergessen. Wenn die Haut mit der kalten Luft in Berührung kommt, können sich schnell Frostbeulen bilden. Letzte Frage. Besteht am Reiseziel an sich akute Lebensgefahr? Dazu konnte nicht einmal die Weisheit von Tim Noakes weiterhelfen. Die Frage muss jeder für sich selbst beantworten. Wenn man den gesunden Menschenverstand zu Rate zieht, gibt es keine Einwände, jedenfalls nicht mehr als gegen jeden anderen Ort der Welt. Aber ein wenig mulmig war mir schon manchmal in den Monaten der Vorbereitung und Planung. Schließlich ist der Tod am Pol nicht eingeplant.

Die ersten 16 Kilometer war ich wirklich gut im Rennen. Die Pace hat gestimmt für das Ziel einer Top-Ten-Platzierung und ein Finish unter sechs Stunden. Ich war gut im Rennen. Dann stehe ich in dem Zelt, wo wir uns versorgen können, und sehe wie einem meiner Mitläufer das Ohr massiert wird. Es ist fast weiß. Der Russe, dem das aufgefallen ist, massiert ihm die Ohren. Nach weiß kommt abgefroren. Schwarz wird es dann erst später.

„Merkt man gar nicht, tut nicht weh", sagt er. „Erst danach. Wenn es wieder warm wird."

„Du schaust noch stark aus", sagt einer.

Eine Panikattacke überrollt mich. Nur nichts abfrieren lassen. Ich spreche den Arzt an, der das Rennen überwacht. Er sieht sich interessiert meinen Penis an, den ich herausgeholt habe und den ich auch schon ganz schön bleich finde. Schließlich ist das ja auch am Ohr ein Zeichen für kältebedingte schlechte Durchblutung. Dann lacht mich der Typ aus seinem vollbärtigen Gesicht schallend an. Er wäre gar nicht der Arzt. Er sei nur als Begleiter hier, sein Freund dort drüben, der läuft auch mit. Sehr witzig, denk ich mir, sehr witzig.

„Der Arzt ist er dort." Er zeigt auf seinen Zwilling. Ich hatte die beiden verwechselt. Peinlich, peinlich.

„Alles gut", beruhigt mich der russische Medizinmann nach erneuter Schilderung meiner Sorgen. „Einfach Mütze vorne rein. Und Hand. Jetzt noch alles gut. Du schaust gut aus."

Dann deutet er auf das große Rohr, aus dem warme Luft in das Zelt geblasen wird.

„Und Wärme. Immer wieder Wärme. Jetzt noch alles gut."

Alles klar. Ich setze mich im Zelt breitbeinig vor den breiten Schlauch, der die warme Luft ins Zelt bläst, und lasse mich 20 Minuten anföhnen. Damit ist die Top-Ten-Platzierung dahin. Aber ich werde sicher und ohne Verluste meiner körperlichen Anhängsel nach Hause kommen. Bevor es dann weitergeht, ziehe ich noch eine zweite winddichte Hose drüber. Und schiebe eine Mütze vorne rein. Das müsste jetzt aber wirklich reichen.

Fünf Stunden laufe ich jetzt schon. Zwischendurch zogen ein paar Wolken auf und es hat sogar kurz geschneit. Jetzt scheint die Sonne wieder. Der Himmel ist wie mit Milchschaum überzogen. Keine Farben, nur das Blau des Himmels, das Gelb der Sonne. die Zelte, die bunten Farben der Anoraks und Fahnen. Ansonsten nur Weiß. Wohin man blickt. Hermann Melville hat in *Moby-Dick; oder: Der Wal* ein ganzes Kapitel über die schreckliche Wirkung der Farbe Weiß geschrieben. Eine Farbe sei das nicht, schreibt er. Aber was dann? Ein Zustand? Der Tod? Das Fehlen jeglichen Lebens durch die absolute Farblosigkeit? Das weiße Licht der Sonne am Himmel ist wie eine Erscheinung. Ein normaler Marathon ist eine Reizüberflutung, die großen Stadt-Marathons, Berlin, New York, London, tausende von Läufern, hunderttausende Zuschauer, Live-Bands, Schreien, Klatschen, ständig dieses BÄMBÄMBÄM, vorwärts, vorwärts, weiter, weiter, go, go, go. Dieser Marathon ist das genaue Gegenteil. Die Skibrille verengt das Gesichtsfeld auf das, was genau vor einem ist. Die dicke Mütze verschließt mir die Ohren, so dass ich außer dem eigenen Stöhnen, Atmen und dem Knirschen des Schnees und Eis unter den Füßen nichts mehr höre. Wenn ich sehen will, ob nicht doch irgendwo ein Eisbär auftaucht, muss ich den ganzen Oberkörper drehen. Eine totale Unterdrückung äußerer Sinneswahrnehmungen. Wenig hören, wenig sehen, die Haut bedeckt.

Der immer tiefer werdende sandartige Schnee ermöglicht irgendwann nur noch ein quälend langsames Vorankommen. Zwischendurch, als ich mehr gehe als laufe, spüre ich auch die Kälte, die Beine werden steif, der gesamte Oberkörper verspannt sich und revanchiert sich für die Qual mit Schmerzen im Rücken und der fehlenden Bauchmuskulatur. Sir Ranulph Fiennes war der erste Mensch, der sowohl Nord- als auch Südpol zu Fuß erreichte. Reinhold Messner und Arved Fuchs gelang die erste Überquerung der Antarktis. Das waren 2.800 Kilometer. Zu Fuß. Da werde ich doch wohl noch diesen Marathon schaffen, diese lächerlichen 42 Kilometer. Genau. Also weiter. Schritt für Schritt. Laufen und Gehen durch das Eis. Es ist mühsam. Es ist kalt. Und 42 Kilometer sind nicht lächerlich. Niemals. Und hier und heute schon gleich gar nicht. Schließlich ist 42 im *Hitchhikers Guide to the Galaxy* die Antwort auf die Frage „nach dem Leben, dem Universum und dem ganzen Rest". Es kann kein Zufall sein, dass der Marathon genauso viele Kilometer hat wie die Antwort des Supercomputers Deep Thought auf die Frage aller Fragen und das Ganze nach einer Rechenzeit von 7.5 Millionen Jahren. Die Antwort nach dem Sinn des Lebens verbindet sich auf wundersame Weise mit der Distanz des Marathons. Ein Pärchen überholt mich. Sie wird später die Frauenkonkurrenz gewinnen. Er wird im Ziel niederknien und ihr einen Antrag machen. Zukunft und Vergangenheit treffen in der Gegenwart zusammen. Die Melodie von *Love Cats* kommt mir in den Sinn beim Versuch, die Gedanken von der Zahl 42 abzulenken. Auf dem Albumcover das zerfurchte Gesicht eines alten Fischers. Ein Foto in Schwarzweiß. Er blickt dem Betrachter ins Gesicht und hinter ihm liegen ein paar Felsen und dahinter das Meer. *Staring at the sea* heißt das Album. Sind wir gemeint? Wir sehen den alten Mann und sehen das hinter ihm liegende Meer. Heute starren wir nicht auf das Meer. Wir laufen darauf. Auf einem gefrorenen Ozean. Ein indischer Mönch, so geht eine Geschichte, verwendete 20 Jahre darauf, die Fähigkeit zu erlernen, über das Wasser zu laufen. Als er nach diesen 20 Jahren Einsiedelei in sein Kloster zurückkehrte, um stolz seinem Meister am benachbarten Fluss die erlernte Fähigkeit zu zeigen, zuckte dieser nur die Achseln und zeigte ihm eine kleine Münze. „Zwanzig Jahre deines kostbaren Lebens als Mensch hast du verschwendet für eine Fähigkeit, die so viel wert ist, wie diese kleine Kupfermünze." Der Mönch verstand nicht. „Soviel kostet dich die Überfahrt", sagte sein Meister und deutete auf den Fährmann, der neben ihnen auf seiner Fähre stand. Dann steckte er die Münze wieder ein und ging wortlos in sein Kloster zurück.

Ich laufe auf dem Meer. Niemand hat berichtet, was aus dem Mönch wurde, der über das Wasser laufen konnte. Running on the Sea. Warum die Vinyl-Ausgabe des Albums *Standing on a Beach* hieß, die identische CD aber *Staring at the Sea* entzieht sich meiner Kenntnis. Alle bis dahin erschienenen Single-Auskopplungen waren drauf. Zusätzlich gab es noch eine Kassettenversion mit den dazugehörigen B-Seiten der Singles. Heute versteht niemand mehr wovon ich hier rede. Er ist verrückt geworden, sagt der Psychiater, faselt dauernd was von Kassetten und Singles, es muss irgendwie mit Musik zu tun haben.

Jeder Lauf ist immer auch ein Lauf am Horizont. Und weil das Leben keine Gleichung ist, sondern eine unberechenbare Abfolge von Instabilitäten, ist es eben Tag für Tag immer auch eine Reise ins Ungewisse. Jeden Tag. Jede Nacht. Wenn du Gott zum Lachen bringen willst, sagt ein jüdisches Sprichwort, mach einen Plan. Er muss viel Spaß mit mir haben. Ich brauche immer einen Plan, ein Ziel. Ein Marathon hier, Flüge dort, Hotels und schon wieder der nächste Marathon. Alles umsonst, schreibt der Prediger Kohelet, „es geschieht nichts Neues unter der Sonne". Eitles Haschen nach Wind ist unser Leben. Wir wissen das. Aber wir können nicht anders. Denn wenn es einen Horizont gibt, dann gibt es auch etwas, was dahinter liegt. Und das will ich sehen, dort will ich auch noch laufen, da will ich auch einmal gewesen sein. Und so gleicht der Lauf zum Horizont, der Lauf über den Horizont hinaus immer auch der ewigen Frage nach dem Glück, der ewigen Suche danach. Auch Herr Rossi suchte mal das Glück. Ein kleines Stück vom Glück, Nordpoleis flambiert mit Punsch, singen sie im Titellied. Gestatten, Rossi. Von den Enden der Welt, im Norden und Süden, über lange Pilgerwege zur Leere des Bewusstseins. Es geht darum, Mauern zu entfernen und neue Wege zu beschreiten. Das Glück ist irgendwo das draußen, vielleicht hinter der Ziellinie. Kann man es suchen? Kann man es finden? Oder findet es uns? Ich weiß nicht mehr, ob Herr Rossi es schließlich gefunden hat. Worauf beruht mein Glück und was ist Glück überhaupt? Es ist ja keine Überlebensfrage. Aber es kann nicht schaden, das eigene Glück zu definieren. Laufen macht glücklich, das in jedem Fall. Frei sein auch. Macht dann freies Laufen doppelt glücklich? Ich denke schon, ja. Vermutlich. Ein klares Wahrscheinlich.

Heilige Blindheit. Heiliger Asketismus. Heiliges Laufen. Heilige Welt. Ein wenig mehr Poesie wäre in dieser Welt in jedem Falle angebracht. Die Gedichte des Langstreckenlaufs. Nein. Nicht ein wenig mehr. Viel mehr Poesie. Das würde der Welt in jedem Fall guttun.

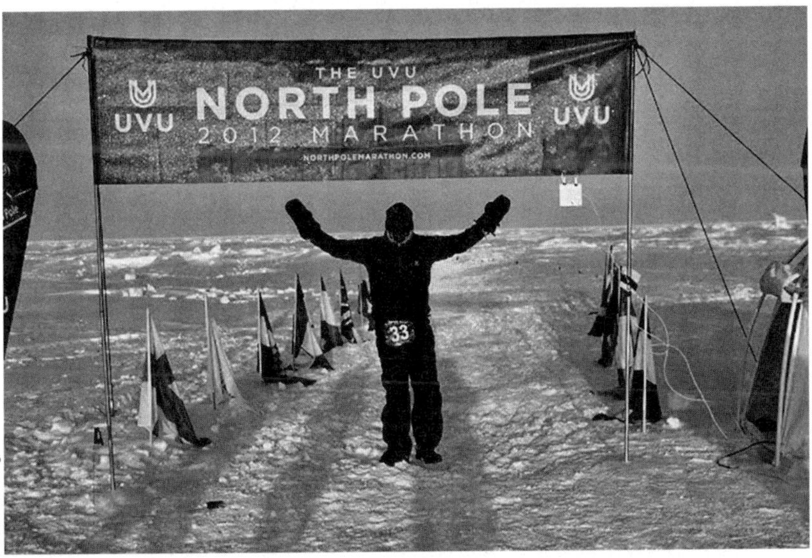

Foto: Mike King

Ich erreiche das Ziel um 4.46 Uhr morgens. Es ist ein einsamer Zieleinlauf. Nur der Fotograf macht ein paar Bilder und Richard klatscht mir Beifall. Eiszapfen hängen von meiner Gesichtsmaske. Die Sonne scheint blass und matt. Der Himmel ruht weit und wolkenlos. Eine Zeit ohne Dunkelheit. Über dem Eis. Es ist eine Marathonziellinie. Es ist der Nordpol. Also bitte. Trotzdem, oh mein Gott. Ich habe über sechs Stunden gebraucht. Eine SUB7 gewissermaßen. Das darf man gar nicht laut sagen.

„Wo warst du?", ist das Erste was ich höre. Von meinem lieben Freund W. aus Wien. Er kommt gerade aus dem Camp in Richtung Zielbanner gelaufen. Ich starre ihn an, verstehe nicht, was er meint.

„Wo warst du denn?", wiederholt er die Frage.

Bist du irre geworden, denke ich mir.

„Bist du irre?", frag ich ihn. Er lacht mich an.

„Bin gerade fertig geworden", presse ich heraus.

„Was, das kann doch gar nicht sein. Wir sind ja schon alle lange hier."

„Danke, echt jetzt?"

Will doch wirklich keiner hören. Später, bei Ansicht der Ergebnisliste sehe ich, dass er nur wenige Minuten schneller war als ich, kaum der Rede wert. Wir sind beide weit über sechs Stunden geblieben. Egal. Die Pausen, die ich zum Aufwärmen gemacht habe, waren für mein Ziel natürlich zu lang. Dafür ist mir nichts abgefroren. Ich habe keine body parts verloren und ich habe gefinisht. Ich hoffe trotzdem, dass das für den Rest meines Lebens meine schlechteste Marathon-Zeit bleiben wird. Mein personal worst.

Den Rest des Tages verbringen wir vor allem auf unseren Pritschen im Zelt. Ein ehemaliger Expeditionsleiter ist heute zu Besuch. „Erstmals in der Geschichte erreichen Menschen den Meeresboden unter dem Nordpol", sagte der Sprecher des Instituts für Arktis- und Antarktisforschung im August 2007. „Es ist wie das Hissen der Flagge auf dem Mond." In einem Mini-U-Boot hatte Tschilingarow am Nordpol in 4.261 Metern Tiefe eine Fahne platziert.

Leider wird deswegen das große Aufenthaltszelt, in dem wir Bier trinken und unseren Triumph feiern wollten, von der russischen Delegation belegt. Kann man nichts machen. Es ist ja nicht unser

Camp, wir sind nur zu Besuch. Zu Besuch im Camp Barneo, zu Besuch am Nordpol. Strenggenommen sind wir auch auf der Erde nur zu Besuch. Auf dem Klappbett im Zelt liegend, wenn man genau in sich hinein fühlt, kann man das leichte Schwanken des Eises auf dem Meer spüren. Wieder einmal stelle ich mir vor, dass die Scholle zerbricht und das Zelt teilweise ins Meer stürzt. Ich hatte von so einer Situation mal gelesen. Wenn man darauf achtet, ist die Meeresdünung unter uns zu spüren. Das Eis bewegt sich auf der See. Es ist immer noch unglaublich. Nachdem die Gruppe wieder mit der Antonov abgereist ist und wir endlich in das große Zelt dürfen, gibt es kein Bier mehr. Kein einziges ist übriggeblieben. Kein Bier am Nordpol. Fast eine Katastrophe. Davon stand nichts in den unterschriebenen Bedingungen. Ich bedauere sehr meine Nachlässigkeit. Gesunder Menschenverstand! Warum habe ich keine Flasche Scotch aus dem Duty-Free mitgenommen? Die alte Regel, nie ohne einen 18-jährigen Talisker in Länder und Regionen ohne Liquor Stores zu fahren, wieder nicht beachtet. Vielleicht sollte ich die Regel abändern, die Einschränkungen streichen. Reise nie ohne eine Flasche 18-jährigen Talisker. Egal wohin. Zur Not geht auch eine Flasche Gin. Gottseidank waren die anderen klüger. Es gibt Wodka und Gin für jeden. Danach bin ich für heute sowieso erledigt.

Im Februar 1957 erreichte die Nautilus ihre 60.000ste nautische Meile und stellte damit die Reisedauer von Jules Vernes Romanfahrt von Kapitän Nemo und der wahren Nautilus ein. Die USS Nautilus, das erste atombetriebene U-Boot, unterquerte 1958 das erste Mal die arktische Eiskappe. Operation Sunshine. Aller Romantik zum Trotz, es war eine militärische Machtdemonstration, konnten die USA damit doch zeigen, dass sie jederzeit in der Lage waren, Atomwaffen-Trägersysteme direkt vor die UdSSR zu bringen.

Am nächsten Morgen fliegen wir mit den Hubschaubern zu dem Punkt, der in diesem Moment exakt über dem geographischen Nordpol ist. Weil die Eisschollen auf dem Meer schwimmen, verändert sich die Position ständig, man kann der Bewegung mit einem GPS-Gerät zusehen. Es wird ein Loch ins Eis gebohrt, das Wasser des dunklen Ozeans schwappt hoch. Meine Güte ist das dünn, denk ich mir. Dann wird der Pfahl hineingesteckt. Die obligatorischen Pfeile und Entfernungsangaben für verschiedene Orte stehen in kyrillischen Buchstaben darauf. Wir trinken Glühwein und Wodka. Daheim läuten die Kirchenglocken, es ist Ostersonntag. Ich stehe auf einer Eisscholle am Nordpol, darunter viertausend Meter Wasser. Nördlich vom Nordpol gibt es nichts mehr. Hier endet alles. Nur unsere Träume gehen weiter und das Universum nimmt sie in sich auf und träumt sie weiter. Es ist ein Mysterium, das wir nicht verstehen. Darum ist es ein Mysterium.

Die Medaille vom Marathon hängt immer noch um meinen Hals. Wieder im Camp Barneo bekommt jeder seine offizielle Urkunde der Russian Geographical Society. Habe am 8. April den Nordpol erreicht, steht da. Etwas mehr als zwei Tage sind wir hier gewesen an diesem geheimnisvollen Ort. Die Tage am Pol hinterlassen einen tiefen Eindruck, der nicht mehr vergessen werden kann. Und wecken eine Sehnsucht, die sich schwer erfüllen lässt. Zeit ist relativ und manchmal sind zwei Tage bedeutender als zwei Monate oder Jahre, und wer einmal auf dem Mond oder dem Mount Everest war, wird die Momente dort auch nie mehr vergessen.

Einen Tag später sitze ich schon wieder in Oslo am Flughafen und warte auf meinen Anschlussflug. An einer Bar trinke ich ein Bier. Ich bin zurück aus der totalen kalten weißen absoluten Abgeschiedenheit des nördlichsten Punktes der Erde. Zurück in ihrem mobilen Datennetz. Das iPhone vibriert und leuchtet. Emails und andere Nachrichten der letzten Tage poppen auf.

„And a little gin never killed nobody", hat mir meine kleine Schwester gestern geschrieben, „Frohe Ostern, Brudiiiii!"

„Ich komme vom Nordpol", antwortet einer der Läufer bei seiner Rückreise in die USA auf die Frage des Zollbeamten, woher er komme.

„Sie wissen, dass ich Sie für diese Antwort verhaften lassen könnte", war die humorlose Antwort. Das Vorzeigen der kyrillischen Schriftzeichen im Pass, Camp Barneo und Nordpol und Datum bringen den Beweis. Er wird nicht verhaftet. I was there, steht auf seinem T-Shirt, Camp Barneo.

Ich bin zurück in der Normalität. In der Welt der Menschen. War ich wirklich am Nordpol? Es fühlt sich schon an wie ein Traum, eine flüchtige Erinnerung an einen schönen Traum. Aber ich spüre die Medaille um meinem Hals. Ich war dort. Wirklich und wahrhaftig.

Berlin (52°30'N, 13°24'O)

„Mögen Sie Joyce?", fragt mich ein Mann, der vor mir in der Schlange wartet. Wir sind in den Terminals des Flughafens Tempelhof und stehen in langen Schlangen für unsere Startunterlagen an. Es sind über 40.000 Teilnehmer gemeldet.

Ich starre ihn irritiert an. Ein etwas älterer, sehr schlanker und mittelgroßer Herr steht da vor mir. Er trägt genau wie ich die neongrüne Adidas Jubiläumsjacke vom 40. Berlin-Marathon. Seine Frage bezieht sich augenscheinlich auf das Buch, mit dem ich mir die Wartezeit vertreibe. Meine alte Suhrkamp-Ausgabe von Ulysses. James Joyce. Ein Tag im Leben des Leopold Bloom, der 16. Juni 1904 in Dublin. Ein Roman der ganzen Welt. Ein Buch, das mich seit über 30 Jahren durch die Zeiten begleitet, als wäre es ein Reiseführer. Was es ja eigentlich auch ist. Ein Reiseführer durch die Galaxis, durch das Leben, für die ganze Welt.

„Hübsche Jacke", sag ich. „Und ja. Ich denke schon. Wer nicht?"

Er lacht.

„Die meisten", sagt er, „die allermeisten, glaube ich."

Vermutlich hat er recht.

„Sind Sie hier schon einmal gelaufen?", fragt er dann weiter, „kennen Sie die Strecke denn ein wenig?"

„Ja, schon. Mehr oder weniger."

Er schmunzelt, als habe er mit dieser Antwort gerechnet, die er gleichwohl nicht für wahr hält.

„Haben Sie wirklich eine Vorstellung davon, was Sie da draußen erleben können?"

Ich schaue auf meine Schuhe runter. Das wird mir jetzt langsam ein wenig zu merkwürdig, ich habe keine Vorstellung, wo dieses Gespräch hinführen soll. Nicht dass er noch mit mir morgen gemeinsam laufen will. Oder mir gleich erzählt, sein Name sei Elias und ich solle nicht dort anheuern, auf der Pequod, der Kapitän sei verrückt, seit Moby Dick sein Bein ihm nahm.

„So wie James Joyce im Ulysses die ganze Welt in einem Tag verpackt hat, so ist diese Strecke ein Lauf durch die Zeit. Durch die Vergangenheit über die Gegenwart in die Zukunft hinein. Ein ganzes Leben voller Geschichten passt hier hinein." Er blinzelt mir verschwörerisch zu.

„Ja, mmmh, ich weiß", brummle ich vor mich hin. Ich mag es nicht wirklich, von Fremden angesprochen zu werden, eine Schwäche, ist mir bewusst, aber dennoch. Es fällt mir schwer. Ich versuche, ihm den passenden Hinweis zu geben, dass ich gerne in Ruhe weiter hier in der Schlange anstehen möchte.

„Ich bin hier auch schon ein paarmal gelaufen", sag ich.

Ich hoffe, er versteht den Hinweis.

„Na dann viel Glück am Sonntag."

„Vielen Dank", ich bin irgendwie erleichtert, „Ihnen auch einen guten Lauf."

„Wir werden alle einen perfekten Tag haben", sagt er und lacht mich freundlich und mit offenem Herzen an. „Einen perfekten Tag. Wenn wir es zulassen. Die Freude am Laufen kommt beim Laufen."

„Vielen Dank", sag ich noch einmal, nicht ganz sicher, was er wirklich meint mit dieser kryptischen Vorhersage. Einen guten Lauf? Einen perfekten Tag? Wo fängt das Leben an, wo hört der Tod auf?

„Ich wünsche ihnen auch einen perfekten Tag."

Er lacht und dreht sich wieder um, lässt mich mit mir selbst zurück. War ich zu unhöflich? Die Unterscheidung zwischen einem Psychopathen und einem einfach nur ganz netten Menschen ist nicht immer einfach. Ich starre Psycho-Moby-mäßig in den Beginn des dritten Kapitels. „Unausweichliche Modalität des Sichtbaren: zum mindesten dies, wenn nicht mehr, gedacht durch meine Augen." Ich nehme die Worte auf, ohne den Text wirklich zu verstehen. Ich bin der einzige hier mit einem Buch in der Hand. Manche unterhalten sich, viele schauen auf ihre Smartphones. Ob der Sonntag für mich perfekt wird, entscheidet sich alleine auf der Strecke. Eine neue Bestzeit soll es werden. Kein Wunder, dass ich angespannt bin. Wir sind aus Sternen gemacht, singt Moby, aus deren Staub. Sternenstaub. Was bedeutet das denn, einen perfekten Tag zu haben? Zu Staub wirst du werden, „ashes to ashes funky to funky", David Bowie als Harlekin verkleidet, Scary Monsters. Asche zu Asche, Staub zu Staub. Was macht einen perfekten Tag aus? Ich wende mich der konkreten Gegenwart zu. Meiner Teilnahme am Berlin Marathon, die nun in das entscheidende Stadium übergeht. Acht Wochen, fünf Läufe über 35 Kilometer mit Endbeschleunigung, Tempoläufen und Intervallen. Der gute alte Countdown-Plan von Peter *Stalingrad* Greif, wie ihn Hajo Schumacher alias

Achim Achilles einst nannte. Ich bekomme die Startnummer, routiniert wird mein Chip kontrolliert, ich muss meinen Schuh ausziehen, der Chip ist schon am Schnürsenkel befestigt.

„Keine Sorge, Sie wissen ja gar nicht, wie viele Schuhe ich hier schon in der Hand hatte heute."

Schuh und Chip auf den Sensor, mein Name und der Rest erscheint auf dem Monitor, alles in Ordnung.

„Sie sehen sehr fit aus", sagt die nette junge Dame, die gerade meine Unterlagen fertig macht. „Sie werden am Sonntag sicherlich einen guten Tag haben."

„Vielen Dank", antworte ich ihr, „das ist sehr freundlich von Ihnen."

Danach genieße ich den Trubel der Messe, lasse mich treiben, schaue hier und da mich um und kaufe das offizielle Berlin-Marathon-Shirt. Alles ist wie immer. Das ist sehr beruhigend. Ich trinke draußen auf dem Rollfeld des ehemaligen Tempelhofer Flughafens einen schwarzen Kaffee und ein Wasser. Nach einer Weile mach ich mich wieder auf den Heimweg. Es wäre ein Fehler, zu lange auf der der Messe zu bleiben. Lieber daheim die Beine hochlegen.

Zehn Jahre nach dem ersten Berliner Crosslauf am Teufelsberg organisierten Horst Milde und ein Team vom Sport-Club Charlottenburg 1974 den Berliner Volksmarathon. Der Start für 286 Teilnehmer war in der Waldschulallee vor dem Mommsenstadion. Die zweimal zu laufende Pendelstrecke führte über die Eichkampstraße und den Kronprinzessinnenweg entlang der AVUS durch den Grunewald ziemlich nahe an den Eingang des Strandbades Wannsee, hier gab es einen Wendepunkt und auf dem gleichen Weg ging es wieder zurück. Und dann das Ganze nochmal. Ab 1976 hieß der Lauf ganz offiziell Berlin-Marathon. Zum ersten Berliner Stadtlauf wurden aber die im Mai 1981 von der französischen Besatzungsmacht durchgeführten 25 km de Berlin, weil der in die Innenstadt verlegte Marathon ja erst im Herbst stattfand. Und vielleicht hatten die Organisatoren auch ein wenig die Entwicklung des New York City Marathon im Hinterkopf, der seit 1976 durch alle fünf Bezirke führte. Wie dort gab es auch in Berlin heftige Widerstände gegen einen Marathon mitten in und durch die Stadt. Die Polizei soll auf die Anfrage geantwortet haben „die Straßen sind für die Autos da". Die Geschichte der großen Läufe ist voll mit diesen Beispielen, sei es Fred Lebow beim New York City

Marathon oder Vic Clapham beim Comrades Marathon in Südafrika. „Ein Verrückter, der durch die Stadt rennen will." So oder so ähnlich. Die Verrückten setzten sich aber durch, hier wie dort. Und die Legionen folgten ihnen.

Lebow und Clapham haben mittlerweile Denkmäler. Claphams Büste begrüßt die Besucher des Comrades Marathon Museums in Pietermaritzburg. Lebows Statue steht gegenüber dem Guggenheim Museum an der 5th Avenue im Central Park am Reservoir. Für jeden New York Marathon wird die Statue in die Nähe der Ziellinie gebracht und neben der Tavern on the Green aufgestellt. Der gelernte Konditormeister Horst Milde war die ersten 30 Jahre Renndirektor des Berlin Marathons und dessen treibende Kraft. Ein Denkmal für Horst Milde. Man könnte es unter den herrlichen Bäumen im Tiergarten aufstellen, in der Nähe von Start und Ziel des großen Marathons und der Straße des 17. Juni, damit er es im Sommer schön kühl hat und wir am Marathontag vorbei pilgern können, ihm unsere Verehrung zu erweisen. Ich ziehe schon einmal in Gedanken meinen Hut vor ihm.

Wir Läufer erweisen unseren Salut. Vielleicht wird *For those about to rock (we salute you)* durch die Straßen schallen, der AC/DC-Klassiker mit Salutböllern am Ende. Der Titel aus dem Jahr 1981 spielt auf den lateinischen Spruch der Gladiatoren an, morituri te salutant, im englischen those about to die. Aus den Tod-geweihten wurden die dem Rock-geweihten. Ein ausgezeichnetes Lied, um ermattete Läufer auf der Marathonstrecke noch einmal richtig aufzuputschen, ein perfektes Lied für die Strecke zwischen Adlon und Ziel, den letzten Kilometer. For those about to run, die Lauf-geweihten grüßen dich. Mit der Verlagerung ins Zentrum der Stadt gelang vom letzten Grunewald Marathon zum ersten City Marathon eine Verzehnfachung der Finisher. Über 100.000 Zuschauern sollen an der Strecke gewesen sein. Der Berlin Marathon kam in der Stadt an. Fünf Jahre später waren es über 10.000 Finisher, im Jahr 2018 durften etwas mehr als 40.000 Läufer in Berlin laufen.

Aber was ginge noch? Wo ist die Grenze? Würden 80.000 kommen, wenn man sie nur laufen ließe? 100.000? Einmal nur, buchstäblich als einmaliges Ereignis. Berlin ruft auf zum Marathon, zu einem Lauf der 100.000. Ich wäre in jedem Fall dabei. Wo, wenn nicht hier?

Der größte Marathon der Welt, mit 100.000 Läufern auf der Strecke, statt an der Strecke. Eine nie dagewesene Zurschaustellung hedonistischer Verzückung. Es wäre etwas, wovon man noch seinen Kindern und Enkeln erzählen könnte, wie der von Christo verhüllte Reichstag oder das Queen Konzert bei Live Aid. Berechnungen von Bewegungsforschern haben in der Tat ergeben, dass in der Straße des 17. Juni zwischen Brandenburger Tor und Siegessäule mit einem vertretbaren Sicherheitsrisiko bis zu 165.000 Menschen Platz finden könnten. Zugrunde gelegt wurden dabei die Gesamtfläche von 55.000 m^2 und die Annahme, drei Menschen hätten pro Quadratmeter bequem Platz. Erst ab vier steige das Risiko zu stolpern. Ein Start mit 100.000 ist also denkbar. Ich war beim Lauf der 100.000, diesem herrlichen Wahnsinn, was für eine verrückte Geschichte, unvergessen. Und wohin würde das besser passen als nach Berlin. „Du bist verrückt mein Kind...“. Man schreibt die Worte dem österreichischen Operettenkomponisten Franz von Suppé zu, aber ganz genau weiß man es nicht. Eine Marschmelodie aus *Fatinitza* ist später im Film *Der eiserne Gustav* wieder aufgetaucht und daraus entwickelte sich in den 1950er-Jahren ein sehr bekannter Schlager. Der heute allerdings wieder sehr unbekannt ist. „...du musst nach Berlin, wo die Verrückten sind ...“. Das Zitat hat alle überlebt, „... da jehörste hin.“ Am eisernen Gustav werden wir übrigens auch vorbeilaufen, den wenigsten der Läufer wird die Statue auffallen. Er steht auf dem Mittelstreifen der Potsdamer Straße an der Ampel kurz vor der Brücke über den Landwehrkanal bei der Neuen Nationalgalerie und dem Kilometer 38-Schild. Mit seinem stolzen Zylinder steht er da ganz aufrecht und blickt auch noch dem letzten Läufer hinterher. Er hatte am Bahnhof Wannsee mit seiner Pferdekutsche immer eisern auch auf den letzten Zug gewartet. Aus Protest gegen die Zunahme der Autos und den damit verbundenen Niedergang der Droschkenkutschen fuhr er 1928 mit seiner Droschke von Berlin nach Paris und wieder zurück. Hans Fallada setzte ihm literarisch ein Denkmal. Gustav Andreas Theodor Hartmann ruht in einem Berliner Ehrengrab und an seinem Wohnhaus gibt es eine Berliner Gedenktafel. Er muss verrückt werden bei all den tausenden Autos, die auf der Bundesstraße 1 täglich an ihm vorbeikommen und ihm die Luft zum Atmen nehmen. Pferdedroschken sieht er heute kaum noch.

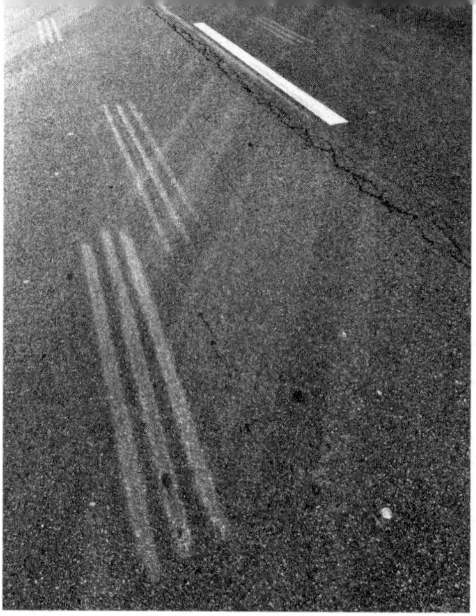

Der Start blieb auf der Wiese vor dem Reichstag, bis er 1987 auf die Straße des 17. Juni verlegt wurde, die Mauer im Rücken in Richtung Siegessäule. Drei Tage vor der deutschen Wiedervereinigung führte die Strecke dann erstmals in den Ostteil der Stadt. Vom Start am Charlottenburger Tor ging es durch den Nieselregen vorbei an der Siegessäule zum Brandenburger Tor, das ohne die Quadriga und die heutigen Gebäude merkwürdig verloren wirkte. Uta Pippig startete noch für die Deutsche Demokratische Republik und gewann in 2h28:37. Es war der erste ihrer drei Siege in Berlin. „Als ich durch das Brandenburger Tor in den Ostteil der Stadt lief, bekam ich Gänsehaut. Mir lief ein Schauer über den Rücken, für mich wie für viele anderen ging ein Abschnitt zu Ende und ein neuer begann.“ Premiere hatten an diesem 30. September 1990 auch noch die Markierung des Streckenverlaufs mit einer blauen Linie und eine dreistündige Liveübertragung im Fernsehen. Das Ziel blieb vorerst auf dem Kurfürstendamm, 400 Meter vor der Gedächtniskirche. Als ab dem Jahr 2000 über den Potsdamer Platz gelaufen wurde, verschob es sich in die Tauentzienstraße auf Höhe Passauer Straße und beim 30. Jubiläumslauf wurde auch das Ziel auf die Straße des 17. Juni verlegt, ein großer Vorteil für Veranstalter, Teilnehmer und Zuschauer. Und das Brandenburger Tor wird zum Teil des Spektakels auf der gut einen Kilometer langen Zielgeraden. Zum 25. Jubiläum erschien das erste Mal ein Sponsor im Namen. Der Berlin-Marathon wurde erst zum Alberto Berlin-Marathon, dann real,-Berlin-Marathon und schließlich seit 2011 BMW Berlin-Marathon. So ist der Lauf der Welt. Nur die Comrades Marathon Association hat bis heute der Versuchung widerstanden, einen Sponsor an ihren heiligen Namen heranzulassen.

Um ein Ziel zu erreichen, lohnt es sich, den Weg zu kennen. Landmarken können helfen, und wenn der Weg lang ist, lassen sie sich besser visualisieren als die nackten Kilometerschilder. Also erst von Landmarke zu Landmarke laufen und die letzten zehn Kilometer von Schild zu Schild. Magnetmarken ziehen den Läufer über die Strecke. Beim Platz am Wilden Eber sind gut zwei Drittel der Strecke vorbei. Am Fehrbelliner Platz steht das km 32-Schild. Nur noch zehn Kilometer, die Kilometer einstellig. Ab jetzt kann man tief an die eigenen Reserven gehen. Was gar nicht so einfach ist. Den wenigsten gelingt es wirklich, alles zu geben, sich so stark anzustrengen, dass sie zusammenbrechen oder sich übergeben müssen. Das Gehirn schützt die meisten von uns vor uns selbst. Einer, der das wahrhaftig konnte, alles zu geben und dabei auch mal über den Rand zu stürzen, war der in Kuba geborene US-amerikanische Marathon-Superstar Alberto Salazar. Alberto konnte fast 100 % auf die Strecke bringen. So gewann er den Boston Marathon im „Duell der Sonne" gegen Dick Beardsley im Sprint mit zwei Sekunden Vorsprung. Dann kollabierte er und musste mit Infusionen wiederbelebt werden. Der Artikel der amerikanischen Runner's World *Running the 1982 Boston Marathon* beginnt mit den Worten „It was hot as hell". Und Salazar hatte das ganze Rennen über nichts getrunken. Man glaubte noch, Trinken würde den Kreislauf belasten. Auch wollte er kein zusätzliches Gewicht mit sich herumschleppen, so leicht wie möglich laufen. Vier Jahre vorher musste er nach einem 11-km-Lauf schon einmal vollkommen überhitzt in eine Eiswanne gelegt werden. Er wirkte wie tot. Ein Priester soll dem gläubigen Katholiken bereits die Sterbesakramente verabreicht haben. Ikarus, der zur Sonne flog, die Flügel aus Wachs.

Ich gehe am Samstag kurz laufen, eine kleine Runde nur. Columbia-Damm, vor mir läuft ein junges Pärchen, beide auch mit dem Marathon-Armband. Es ist leicht bewölkt, 16 Grad. Eigentlich perfekt. Runter in die Friesenstraße.

„Die üben für morgen", eine Mutter spricht mit ihrem Kind.

„Was ist denn morgen?", fragt die Piepsstimme, ich ziehe locker flockig vorbei, die Antwort bekomme ich nicht mehr mit. Ich biege links in die Willibald-Alexis-Straße ab.

„Morgen", denke ich, „morgen ist der Berlin Marathon. Und mit üben hat das hier nichts zu tun. Eher mit ... "

Ja, mit was eigentlich? Zwanzig Minuten joggen am Tag vor dem Marathon. Macht das Sinn? Für manche ist es ein Ritual. In jedem Fall macht es Spaß. Zwanzig Minuten, nicht mehr. Baut die Anspannung ab. Wenn man nicht hinfällt und sich die Knie blutig schlägt, was mir auch schon mal passiert ist, einen Tag vor den 90 Kilometern beim Comrades. Macht es Sinn? Schwer zu sagen. Die Tour-de-France-Fahrer trainieren auf ihren Rollen doch auch wie verrückt an den eigentlichen Ruhetagen. Nur keine Weichheit in den Beinen zulassen, nur kein Ausruhen. Immer in Spannung bleiben. Hauptsache, es schadet nicht. Was macht Eliud, was macht die Weltspitze? Das wäre mal interessant. Wie auch die Klärung der anderen großen Mythen. Schadet Laufen den Gelenken? Ist ein Marathon schlecht für das Herz? Was ist die beste Ernährung? Viel Fett und wenig Kohlenhydrate oder umgekehrt? Wissenschaftler aus Harvard haben immerhin schon einmal eine Liste mit fünf Nahrungsmitteln empfohlen, die für ein gesundes Herz und ein leistungsfähiges Gehirn sorgen sollen, grünes Gemüse, Fett aus Fisch und Avocados, Erdbeeren, Himbeeren und Blaubeeren, Kaffee und Walnüsse. Etwas anderes esse ich ja sowieso fast nie. Ich muss sehr lachen. Warum muss man ständig darauf achtgeben, nicht zu dick zu werden? Just stop eating, die unübertreffliche Diätempfehlung der Tour-de-France Fahrer. Willst du Gewicht machen, also abnehmen, just stop eating. Aber dauerhaftes Fasten können wahrscheinlich nur ein paar wenige Hochleistungssportler. Und vielleicht winterschlafende Igel und Schildkröten.

Die Berlin-Marathon-Woche beginnt traditionell mit lesenden Läufern. Seit über dreißig Jahren ist der Literatur-Marathon dank Organisator Professor Detlef Kuhlmann ein fester Bestandteil im Rahmenprogramm. Wie gerne hätte ich Günter Herburger gehört, der 1998 aus *Lauf und Wahn* und *Traum und Bahn* gelesen hatte. John Kunkeler stellt seinen Jazzclub Schlot zur Verfügung, ist selbst Mitglied im Jubilee-Club mit der stolzen Nummer 286 und beim Berlin Marathon unter anderem für die blaue Linie und die Bands an der Strecke verantwortlich.

Es ist fast noch dunkel am Sonntagmorgen, als ich mich auf den Weg zum Start mache. Die Menschen strömen zu Tausenden aus dem Hauptbahnhof in Richtung Start. Es sind unglaublich viele, einfach unglaublich viele Menschen, Läufer, Begleiter, Zuschauer, Helfer, in den U-Bahnen, den Wegen zum Reichstag, auf der Wiese davor. Eine Million Zuschauer werden an der Strecke stehen. Für jeden, der hier läuft, ob Weltrekord oder am Ende des Feldes. Die Atmosphäre der Stadt verändert sich spürbar durch die große menschliche Herde, die auf den Beinen ist. Die Startblöcke füllen sich, Schulter an Schulter stehen wir da als *Sirius* erklingt, Alan Parsons Project vom Album *Eye in the Sky*. Die Sekunden werden runtergezählt, der Pistolenschuss gibt die Strecke frei, Wolken aus Luftballons steigen auf über den ganz Schnellen, die dort vorne stehen und sich nun auf den Weg machen. Ich starte mit der zweiten Welle, gute 27 Minuten später laufe ich endlich unter dem Piepsen der Champions-Chips über die Startmatten, mein Chip wird erkannt und meine Zeit läuft. Die Uhr wird erst gestoppt, wenn ich über die Ziellinie laufe oder vorher die Welt untergeht. Eliud und die Spitzengruppe sind bereits bei Kilometer neun. Aber langsam. Erstens will er einen neuen Weltrekord laufen und ich nicht. Und zweitens hat er 27 Minuten Vorsprung. Der Chip misst sowieso die Nettozeit, also wenn man über die Zeitmatten am Start und im Ziel läuft. Wer Glück hat, kann am Montag mit der Medaille um den Hals hier entlangflanieren. Vielleicht fällt dem Flaneur dann auch „Der Rufer" auf, der auf dem Mittelstreifen in Richtung Brandenburger Tor ruft: „Ich gehe durch die Welt und rufe: Friede, Friede, Friede." Immer wenn ich die Statue sehe, muss ich an die Simpsons Folge *Die Akte Springfield* denken, in der Homer einem grünleuchtenden Außerirdischen begegnet, der immerzu ruft: „Ich bringe euch Frieden. Ich bringe euch Liebe." Love and Peace, die Lieblingsworte von Ringo Starr. Er sang *Yellow Submarine* und komponierte *Octopus Garden*. Einziger Beatle mit einem Künstlernamen. Warum waren die Beatles eigentlich nie in Berlin? Es klingt fast wie ein Scherz, der Filmtitel einer absurden Groteske. In New York ist es normal, am Montag mit seiner Medaille um den Hals stolz durch die Stadt zu laufen und von wildfremden Menschen beglückwünscht zu werden. In Berlin könnte das vielleicht noch kommen. Ich werde morgen mit meiner Medaille zum Brandenburger Tor gehen, beim

Rufer ein Foto machen und mein Wegbier trinken. Es gibt schlechtere Tage im Leben.

Wir starten im Tiergarten. Links und rechts die großen alten Bäume. Vor uns eine sehr breite, sehr gerade und kilometerlange Straße. Hier war einst das Jagdrevier der Kurfürsten Brandenburgs. Um eine Verbindung zwischen dem Stadtschloss und Schloss Charlottenburg zu schaffen, wurde als Verlängerung von Unter den Linden eine Schneise durch den Wald geschlagen, die Charlottenburger Chaussee. Bei der Planung der „Welthauptstadt Germania" wurde sie zur Ost-West-Achse, ihre Breite verdoppelt und der Durchmesser des Großen Sterns von 80 auf 200 Meter erweitert. Die Siegessäule wurde von ihrem Platz vor dem Reichstag hierhin versetzt und ebenfalls vergrößert. Die französische Besatzungsmacht forderte 1946 ihren Abriss, schließlich erinnere sie an die Deutschen Einigungskriege, also auch den Deutsch-Französischen Krieg 1870/71. Briten und Amerikaner lehnten dies jedoch ab, den Sowjets war es vermutlich egal. So konnte die römische Siegesgöttin Viktoria bleiben, wo sie war, und in 67 Meter Höhe über die Stadt wachen. Von ihr blickte später der Engel Damiel auf die geteilte Stadt hinab und in den weiten Himmel über Berlin. Die römische Göttin Viktoria entspricht der griechischen Göttin Nike, womit sich der Kreis zum Marathon wieder schließt. Vermutlich werden die Schuhe dieser Marke auch heute den Sieg unter sich ausmachen. Es gibt eine neue Wundersohle.

Das Schild km1 steht hinter der Siegessäule, die links und rechts von einem gigantischen bunten Schwarm umspült wird. Wir sind auf der Strecke, das Rennen ist gestartet. „Let's dance", Großmeister David Bowie gibt den Takt vor, „if you say run, I'll run with you." Ein wilder Tanz für die ganz Schnellen und die ganz Langsamen. Durch neun Ortsteile, vom Tiergarten durch Moabit und Mitte, Friedrichshain, Neukölln, Kreuzberg, Schöneberg, Wilmersdorf, Steglitz und wieder zurück in den Tiergarten. Dance like you have never danced before.

Die Strecke bleibt erstmal weiter schnurgeradeaus, vorbei an den Spree-Laternen, dem Gaslaternen-Freilichtmuseum, das links versteckt im Park liegt, durch das 1908 gebaute Charlottenburger Tor und über den Landwehrkanal, vorbei am km2-Schild. Viermal werden wir über den Landwehrkanal laufen, der auf elf Kilometern Berlin durchquert, von der Spree in Kreuzberg durch Neukölln, Tiergarten und Charlottenburg, wo er wieder in der Spree endet. Angelegt als Wassergraben vor der Berliner Stadtmauer zwischen dem Schlesischen und Halleschem Tor ist er heute eine Bundeswasserstraße. „Einen Menschen tief", singt Blixa Bargeld, „schwarz und behäbig, behäbig und schwarz." Immer eine gute Trainingsstrecke. Ein Denkmal an der Lichtenstein Brücke erinnert an die 1919 ermordete Rosa Luxemburg, nicht weit von der Strecke. Viermal führt uns die Strecke über die Spree, viermal über den Landwehrkanal und viermal über den ehemaligen Verlauf der Berliner Mauer. Gute Planung ist alles.

Die Zeit flieht, sagt man, tempus fugit, aber hinter Eliud Kipchoge kommt selbst sie nicht mehr hinterher. Den ersten Kilometer lief er in 2:44 Minuten. Zu schnell sogar für die Top-Elite. Ziel seines Sprint-Startes war, die Konkurrenten zu schockieren und möglichst schnell seinen Hauptkonkurrenten Wilson Kipsang abzuhängen. Der Plan ging auf, schon auf dem allerersten Kilometer, der zum schnellsten des gesamten Rennens werden wird. Auf dem zweiten Kilometer im Rennen konnte er sich ein wenig ausruhen, mit 2:58 wird es heute sein langsamster. Soviel zu starte langsam. Aber die Gesetze der Sterblichen gelten nicht für die Götter. Quod licet Iovi, jaja, ist bekannt. Was ist eigentlich der Unterschied zwischen Sprint und Spurt? Kipsang ist zu dem Zeitpunkt, also Kilometer zwei, bereits mehrere, aber deutlich sichtbare Meter zurück. Er läuft in seiner eigenen Pacemaker-Wolke, das Rennen ist für ihn bereits gelaufen, wenn Kipchoge nicht noch einen Einbruch erleidet. Aber darauf sollte man nicht rechnen. „Ein sehr gutes Rennen", sagt Eliud und lacht, „ist ein gutes Rennen."

Er wurde mal gefragt, warum er im Läufercamp mit allen anderen in einer kleinen Hütte lebe, das gemeinschaftlich benutzte Geschirr abwasche, mit einem Besen den Boden kehre und auf jeglichen Luxus verzichte. „In life the idea is to be happy", gab er zur Antwort. „So, I believe in calm, simple, low-profile life. You live simple, you train hard, and live an honest life. Then you are free!"

Die Straße des 17. Juni führt zwischen Technischer Universität Berlin und dem Institut für Mathematik hindurch, wir kreiseln nach rechts in den Ernst-Reuter-Platz, benannt nach dem 1953 überraschend verstorbenen Regierenden Bürgermeister Ernst *Völker der Welt* Reuter, vorher war es der Platz Am Knie, wegen des Knicks den die Otto-Suhr-Straße dort macht. Der Springbrunnen ist ein buntes Fahnenmeer, wir biegen direkt in der ersten abgehenden Straße rechts ab, in der Marchstraße bin ich drei Kilometer gelaufen, so langsam im Tritt, langsam laufe ich mich warm. Wieder über den Landwehrkanal in die Franklinstraße, gesäumt von ihren Autohäusern. Die denkmalgeschützte Gotzkowskybrücke bringt den ersten leichten Anstieg rüber zum Wikingerufer. Es ist die erste von vier Überquerungen der Spree. Wir betreten Moabit, begrenzt im Süden von der Spree und im Westen vom Charlottenburger Verbindungskanal, die im Norden und Osten Moabits von einer Ansammlung kleinerer Häfen, dem Westhafen, Nordhafen und zuletzt dem Humboldthafen verbunden werden. Tatsächlich also ist Moabit eine Insel, von Wasser umgeben und nur über eine der 23 Brücken vom umliegenden Festland und Berlin erreichbar. Karibik-Atmosphäre kommt keine auf, doch die Definition einer Insel ist erfüllt. „Name ist Schall und Rauch", sagte Goethes Faust, „umnebelnd Himmelsglut." Gotzkowsky war immerhin mal so berühmt, dass er seine eigene Brücke in Berlin bekam. Klingt für mich eher wie Glotzkovski, Mike, der kleine grüne Augapfel mit Armen und Beinen aus der Monster AG, den kennt man wenigstens noch. Wer bitteschön kennt Gotzkowsky von der Brücke?

Wir werden heute an vielen Namen vorbeilaufen, Straßen, Brücken und Alleen, Häuser und Denkmäler, Zeichen vergangener Pracht und Größe. Und doch sind die meisten uns heute unbekannt, bleiben unerkannt auf unserem schnellen eiligen Marsch durch die Straßen der großen Stadt. Gotzkowsky, nur nebenbei, war „Fabrikant und Patriotischer Kaufmann", so steht es auf seiner Berliner Gedenktafel in Mitte. Aus der von ihm 1761 gegründeten Porzellan-Fabrik ging 1763 die Königliche Porzellan-Manufaktur hervor, die wiederum von Friedrich dem Großen gegründet wurde, der sich dann als sein eigener bester Kunde bezeichnete. Ein leichter Knick nach rechts, km4, wir laufen in die Straße Alt-Moabit ein, links kommt das burgartige Gebäude der Justizvollzugsanstalt Moabit mit großen Rollen Stacheldraht auf hohen Mauern.

Eliud kommt am km5 nach 14:25 vorbei. Die daraus hochgerechnete Endzeit beträgt 2h01:37. Es wäre – ein neuer Weltrekord. Davon können wir nicht einmal träumen. Es sind nur einige wenige Ausnahmekörper die unter 2h03 laufen können. Im Jahr 2015 blieben nur neun Menschen unter 2h06, Kipchoge sogar zweimal. Drei Jahre später wurde diese Zeit bereits 30-mal unterboten. Bei den Frauen ein ähnliches Bild. Elf Läuferinnen blieben unter 2h20 im Jahr 2018, drei Jahre zuvor nur zwei. Weltrekorde sind seltene Höhepunkte, darum heißen sie ja so. Es ist etwas Seltenes. Für die Welt. Für den Sport. Und für die Menschheit. Persönliche Bestzeiten aber sind ein ehrenhaftes Ziel. Der unvergessene George Sheehan begann erst im Alter von 45 Jahren zu laufen und lief seine Marathon-Bestzeit mit 61 Jahren. Mit starken 3h01 nur knapp vorbei an der magischen Drei-Stunden-Grenze. Es geht also noch einiges, auch mit 61 Jahren. Wann fängt das Leben an?

Sheehan, im echten Leben Kardiologe, in unserer Parallelwelt Läufer, Guru und Philosoph-Poet, schrieb seit 1970 im Runner's World wechselnde Kolumnen und mehrere Bücher, fast so unermüdlich wie er täglich trainierte. Heute steht für mich eine SUB3h30 auf dem Programm, das wäre eindrucksvoll genug. Wenn ich es denn schaffe. Ich muss es schaffen. Es muss einfach klappen. Entspannen, nicht darüber nachdenken. Auf keinen Fall negative Gedanken zulassen. Kein Wenn und Ob oder so was in der Art. Keinen Zweifel zulassen. Man verkrampft dann nur. Locker laufen. Schwerelos. Frei.

George Sheehan sah das Spiel als wichtigsten Bestandteil des Lebens im Kontrast zur Arbeit. „All work no play makes Jack a dull boy", schrieb Jack Nicholson in *The Shining*. Wir müssen laufen wie ein Kind spielt, wie es lacht mit seinem ganzen Körper, weil das Laufen dann unseren Geist komplett erfüllt, weil dann die Zeit vergeht wie im Fluge, weil wir glücklich laufen, wenn wir so laufen. Mit Spaß. Im Flow. Wie ein endloses Spiel. Spaß ist in jedem Fall etwas, was wir heute haben sollten.

Es läuft sich gerade sowieso fast wie von allein, das Gefühl immer leicht bergab zu laufen und vom eigenen Schwung durch die meist großbogigen Kurven getragen zu werden, ist eine Kerneigenschaft dieser Strecke. Es ist einfach die perfekte Strecke. Fehlt nur noch mein perfekter Lauf auf ihr. „Oh it's such a perfect day, I'm glad I spent it with you." Lou Reed benannte ein ganzes Album nach dieser Stadt, einfach nur *BERLIN*. In Großbuchstaben. Ein Klassiker aus dem Jahr 1973. Zwanzig Jahre später spielte er in Wim Wenders Film *In weiter Ferne so nah* mit, der Fortsetzung vom *Himmel über Berlin*, vier Jahre nach dem Mauerfall. Berlin, sagte er in einem Interview mit dem Tagesspiegel, sei nach dem Mauerfall „berlinischer geworden... größer, weltstädtischer, vereinter – und die Leute scheinen glücklicher zu sein." Wir werden einen perfekten Tag haben heute. Da ist er wieder. Der perfekte Tag. Ich laufe mühelos, fast schwerelos, sehr nahezu perfekt gerade eben. Geht es schließlich nicht vor allem darum? „Wir, die wir heute hier sind, müssen vor allem anderen einfach versuchen, glücklich zu sein", sagt Pal Dardai, Legende der vielgeliebten, vielverspotteten, aber ewig blau-weißen Hertha. Es geht wohl doch im ganzen Leben am Ende nur darum. Zu versuchen, im Heute einen glücklichen Tag zu haben. Berlinischer, größer, glücklicher, das ist alles, was in diesem Moment mein Dasein ausmacht. Und für diesen Moment berlinischen Glücks haben sich doch all die Stunden der Vorbereitung, des Trainings, ja einfach alles, was auf diesen Moment heute in dieser Stadt hingeführt hat, gelohnt. Ich bedanke mich bei der Straße, bei der Stadt, bei den Menschen. Ich laufe weiter, so kontrolliert, so schnell und so sauber, wie ich kann.

Links geht die Invalidenstraße weg, in der Friedrich der Große, der „Alte Fritz", 1748 das Invalidenhaus errichten ließ, wo Kriegsversehrte aus den Schlesischen Kriegen versorgt werden konnten. In alten Adressbüchern, also älter als 1820, war die Adresse noch vor dem Oranienburger Thore. Heute ist im Invalidenhaus das Bundesministerium für Wirtschaft und Energie untergebracht. Vieles kann man sich nicht ausdenken. Die Realität ist immer witziger. Km6, rechts das Bundeskanzleramt und Reichstag, wo wir uns vor ein paar Minuten noch alle umgezogen hatten. Um den gläsernen Hauptbahnhof herum wird alles mehr und mehr zugebaut. Dass der Bahnhof nicht einmal fertig gebaut wurde, weil eine Fußball-Heim-WM bevorstand und die Zeit drängte, geschenkt. Steigt die Erste Klasse eben ohne vor dem kalten November-Regen schützende Dächer in ihre ICE-Wagons ein. Den hanseatischen Klassenkämpfer wird es freuen.

Die Moltkebrücke aus Stahl und Steinpfeilern führt uns das zweite Mal über die Spree. Die in den 1980er-Jahren umfangreich restaurierte, mit rotem Sandstein verblendete Brücke ist mit großen Figuren reich geschmückt. Porträts von Moltke selbst, einst Chef des preußischen Generalstabes, flankiert von anderen Militärs, von Cäsar und Athene. Eine über Büchern und Landkarten sitzende Eule und ein mit Trophäen geschmückter Adler stehen hier als Sinnbilder für Moltkes Weisheit und Erfolg. Auf den Sockeln am Brückenende sitzen Greife mit kupfernen Schilden. „Erst wägen, dann wagen", steht auf einem davon. Am Uferweg der Spree unter der Brücke findet der kundige Wanderer eine im 2. Weltkrieg zerstörte originale Greifstatue. Wie immer auf einer Brücke und wie im wirklichen Leben, erst müssen wir rauf, dann wieder runter, aber zu diesem frühen Zeitpunkt des Rennens merkt man auch an dieser Brücke noch nicht viel davon.

Bei km7 geht es in der Otto-von-Bismarck-Allee vorbei an der Schweizer Botschaft. Sie ist in einem Gebäude untergebracht, das 1870/71 als Privatpalais errichtet wurde, und weil es von Dostojewski als „Palast (buchstäblich)" bezeichnet wurde, muss ich an ein denkwürdiges Mittagessen im März denken. Mein Gesprächspartner erschreckte mich immer wieder, wenn ich ob seiner ausschweifenden und skurrilen Geschichten es wagte, lachen zu müssen, und er nach einer kurzen Pause in seinem Redefluss mich mit lauter Stimme anrief: „Warum lachen Sie?" Er rede doch schließlich über Gott, ja die Gottes-Existenz, über das kaum noch erhältliche Buch eines Freundes von ihm und über Jesus und ob ich nicht wüsste, dass Jesus im 16. Jahrhundert noch einmal wieder gekommen sei? Nein, musste ich eingestehen, das wusste ich nicht, und dann erzählt er mir die Geschichte vom Großinquisitor aus Dostojewskis letztem Roman *Die Brüder Karamasov* und gerade, als es wirklich spannend wurde, brach er ab und meinte, das müsste ich jetzt aber wirklich selber lesen. Dann waren wir plötzlich beim Anhalter durch die Galaxis, keine Ahnung, wie er diesen Bogen hinbekommen hatte, und das alles endete mit der Frage, ob ich denn überhaupt wüsste, was Petrus nach Jesu Kreuzigung in seinem Leben noch alles gemacht hätte. Ich wusste es nicht und er lächelte darüber. Dostojewski also hatte über dieses Haus gesagt, dass es ein Palast sei, buchstäblich. Das einzige Haus am Spreebogen, das sowohl die geplanten Abrissarbeiten für „Germania" als auch die ungeplanten Zerstörungen der Schlacht um Berlin relativ unbeschadet überstand. Zu Mauerzeiten wollte die Schweiz das Gebäude verkaufen, schließlich war hinter dem Reichstag die freie Welt des Westens zu Ende und der Botschafter saß lange schon in Bonn, wo mal die deutsche Hauptstadt lag. Aber niemand, auch nicht der Berliner Senat, wollte die Immobilie haben. Der 2001 ergänzte Anbau im nüchternen Beton-und-Bunkerstil sorgte damals noch für Irritationen und fällt heute inmitten der anderen Neubauten gar nicht mehr auf. Hier wird es immer eng, letztes Jahr war so ein Gedränge, dass ich sogar kurz stehenbleiben musste. Heute aber geht es ziemlich gut, ich kann durchlaufen und muss nicht groß abbremsen. Die Kronprinzenbrücke und zum dritten Mal laufen wir über die Spree.

Die im Schatten der hohen Häuser und dem Gebäude der Bundespressekonferenz liegende leicht abschüssige Reinhardstraße führt geradewegs zur Friedrichstraße, wir haben den Verlauf der Berliner Mauer unbemerkt überschritten und sind im früheren Ostteil der Stadt. Erst wird frontal auf den Friedrichstadt-Palast zugelaufen, hier biegen wir im 90 Grad Winkel nach links ab, km8, Bundesministerium für Gesundheit und der U-Bahneingang Oranienburger Tor. Die Friedrichstraße ging von einem Tor der alten Stadtmauer im Norden direkt zu einem Tor der Stadtmauer im Süden, vom Oranienburger zum Halleschen Tor. Namensgeber war einer der vielen Friedrichs in der verwirrenden Herrscher-Linie, Kurfürst Friedrich III. von Brandenburg, der dann von 1701 bis 1713 als Friedrich I. als König in Preußen regierte. Fehlt nur noch, dass er irgendwann auch noch der II. gewesen wäre.

So langsam bin ich gut im Rennen angekommen, meine Pace hat sich eingestellt, ich muss nicht mehr ständig auf die Uhr schauen und nachjustieren. Es läuft einfach. Ich bin nur ein wenig über der geplanten Zeit, aber das kann ich locker wieder reinlaufen. Eliud scheint an diesem Punkt im Rennen ebenfalls seinen Tritt gefunden zu haben. Seine Pace ist stabil zwischen 2:54 und 2:57 min/km, sein Puls um die 190 bpm.

Die Straßenbahngleise sind kleine Stolperfallen, Obacht geben, sag ich mir, vorsichtig sein. Obacht geben, was für ein schönes Wort aus alter Zeit. Bloß nicht stolpern, dann kann alles schnell vorbei sein. Auch an den Verpflegungsstellen ist es manchmal sehr rutschig, das viele Wasser auf dem Asphalt kann einen leicht zu Fall bringen. Auch hier muss ich Vorsicht walten lassen. Hübsche Formulierung. Pass einfach ein wenig auf, dann passiert schon nichts. Und ein wenig Glück muss man haben, dass einen keiner umrempelt, ohne Glück geht es auch hier und heute nicht. So ist das oft im Leben. Glück schadet selten. Ich orientiere mich schon einmal rüber auf die rechte Spur, das erleichtert dann den Übergang in die Torstraße ein wenig, in die wir rechts einbiegen. Die Torstraße bietet freies Laufen, eine breite Straße, die sich aus einem Weg vor der Berliner Akzisemauer entwickelt hat. Das nächste Schild km9 ist am Rosenthaler Platz, der eher ein Zusammenprall von Straßen ist als ein echter Platz. Die Brunnenstraße, der Weinbergsweg und aus dem Süden die Rosenthaler Straße treffen hier auf die Torstraße. Im morgendlichen Berufsverkehr ist das kein Spaß. Hier führte das Rosenthaler Tor durch die Stadtmauer, die der Erhebung der Verbrauchssteuer diente, der Akzise, und keinen militärischen Verteidigungszweck hatte. Heute ist von den alten Berliner Stadttoren nur noch das Brandenburger Tor übrig. Manche Tore sind in Vergessenheit geraten, andere gibt es nur noch dem Namen nach, wie das Hallesche und Schlesische. Als sich die Funktion dieser Mauer erübrigt hatte, das Stadtgebiet hatte sich fast verdoppelt, wurden Mauer und die meisten Tore bis 1870 abgerissen. Nur drei überstanden das vorerst. Das Neue Tor ging im 2. Weltkrieg unter und lebt weiter im Namen Platz vor dem Neuen Tor. Das Potsdamer Tor am gleichnamigen Platz wurde erst für den Mauerbau 1961 abgerissen, um das Schussfeld für die Mauerschützen freizumachen. Übrig geblieben ist nur das größte und wichtigste. Der nackte Kutscher der Quadriga erregte nach seiner Fertigstellung 1793 das Missfallen der Bürger, so dass die Figur von seinem Erschaffer Johann Gottfried Schadow mit einem bis zum Boden reichenden Kleid versehen wurde. Schadow, einst bedeutendster Bildhauer des deutschen Klassizismus und Begründer der Berliner Bildhauerschule. Am Rosenthaler Platz spielen auch Szenen aus Döblins *Berlin Alexanderplatz*. Als es 1929 erschien, war der Autor 51 Jahre alt. Er hatte als junger Arzt von 1906 bis 1908 in der Irrenanstalt Buch gearbeitet. Hieß damals wirklich so. Und kommt mir irgendwie vertraut vor. Die großen Heilanstalten im Nordosten der Stadt.

Die Torstraße zieht sich einen leichten Bogen zeichnend über zwei Kilometer lang hin. Geschäfte, Bars und Cafés, ein Comicbuchladen, die ganze Straße entlang. Manche deutsche Großstadt wäre froh in ihrem Zentrum zu haben, was es allein in der Torstraße gibt. Nach Überquerung der Schönhauser Allee steht das Zehn-Kilometer-Schild in Höhe Rosa-Luxemburg-Platz. An der Ecke das neu gebaute Verlagshaus von Suhrkamp, dahinter die über 100 Jahre alte Volksbühne, gegenüber vom Karl-Liebknecht-Haus eröffnete 1929 das Kino Babylon. Historischer Boden, nicht nur weil Erich *Ich liebe euch alle* Mielke hier 1931 einen Mord beging, für den er 1993 verurteilt wurde. Die ersten zehn Kilometer sind gelaufen. Ich bin mit knapp drei Minuten über Plan, 51:07, geplant waren 47:57. Das Führungsfahrzeug mit der großen Uhr zeigt Eliud eine 29:01 an. Er braucht keine eigene Uhr am Arm, trägt darum nur bunte Gummibänder.

Kurz bevor die Strecke in die Mollstraße abbiegt, steht an der Ecke Prenzlauer Allee links ein großes cremefarbenes Gebäude. Als Kaufhaus Jonaß 1929 eröffnet war es das erste Kreditkaufhaus. Nach Anzahlung eines Viertel des Preises konnte mit einem Kaufschein der Rest in vier Monatsraten beglichen werden. Die Besitzer wurden nach 1933 enteignet, danach war das Gebäude Sitz der Verwaltung der Reichsjugendführung, 13 Jahre später zog das Zentralkomitee der Sozialistischen Einheitspartei ein und benannte es um in Haus der Einheit. Nach der Wiedervereinigung wurde das Gebäude an die Nachkommen der ursprünglichen Besitzer zurückgegeben, die es schließlich verkauften. Mit dem Soho House Berlin hielt der internationale Jet-Set Einzug, Künstler, Schauspieler, Rockstars, es ist ein Privatclub mit Hotel. Madonna kam mir aus der Einfahrt im SUV entgegen nach ihrem Konzert in der O2-Arena. Eigentlich hätte mich der SUV fast überfahren, als ich vorbeilief. Der Gründer der Hotel-Kette Nick Jones sagte mal in einem Interview, sein Anspruch an ein Hotelzimmer sei, dass der Gast beim Betreten sofort an Sex denken müsse. Und die Duschen sollen das Gefühl Niagarafall vermitteln. Das hört sich gut an und vielleicht hat Mr. Jude Law es deswegen dem Adlon vorgezogen. Die Stones wohnen trotzdem immer im Adlon. Vielleicht auch deswegen.

Ich laufe nach rechts in die Greifswalder Straße, das km11 Schild, dann wieder nach links. Die 90 m breite Karl-Marx-Allee liegt vor uns, Alexanderplatz und Fernsehturm bleiben rechts liegen. Die einzige große Prachtallee einer europäischen Hauptstadt, die nach dem 2. Weltkrieg geschaffen wurde. Und mit der die SED ihre Überlegenheit demonstrieren wollte. Immerhin die Gebäude sind geblieben. Bei der Eröffnung vom Cafe Moskau 1964 wurde ein Sputnik in Originalgröße an der Fassade angebracht, über dem Mosaik im Eingangsbereich „Aus dem Leben der Völker der Sowjetunion". Der erste künstliche Erdsatellit auf einer Umlaufbahn wackelt in der Luft wie das Original auf seiner Umlaufbahn. Auf der anderen Straßenseite stehen das Kino International und die Mokka-Milch-Eisbar. Verschwunden ist das Hotel Berolina, das, obwohl unter Denkmalschutz stehend, 1996 abgerissen wurde. Nur der Straßenname erinnert heute noch daran. Berolinastraße. An gleicher Stelle steht heute das Rathaus Mitte. Berolina, der neulateinische Begriff für die Personifikation der Stadt Berlin. Berolina. Berolina. Wie ein Gute-Laune-Meditations-Fantasie-Wort. Der gute alte Dr. Ulrich Strunz hatte mal das Wort iamon als Meditationshilfe empfohlen, immer wieder vor sich hingemurmelt sollte man sich damit in einen verjüngenden Reflextiefschlaf versetzen können. Berolina trägt mich wie auf Flügeln weiter, berolinaberolinaberolina, je nach Betonung der einzelnen Silben entstehen unterschiedliche Klangmuster.

Was wohl aus der echten Berolina vom Alex geworden ist, dieser großen Statue einer vollbusigen Frau? Eine Riesenfigur soll das gewesen sein, zunächst nur aus Gips, vom deutschen Kaiser kurzfristig zur Begrüßung des italienischen Königs in Auftrag gegeben, später wurde sie aus Kupfer nachgebildet. Modell soll eine junge hübsche Blumenverkäuferin gestanden haben, ich denke an das blinde Blumenmädchen aus dem Charlie Chaplin-Film. Lichter der Großstadt, Sinfonie der Großstadt. Beide Filme müsste ich mir auch irgendwann mal wieder ansehen. Die Berliner jedenfalls hatten ihre Berolina liebevoll Bärenlina genannt und Döblin schreibt in *Berlin Alexanderplatz* von ihr als „kolossales Weib". Die Strahlen der Sonne brechen sich in den Tropfen des Springbrunnens vor uns, Trommeln am Straßenrand bringen die Luft zum Vibrieren. Sinfonie der Großstadt, Lichter der Großstadt. Berlin erstrahlt in einem Ozean aus Klang und Licht.

Beim Straußberger Platz sind 12 Kilometer geschafft. Ich trinke bei den Verpflegungsständen immer ein wenig Wasser und schütte mir den Rest über den Kopf, versuche, so nass wie möglich zu bleiben. Das Gesicht wird sofort etwas kühler, die nassen Haare bringen mir sicherlich ein paar Zehntel auf der Uhr. Es geht um jede hundertstel, rede ich mir ein, naja, nicht ganz vielleicht. In jedem Fall geht es um jede Sekunde. Wenn ich am Ende eine Sekunde zu viel auf der Uhr hätte, wäre das Ziel verfehlt und das große Scheitern ist geschehen. Nur keinen negativen Gedanken jetzt zulassen. Ich verdränge das Wort aus meinem Kopf. Wie der jährliche Zug der Marathonläufer zieht auch die Fuck-Parade hier jedes Jahr vorbei. Mancher Gedanke kommt einfach, woher auch immer. Der östlichste Punkt der Strecke ist nun erreicht, über die Lichtenberger Straße geht es in Richtung Süden. Eine allzu genau Streckenkenntnis ist zu diesem Punkt im Rennen noch nicht nötig, unterhaltsam zwar, aber für den Erfolg des Tages irrelevant. Wenn es jetzt schon schlecht läuft, hat man einen sehr hässlichen Tag vor sich. Es sollte sich hier noch gut anfühlten, das Laufen, es sollte sich noch sehr gut anfühlen. Schwerelos, leicht wie eine Feder, mühelos. Ich laufe mit dem Gefühl, gerade warm zu laufen und deutlich schneller laufen zu können und nahezu unbegrenzt so weiter. Das wird sich ändern, das ist klar. Aber jetzt noch nicht und bei Kilometer 14 wird das erste Drittel im Sack sein und alles fühlt sich immer noch so an wie gerade erst losgelaufen. Die ersten 14 Kilometer werden gleich vorbei sein und sind kaum gespürt. Wenn man die Geschwindigkeit von Eliud beim Marathon heute (20.8 km/h) auf kürzere Distanzen herunterrechnet, läuft er die 100 m in 17.29 Sekunden, 400 m in 1:09 Minuten und für eine Meile braucht er lediglich 4:38. Wie lange hätte Usain Bolt mithalten können? Als der New Yorker einmal dieser Frage nachging, bekam er von Bolts Management zur Antwort: „Usain Bolt ist noch nie eine Meile gelaufen." Das klingt fast wie ein Chuck Norris-Witz. Wobei. Der kann schneller stehen als du laufen kannst. Aber es ist kein Scherz. Usain Bolt ist nie weiter als 400 m in einem offiziellen Wettkampf gelaufen. Naja. Musste er ja auch nicht.

Eine Meile. Was für Bilder entstehen im Kopf, wenn man dieses Wort hört? Eine alte Aschenbahn, als diese noch ihrem Namen gerecht wurden, Engländer in weißen kurzen Hosen und gestärkten Hemden, mit dunklen genagelten Lederschuhen, mit Hüten und Spazierstöcken, in der Luft ein Geruch nach Zigarren, weichem Küstenregen und grünem Klee. 26.218 Meilen sind ein Marathon. Umgerechnet 42 Kilometer und 195 Meter. Eine Meile. Ein fast nostalgischer Begriff. Als Roger Bannister im Mai 1954 erstmals eine Meile in weniger als vier Minuten lief, war das eine Sensation. Die Four-Minute-Mile. Genauer müsste man sagen die englische Meile. 1.609 Meter. Das metrische System wurde 1793 in Frankreich während der französischen Revolution eingeführt. Ein Kilometer besteht aus 1.000 Metern. Klar und einfach. Deshalb hat sich dieses System mittlerweile fast überall durchgesetzt. Nur in den USA, Myanmar und Liberia ist es noch nicht verbindlich, in anderen Ländern wie Großbritannien, Kanada, den Philippinen steht es nach wie vor in Konkurrenz zu älteren Systemen. Ein Kilometer. Er ist klar definiert. Im Gegensatz dazu ist eine Meile etwas unscharf. Eine Seemeile (1.852,0 Meter), die englische statute mile (1.609,3426 Meter), die deutsche Meile (7.532,5 Meter), und die geographische Meile (7.420,44 Meter). Die chinesische Meile war je nach aktuellem Herrscher zwischen 323 m und 645 m lang. Es gab eine London Mile (5.280 feet), eine Scots Mile (320 falls) und eine persische Meile. International wurden am 1. Juli 1959 die weltweit unterschiedlichen angloamerikanischen Längeneinheiten vereinheitlicht, die Meile entspricht demnach 1.700 Yards, also genau 1.609,344 Meter. Nun ist auch das Yard im metrischen System nicht enthalten, erklärt aber die krummen Zahlen beim Fußball. Das Tor ist acht Yard breit, beim Strafstoß liegt der Ball zwölf Yard davor. Daraus ergibt sich ein 7.32 m breites Tor, beim Strafstoß hatte man ein wenig aufgerundet. Der Meilenlauf ist die letzte in nicht metrischer Einheit gemessene Distanz, in der man noch einen offiziell von der IAAF geführten Weltrekord laufen kann. Es klingt ein wenig nach guter alter Zeit, nach Abenteuergeschichten und Nostalgie, schwarzem Tee und Paddington Bär in London. Ein wenig nach früher und weit weg. Obwohl die längste Strecke bei den sogenannten Mittelstrecken (800 m, 1.500 m, Meile) wurde die Meile nie olympisch, das IOC blieb immer beim 1.500-m-Lauf. Heute auf einer 400-m-Bahn gelaufen eine schräge Distanz und 1.600 m wären ja auch viel näher an einer Meile dran. Aber im kontinentalen Europa des 19. Jahrhundert waren Laufbahnen weder in Form noch Länge festgelegt. Das Olympiastadion der Spiele in Athen 1896 war U-förmig, die beiden Längsseiten über 200 m lang. Manch einer hielt einen quadratischen Grundriss aufgrund der kürzeren Kurven für besser geeignet, um schnelle Zeiten zu laufen, als den eher rechteckigen, der sich im heutigen Oval durchgesetzt hat. Die Laufbahn bei den Olympischen Spielen in Paris (1900 und 1924) und in Antwerpen (1920) waren 500 m lang. In London (1908) wurde auf einer Bahn gelaufen, die eine Drittel Meile lang war, knappe 536 m. Die Stadionlänge der Spiele in Stockholm (1912) betrug nur 383 m. In Paris 1924 wurden Olympische Spiele das letzte Mal auf 500-m-Bahnen ausgetragen, in Amsterdam wurde die 400 m lange Laufbahn dann 1928 zum weltweiten Standard.

Eine Four-Minute-Mile bedeutet, mit einer Pace von 2:14 min/km zu laufen, also mit einer Geschwindigkeit von 26.89 km/h. Es wurde lange Zeit für unmöglich gehalten, dass ein Mensch überhaupt so schnell laufen könne. Darin waren sich viele Wissenschaftler, Trainer und Sportler einig. Niemand hatte vom Pawnee-Häuptling Großer Habicht gehört, der bereits 1876 die Strecke in 3:58 gelaufen sein soll. Gemessen worden sei die Zeit von Offizieren des US-Heeres mit Stoppuhren. Aber das lässt sich natürlich nicht beweisen. Schneller als 4:01.66 könne ein Mensch die Meile nicht laufen, so der USC-Trainer Hamilton 1935. Bannister interessierte all das nicht. Er trainierte systematisch und wissenschaftlich. Trotzdem musste er nach außen immer so tun, als nehme er sportliche Leistungen nicht allzu ernst, was auch ernsthaftes Training ausschloss, um seinen Amateurstatus aufrechtzuerhalten. Ein solches Verhalten wurde schließlich von einem britischen Harvard-Studenten erwartet. Er trainierte und visualisierte die Zeit. Der Rest ist Sportgeschichte. Am 6. Mai 1954 lief er die Meile in 3:59.04. In handgemachten Schuhen, die so leicht wie technisch nur irgendwie möglich waren, die Spikes hat er selbst geschliffen und die Sohlen mit Grafit behandelt, damit nichts daran hängen blieb. Wenige Wochen später lief der Australier John Landy noch schneller, 3:57.9 und im August bei den Commonwealth Games in Vancouver blieben beide unter vier Minuten. Im „Lauf des Jahrhunderts" schlug Bannister (3:58.8) knapp Landy (3:59.6), der das Rennen bis zu Hälfte angeführt hatte. Berühmt wurde das Zielfoto, gerade als sich Landy nach links umdrehte, überholte ihn in genau diesem Bruchteil von Sekunden Bannister von rechts.

Die Behauptung aber, dass insgesamt 37 Läufer im restlichen Jahr 1954 unter vier Minuten geblieben seien und 1955 dann schon ein paar Hundert, ist nicht belegt. Dass der Kopf eine Rolle spielt, ist unbestritten. Aber eine Flut an Four-Minute-Meilen in den Jahren nach Bannisters Lauf blieb dennoch aus. Ob es einen Bannister-Effekt gebe, wie manche Psychologen meinen, also dass wir uns von falschen Grenzen ausbremsen lassen, von falschen Glaubenssätzen, wird nicht von allen geteilt. Sportjournalist Alex Hutchinson ging dieser Frage nach und äußerte sich im Buch *Endure* dazu eher zurückhaltend. Was sagt Eliud Kipchoge dazu: „Wenn du deinen Geist nicht beherrschst, beherrscht er dich." Grenzen nicht zu akzeptieren, sich nicht aufhalten lassen, auch das bedeutet es, sich auf die Marathonstrecke zu wagen, einen Marathon tatsächlich zu laufen. Sich nicht von anderen sagen lassen, was geht und was nicht geht. Die Grenzen im Kopf zu überwinden, bedeutet Freiheit. Der Weltrekord für die Altersgruppe 50–54 beträgt übrigens 4:19.59, aufgestellt von Brad Barton im Juni 2019. Und damit würde er tatsächlich mit Eliud mithalten können. Zumindest auf der ersten Meile. Was könnte ich schaffen, was wäre maximal möglich? Eine Six-Minute-Mile (16,09 km/h) erfordert eine Pace von 3:44. Eine Seven-Minute-Mile? Das klingt ja schon bescheuert.

Zeit zu verschwenden. Zeit zu verschwinden. Die Zeit vergeht. Ich laufe gegen die Unerbittlichkeit der Uhr. Tick-tack-tick-tack. Geheimnisvolles Verstreichen der Zeit. Ein Tag vergeht, ein neuer kommt, ich atme aus und wieder ein. Tick-tack-tick-tack. Diesen Kuss der ganzen Welt. Tag der Geburt Johannes des Täufers, das steht tatsächlich im Kalender so. Ich habe heute die Zeit, um sie beim Marathon zu verschwenden, ein Luxus, fürwahr. So viele Stunden wird heute gelaufen, so viele Stunden werden verschwinden unter unseren Füßen. 40.000 Läufer, wenn jeder vier Stunden bis zum Ziel unterwegs wäre, sind das in Summe 160.000 Stunden, 6.667 Lebenstage, ganze 18,3 Jahre Lebenszeit. Im Glück verbracht, also was will man mehr. Verschwende deine Zeit, sie verschwindet ohnehin. Tick-tack-tick-tack. Im Rhythmus der Sekunden prasseln 80.000 Füße auf den Asphalt der Straßen. Für Autos ist hier kein Raum heute, nur für die Menschen. Die unerbittliche Sichtbarkeit des wahren Läufers.

Ich sehe die Stadt durch meine Füße. Wir erfahren die Straßen mit unseren Füßen. Schwarzer Asphalt, weiße Linien, und die Beine folgen einer blauen Linie. Die blaue Linie führt uns in das Ziel hinein. Tok-tok-tok-tok, die kaum gepolsterte harte Gummisohle der minimalgewichtigen Racer tippt leicht auf den Asphalt, in einem stabilen Rhythmus. 180 Schritte pro Minute seien die optimale Schrittfrequenz, schreiben die Weisen. Links-rechts-links-rechts, tok-tok-tok. Das verhindere, dass man zu große Schritte mache und gelenkschädigend mit der Ferse aufkomme. Man kann das mit einem Metronom üben, es ist eine ziemliche Umstellung, wenn man es nicht gewohnt ist. Tak-tak-tak klickt das Metronom im Trainingspark, wir tippeln auf der Stelle, bei der Frequenz von 180 können nur sehr kurze Schritte gemacht werden, die Geschwindigkeit ergibt sich dann aus der Länge ebendieser Schritte. Ein Straßenmarathon, Häuser, breite Asphaltwege, leere Parkplätze, absolute Halteverbote auf der ganzen Strecke werden streng eingefordert. So viele Füße, so viele Schritte. Wie viele Knochen hat eigentlich ein Fuß? Einmal im Jahr kommen hier aus aller Herren Länder die Menschen zusammen, um 42.195 Meter zu laufen. Aller Herren Länder, wo das wohl seinen Ursprung hat? Verschwundene Wörter, die nur noch die ganz Alten kennen, Wörter der Ur-Großeltern. Strolch hört man heute gar nicht mehr, Hagestolz und Quacksalber, Spitzbube und Haderlump, Rotzlöffel und Fidibus. Das Schlitzohr. Wo der Bartel den Most holt. Ausgestorbene Wörter, die der Welt verloren gegangen sind. Im Lauf der Zeit. Tick-tack, Sekunde um Sekunde verrinnt, und ich laufe, so schnell ich kann, mitten durch die Stadt, mitten im Leben, Schritt für Schritt. Wenn wir lieben, was wir tun, wie kann die Zeit verschwendet sein?

Ich bin immer noch gut in Form. Das wird mein Lauf heute, ich spüre es, das ist mein Tag. Immer schön vorsichtig, nur nicht überziehen, wäre doch schade drum, wenn auf den letzten Kilometern die Kraft weg ist. Schön nach Plan laufen, der Plan wird funktionieren, ich habe bald das erste Drittel hinter mir und fühle mich so stark wie am Start, besser sogar noch, weil es so gut läuft, das gibt mir die Zuversicht, wo heute vor dem Start noch Zweifel und Unsicherheit waren. Es wird ein guter Lauf werden, das spüre ich jetzt mit jedem Schritt. Fast keine Ermüdung bislang, die Beine fühlen sich gut an, alles andere sowieso. Von der Meile schweifen die Gedanken hinüber zum ganz Kleinen, einem Meter, einem Millimeter. Kleiner ist nur mehr schwer vorstellbar. Ein Nanometer ist ein Milliardstel Meter. 10hoch minus neun. Die Doppelhelix unserer DNA, unseres Erbgutes, hat 2 nm Durchmesser, die Lipiddoppelschicht, Bestandteil der Zellwand, ist 4 nm dick. Kleinere Viren 15 Nanometer, Hämoglobin, also der Bestandteil unserer roten Blutkörperchen, 55 Nanometer, die im Vergleich dazu mit 8.4 Mikrometern geradezu riesig anmuten. Größenordnungen, die man sich nur noch schwer vorstellen kann. Ein Millimeter. Besteht aus 1.000 Mikrometern. Zehn Haare sind so dick wie ein Millimeter. Feinstaub ist 10 Mikrometer oder kleiner groß. Ein Mikrometer wiederum aus 1.000 Nanometern. Also ist ein Millimeter gleich eine Million Nanometer. Ein SARS-Virus ist 60 bis 140 Nanometer groß, die Spikes 9 bis 12 Nanometer lang. Der geschätzte Durchmesser des gesamten Universums beträgt 870 Trilliarden Kilometer. 90 Milliarden Lichtjahre. Es entzieht sich meiner Vorstellungskraft, das eine wie das andere. Ein typischer Durchmesser von Voids beträgt 100 Mega-Parsec. Was für ein Satz. Wie ein Gedicht aus einer weit weit entfernten Galaxis. Das Wort typisch in diesem Satz kommt mir dabei sehr komisch vor. Als wäre es normal, das zu wissen. Was ist denn überhaupt ein Void?

Zurück auf die Strecke. Lichtenberg als Dorf wurde erstmals 1228 urkundlich erwähnt und 1391 Teil der Stadt Berlins. Am Ende der Lichtenberger Straße geht es auf der Michaelbrücke zum vierten Mal über die Spree, Kilometer 13 kaum wahrgenommen. Die Michaelkirchstraße führt geradeaus zur Sankt Michaelkirche, dahinter das schöne Engelbecken. Beim Mauerweglauf kommt man daran vorbei, hier stand einst die Mauer. Wir biegen rechts ab am Kraftwerk Berlin in die Köpenicker Straße, vorbei am Techno-Club Tresor und nach links in die Heinrich-Heine-Straße, das nächste Schild km14, durch den Kreisverkehr am Moritzplatz, wir sind in Kreuzberg. Die Oranienstraße geht hier ab, Bilder und Klänge West-Berliner Mauerzeiten, das alte SO36. Ein Drittel der Strecke ist also geschafft. Ich laufe immer noch fast mühelos, passiere den Kreisverkehr und hinein in die Prinzenstraße, hinter der ARAL-Tankstelle nach links in die Ritterstraße zur nächsten großen Landmarke. Kottbusser Tor, irgendwo hier steht das Schild mit km15. Eliuds Split liegt bei 43:38, mein eigener bei 1h15:34. Immerhin ist er nicht doppelt so schnell wie ich, das betrachte ich schon einmal als eine große Leistung. Und ich bin nur noch 38 Sekunden hinter meinem Plan. Das lauf ich rein. Locker. Schreibt man die namensgebende Stadt nicht eigentlich mit C? Vom Berliner Senat wird das Viertel als „Gebiet mit besonderem Entwicklungsbedarf" bezeichnet. Eine schöne Umschreibung für sozialer Brennpunkt. Was auch nur eine Umschreibung ist für Drogen und Raubüberfälle, sexuelle Übergriffe, Körperverletzungen. Für viele der hier Ansässigen ist es aber wahrscheinlich auch nur ein ganz normaler Platz zum Wohnen und Leben, ihr persönliches Stückchen Heimat, ihr Kiez, klassischer Plattenbau neben Altbauwohnung, Straßenkämpfe hin oder her. Und die sind ja auch schon weniger geworden.

„Berlins Nabel ist das", sagt einer, „unser Kotti."

Als die Mauer noch die Kreuzberger von drei Seiten umschloss, gründete der „Wahre Heino" einen Schallplattenladen und nannte ihn Scheißladen. Man konnte Platten kaufen, die es nur zu Mini-Auflagen gebracht haben, in Wohnzimmern produzierte oder kopierte Musikkassetten, Neue Deutsche Welle, bevor sie es in die Hitparaden schaffte, Punk natürlich, echte Untergrundmusik, experimentell und schräg. Mythen einer Vergangenheit, die noch nicht so lange her ist und trotzdem bereits wie die Schlacht um Troja aus einem anderen Universum zu stammen scheint. Vielleicht gibt es ja doch parallele Universen und alles passiert gleichzeitig, es gibt gar keine Zeit, war es vielleicht das, was Albert Einstein meinte? Oder war das Captain Kirk? Meine Zeit läuft jedenfalls unerbittlich. Kottbusser Straße, Kottbusser Brücke über den Landwehrkanal, Kottbusser Damm, Sonnenallee, Hermannplatz. Das expressionistisch gebaute Karstadt besaß mal zwei Türme und war Ende der 1920er-Jahre das größte und modernste Warenhaus Europas mit eigenem Dachgarten und Aussichtsplattform. Eine U-Bahn-Haltestelle ermöglichte den direkten Zugang, über Rolltreppen ging es vom Bahnsteig direkt hinein. Die Rolltreppen gibt es heute noch, nur kommt man sich nicht mehr vor, als würde man ins Paradies fahren. Außer wenn man in die Feinkost- und Alkoholabteilung geht. Nichts mehr erinnert heute an die alte Pracht. Bei der Schlacht um Berlin im April 1945 sprengten SS-Truppen das Gebäude, um die Lebensmittelversorgung der vorrückenden Roten Armee zu behindern. Ein Rest der Originalfassade mit fränkischem Muschelkalk ist noch in der Hasenheide zu sehen, in die wir jetzt hineinlaufen. Der Park war ab 1678 ein Hasengehege und Jagdgebiet von Friedrich Wilhelm, Kurfürst von Brandenburg und Herzog von Preußen, später Preußens erster Turnplatz von Friedrich Ludwig Jahn eröffnet und Schauplatz des von Theodor Fontane geschilderten Pistolen Duells im Roman Effi Briest. Wo einst das Turnen erfunden wurde, ist heute ein Umschlagplatz des Berliner Drogenhandels.

„Das Gel schmeckt ja, als würde dir einer in den Mund kotzen."

„Das habe ich noch nicht probiert." Gespräche von der Strecke.

Meine Magnetmarke ist nun das Erreichen der Halbmarathon-Markierung. Ab dem Halbmarathon geht es gefühlt und real zurück, nach Hause, ins Ziel. Ich bin mal einen Halbmarathon in Berlin gelaufen und habe nach der Hälfte gefragt, ob ich denn nun die Halbmarathon-Markierung übersehen hätte. Es hat ein wenig gedauert, bis ich es selbst geschnallt habe, die anderen dachten, ich wolle sie veräppeln. Ich liege jetzt jedenfalls sehr gut in der Zeit bei km18 und die Pace ist optimal und es sind nur noch drei Kilometer bis zum Bogen des Halbmarathons.

Die Hasenheide endet beim Südstern, wo drei große Kirchen stehen. Die Kirche am Südstern, die Apostolische Nuntiatur Berlin und die St. Johannes Basilika. Ich benutze den weithin sichtbaren Kirchturm als Anker, gefühlt geht die Straße ein wenig bergab, aber das ist wahrscheinlich nur mein Gefühl. Es läuft richtig gut. Durch die Gneisenaustraße mit ihrem Mittelstreifen und den schattenspendenden Bäumen laufen wir auf der rechten Fahrbahn, links wie rechts stehen dichtgesäumt die Zuschauer. Es wird geklatscht und angefeuert, Freunde und Angehörige und Wildfremde, mit allem, was man sich vorstellen kann, Rasseln, Klatschpappen, Fahnen, Hupen und Schildern. Preußischer Generalfeldmarschall August Wilhelm Anton Graf Neidhardt von Gneisenau. Unter den Linden gegenüber der Neuen Wache steht seine Statue. Berühmt wurde er im Krieg 1807 gegen Napoleon bei der Verteidigung der Stadt Kolberg in Pommern. Pommern, Pommern, Pommerland. Maikäfer flieg, der Vater ist im Krieg, die Mutter ist in Pommerland, Pommerland ist abgebrannt, Maikäfer flieg. Eine hübsche Melodie ist das. In der Liedersammlung *Des*

Knaben Wunderhorn von 1806 wird ein Maykäfer-Lied aufgeführt, andere datieren die Entstehung zurück in den Dreißigjährigen Krieg. Kann man das seinem Kind heute noch vorsingen? Deprimierender geht es ja kaum noch.

Bei km19 über den Mehringdamm in die Yorckstraße. Die Pfarrei St. Bonifatius stellt Räumlichkeiten für ein Restaurant zur Verfügung, in dem Flüchtlinge aus Syrien, Afghanistan, Irak und Iran, Moslems, Hindus, Christen und Juden zusammenarbeiten. Die Qualität ihrer orientalischen Küche hat ihren Weg bis ins japanische Fernsehen gefunden. Kreuzberger Himmel. Nicht nur die Nächte sind hier lang, auch der Himmel ist weit offen. Bei den Yorckbrücken ist fast die Hälfte gelaufen. Hier hing mal eine Werbung für das neue Keith Richards Album *Crosseyed Heart*, ein Spiegelbild von *Talk is Cheap*, nur halt ein paar Jahrzehnte älter. Es ist ein Schwarzweißfoto von Keith, er lacht entspannt und blickt dem Betrachter direkt in die Augen, die Unterarme überkreuzt und mit den knochigen ringgeschmückten Fingern ein Herz angedeutet. Es ist dieses Lachen, das mir im Gedächtnis geblieben ist. Das komplette Ruhen in sich selbst. Alles ist bewiesen, alles ist großartig, ich bin über siebzig und sehe aus wie ein Gott. So sieht es aus, wenn du ein lebender Rolling Stone bist. Leider hatte ich es nicht geschafft, beim Vorbeilaufen davon ein Foto zu machen, Das Bild von Keith, die Yorckbrücken, der Schwarm der Läufer. Eine Woche später war ich am Nöldnerplatz im Bistro gesessen, dort hing das gleiche Bild. Ich habe das Album direkt bestellt, während ich in der warmen Oktober-Sonne sitzend mein Berliner Bier aus der Flasche getrunken habe. Hinter den Gleisen geht die Yorckstraße in die Goebenstraße über und hier steht wieder eine grüne Baumreihe zwischen den Fahrbahnspuren. Die Goebenstraße gibt es in der deutschen Wikipedia nicht. Vielleicht sticht sie gerade dadurch hervor. Der Namensgeber könnte demnach August Karl von Goeben sein oder William von Goeben, beide lebten fast zur gleichen Zeit und jeder war preußischer General der Infanterie laut Wikipedia, dem sogenannten Wissen der Menschheit. Aber wie weit kommt es an die Wissenssicherheit heran, die mir eine tägliche Lektüre der Encyclopedia Britannica vermittelte, laut New York Times immerhin „das älteste und renommierteste Nachschlagewerk“? Jeden Tag sollte man mindestens einmal ein Lexikon in die Hand nehmen und einen Abschnitt lesen, einen ausgesuchten oder einen zufällig aufgeschlagenen. Man profitiert in jedem Fall. Die Encyclopedia Britannica, tausende Seiten in schweres Leder gebunden, ein halbes Dutzend Umzugskisten alleine dafür, keine Aktualisierung seit der letzten Auflage? In unserer schnelllebigen eingeengten Welt ist wohl kein Platz mehr für so etwas. Vielleicht bin ich aber auch der Einzige, dem das fehlt.

Gefühlt geht es hier ein wenig bergauf, rechts ein Gemüsemarkt, der mit seiner roten Markise für mich seit Jahren die Landmarke für den Halbmarathon ist. Zuerst kommt aber das km21-Schild und 95 Meter weiter die Markierung für den Halbmarathon. Meine Uhr zeigt an 1h44:37. Acht Sekunden langsamer als geplant, also voll in der Zeit, wenn ich die zweite Hälfte schneller laufen kann als die erste. Negativer Split ist Pflicht natürlich, die zweite Hälfte muss schneller als die erste gelaufen werden. Nachlassen darf ich jetzt nicht, aber das ist keine Überraschung. Ich bin schon beim Halbmarathon und noch sehr gut unterwegs, auch wenn es nun langsam ein wenig anstrengender wird. Aber das ist auch keine Überraschung. Meine Pace ist dauernd und deutlich unter 5 min/km. Jedes Gramm, das ich in den letzten Wochen leichter geworden bin, hilft mir nun, in diesem Tempo weiterzulaufen. Jedes Gramm zählt, wie auch jede Sekunde. Sekunden und Gramm, im normalen Leben achtlos übergangen und unbeachtet. Heute haben sie ihren großen Auftritt. Bei mir und bei Eliud, bei ihm natürlich noch viel mehr, es geht ja um den Weltrekord. Sein HM Split liegt bei 1h01:05.

„Es ist keine Frage des Zufalls", sagt Eliud, „den Marathon zu gewinnen. Es ist eine Frage der Wahl." Welcher Wahl? Habe ich auch die Wahl? Die Dinge sind oft nicht so wie sie scheinen. Gab es wirklich einen 8-Stadien-Lauf, den die Hopliten laut Herodot zurückgelegt haben sollen? Ein Stadion als Längenmaß wären 600 Fuß, ungefähr 200 Meter. Dann wären ja schon die Hopliten eine Meile gelaufen? Alles nahm dort seinen Ursprung, in der Schlacht von Marathon. Wie viele Soldaten waren dort? Das athenische Kontingent soll aus 9.000 Hopliten bestanden haben, dazu 1.000 Krieger aus Lataiai. 10.000 Griechen also insgesamt. Die 2.000 Spartaner kamen Herodot zufolge erst drei Tage nach der Schlacht am Kampfort an. Angaben über die Größe der persischen Armee gibt es keine. Die Geschichte des Pheidippides. Die Ebene der Schlacht. Die Zahl der Gefallenen betrug auf griechischer Seite 192, auf persischer Seite nennt Herodot 6.400 Tote, was wohl etwas übertrieben sein mag. Heute treffen sich über 40.000 Menschen hier auf der Wiese vor dem Reichstag. Wahrscheinlich viel mehr als sich in der Ebene von Marathon Krieger gegenüberstanden. Athena Promachos, die „in vorderster Linie Kämpfende". Das kolossale Standbild der Göttin stand vermutlich seit 450 v. Chr. auf der Akropolis in Athen, möglicherweise finanziert sogar aus der Beute der Schlacht bei Marathon. Über neun Jahrhunderte stand sie dort, bevor sie nach Konstantinopel gebracht und dort 1203 n. Chr. von Christen zerstört wurde. Wie riesig sie gewesen sein mag, sieht man im Bild der Akropolis, das Leo von Klenze 1846 malte, idealisiert natürlich, aber was macht das schon. Der bayerische König Ludwig I. kaufte das knapp einen mal eineinhalb Meter große Ölgemälde dem Künstler direkt ab und machte es zu einem Bestandteil der Pinakotheken in München. So ist wie immer auch hier wieder alles miteinander verbunden. Klenze als Konkurrent zum Zeitgenossen Berliner Schinkel, die Athener Akropolis mit der Predigt des Paulus auf dem Aeropag, Pallas Athene mit dem Brandenburger Tor, der Marathon in Berlin mit der Schlacht in Griechenland im Jahr 490 v. Chr., in dessen Namen dann das Abbild der weiblichen Gottheit Athena in Istanbul – aber das hatten wir ja gerade eben schon.

Von der Goebenstraße biegt die Strecke nun nach links in die Potsdamer Straße ein. An dieser Ecke stand einst der Sportpalast, Potsdamer Str. 172. Eine Tafel erinnert daran, „hier stand der Sportpalast von 1910 bis 1973 ... durch Eisrevuen ... und das Sechs-Tage-Rennen bei den Berlinern beliebt." Natürlich wird auch Goebbels und die irre Frage nach dem totalen Krieg erwähnt. „Als Antwort schrien die versammelten Massen fanatisch ‚JA'!". Vielleicht gab man ja damals Pervitin nicht nur in die Tornister der Soldaten, sondern gleich direkt ins Trink- und Leitungswasser der Reichshauptstadt. Crystal Meth der 1930er-Jahre. Und die Beatles hat man im Sportpalast bei ihrer geplanten Deutschland-Tournee nicht spielen lassen.

Wir werden später noch einmal in der Potsdamer Straße laufen, ein wenig weiter nördlich. Dann sind es nur noch fünf Kilometer. Zuschauer können hier mit minimalem Aufwand von km21 zu km37 der Strecke gelangen. Nun also die Potsdamer Straße nach Süden, rechts der Heinrich-von-Kleist-Park, der eigentlich recht groß ist, dies aber hinter den vorgelagerten Königskolonnaden gut zu verbergen weiß. Die Kolonnaden bildeten einmal mit der Königsstraße und Königsbrücke eine architektonische Einheit. Würde man am U-Bahnhof Kleistpark weiter geradeaus laufen, in die Hauptstraße hinein, käme man zu David Bowies Berliner Wohnung, Hauptstraße 155, Schöneberg. Die Berliner Gedenktafeln wurden 1985 eingeführt, als man sich auf die 750-Jahr-Feiern der Stadt Berlin zwei Jahre später vorbereitete. Weiße Porzellantafeln der Königlichen Porzellan-Manufaktur mit blauer Schrift. Die Richtlinie für die Anbringung fordert, als „einziges Kriterium der zu Ehrenden sind die Leistungen für oder in Berlin". Bowie erfüllt die Vorgabe. „In diesem Haus wohnte von 1976 bis 1978 David Bowie, 8.1.1947–10.1.2016." Es entstand die Berliner Trilogie mit *Low, Heroes* und *Lodger.* „We can be heroes, just for one day."

Der Januar ist in Berlin immer der am schwersten aushaltbare Monat im ganzen Jahr. Der Wind aus den sibirischen Ebenen ist sehr kalt, die Gesichter fahl und grau. Die Weihnachtsfeierlichkeiten sind vorbei, jeder ist fetter geworden und dauernd verkatert oder im Dry January, beides trägt zur schlechten Laune der Mitbürger bei. Es wird praktisch nicht hell, kaum geht die Sonne auf, geht sie auch schon wieder unter. Was im Dezember noch festlicher vorweihnachtlicher Schnee ist, wird im Januar grauer Matsch. Vielleicht konnte es auch nur in einem Januar sein, als Spaceman-Major-Tom-and-Ziggy-played-guitar David Bowie zwei Tage nach seinem Geburtstag verstarb. Sein neues Album lag gerade frisch gepresst in den Läden.

Wir biegen ab, kurz bevor wir an seiner alten Wohnung vorbeikommen, es geht in einer kleinen Schleife nach rechts in die Grunewaldstraße. Wir werden erst in zwei Kilometern wieder auf der Hauptstraße weiterlaufen.

„Ich brauche Luft", schreit uns ein Mann von seinem Balkon aus entgegen. Halbnackt steht er da mit einem bunten Federschmuck auf dem Kopf und einem Holzspeer in der Hand. „Ich brauche mehr Luft", schreit er wieder und wieder vom Hochparterre herab auf die Masse von uns Läufern. Dazu donnert Jimi Hendrix' *Voodoo Child* auf uns herunter, mit Wucht und einem starken Bass. „I am a Voodoo Child,

Lord, I am a Voodoo Child." Besser kann das live auch nicht gewesen sein. Die Nachbarn müssen längst die Stadt verlassen haben. The night I was born, the moon turned on fire red. Tiefenentspannung und Klangschalentherapie. „Ich brauche Luft", schreit der Mann noch einmal. Zwei Polizisten stehen schon vor dem Balkon und blicken hinauf. Er beachtet sie nicht, dann bin ich vorbei, lasse Jimi Hendrix und den Luftnötigen hinter mir. Vorbei an km22, U-Bahn Eisenacher Straße, kurz darauf Bayerischer Platz, Martin-Luther-Straße, km23. Wir sind in Schöneberg. Links eine Miniatur-Grünanlage mit mächtigem Namen. Der Wartburgplatz. Dann laufen wir auf das Rathaus Schöneberg zu. Im Reichstag ist ein handschriftlicher Zettel ausgestellt, der zeigt, wie man versuchte, die Aussprache Berlins für den jungen Präsidenten lautmalerisch zu erleichtern. „Ish bin ein Bearleener." Auch „Civis romanus sum" hatte er sich dort notiert. Wörtlich sagte er und das ist der eigentliche Zusammenhang mit dem Zitat, warum Kennedy ein Berliner war: „Vor zweitausend Jahren war der stolzeste Satz ‚Ich bin ein Bürger Roms'. Heute, in der Welt der Freiheit, ist der stolzeste Satz ‚Ich bin ein Berliner'. Alle freien Menschen, wo immer sie leben mögen, sind Bürger Berlins, und deshalb bin ich als freier Mensch stolz darauf, sagen zu können ‚Ich bin ein Berliner'!" Die Welt hat sich sehr verändert seitdem. Kennedy wurde fünf Monate nach der Berliner Rede in Dallas erschossen. Und obwohl wir gerade mitten in Schöneberg laufen und die Mauer hier weit weg war, ist mir doch all das gerade sehr gegenwärtig, Bowie hat hier gelebt, Kennedy hier gesprochen.

Vorbei, vorüber. Weiter. Auf der Strecke, auch im Leben. „Ich liebe, ich habe Glück, ich bin frei", singt Wolf Wondratschek im Lied von der Liebe. Er muss ein Läufer gewesen sein. „Ich kann Menschen in Gruppen kaum noch ertragen", auch das schrieb Wondratschek, dann wird er vielleicht doch kein Berlin-Marathon-Läufer gewesen sein. „I hate Humans" hat jemand auf die Straße gesprüht. Das geht vielleicht ein wenig zu weit. „Another girl", und wieder einmal haben die Beatles das letzte Wort, „who will love me to the end", die Beatles immer wieder, obwohl sie doch nie in Berlin aufgetreten sind. Ich bin in der zweiten Hälfte des Marathons und jetzt kommen die Schmerzen. Das war nicht anders zu erwarten. Aber das Gesamtgefühl ist noch gut. Noch stimmt die Pace, es gibt kein Seitenstechen, keine Krämpfe, keinen Muskelkater, die Zeit ist voll im Plan. Es geht mir gut. Super gut sogar. Super, super, alles super, hat Pep Guardiola immer gesagt, egal wie schlecht seine Bayern gespielt hatten. Super, super. Diesen Kuss der ganzen Welt. Super, super. Weiter und weiter. Es geht mir super gut.

Ob ein Marathon so wirklich erst auf den letzten zehn Kilometern beginnt oder den letzten fünf, wer weiß das schon und was spielt das für eine Rolle. Ich bin noch ganz schön weit weg davon. Es ist noch ein gutes Stück zu laufen. Sicher ist nur, dass es nach 32 Kilometern richtig weh tut. Der Mann mit dem Hammer oder die Wand sind bei guter Vorbereitung und Renneinteilung relativ sicher zu vermeiden, aber die Angst vor einem Einbruch, zu scheitern auf den letzten Kilometern, die bleibt bestehen, irgendwo im Hinterkopf. Schließlich bin ich beim Innsbrucker Platz meine schnellsten 24 Kilometer jemals gelaufen, noch nie bin ich in diesem Tempo so weit in meinem Leben gelaufen. Woher soll ich also wissen, ob ich das durchhalten kann? Man kann es nicht wissen. Man kann nur versuchen, es herauszufinden. Erst dann weißt du, wie weit es geht. Noch fühlt sich alles gut an, als könnte ich es schaffen, die Pace zu halten. Aber man weiß es nie im vornhinein, wie es später vielleicht ausgeht.

Nicht übermütig werden. Und immer wieder ein bisschen trinken, aber nicht zu viel, sonst muss ich noch auf Toilette. Den Rest aus dem Wasserbecher schütte ich immer wieder über meinen Kopf. Damit ich meine Haut schön feucht halte wie ein Lurch. Die zweite Hälfte muss schneller gelaufen werden als die erste, da ist für Entspannung jetzt kein Platz. Und natürlich ist das Laufen einer neuen persönlichen Bestzeit kein Spaziergang. Es muss weh tun, an die Grenze zu gehen, vielleicht ein wenig darüber hinaus. Nur nicht über den Rand stürzen. Fokussiert bleiben. Auf den nächsten Kilometer. Den nächsten Wasserbecher. Die nächste Kreuzung. Was ist die nächste Landmarke? Der Balkon in der Hauptstraße.

Ich habe das Tempo gerade sogar noch ein wenig angezogen. Der Plan gibt mir zwischen Kilometer 16 und 25 eine Pace von 4:50 min/km vor. Diese zeitlich begrenzte Tempoverschärfung zu einem Zeitpunkt, wenn die Kräfte noch gut sind, gleicht den Verlust auf den ersten Kilometern aus, die somit zum Warmwerden genutzt werden können. Ab Kilometer 25 kann ich wieder ein wenig nachlassen, etwas Druck rausnehmen, eine Spur nur, aber immerhin bin ich dann im geplanten Renntempo von 4:55 min/km angekommen. Das muss ich bis ins Ziel durchhalten, wenn die Kondition es erlaubt, vielleicht ab Kilometer 32 sogar noch einmal zulegen. Langsam loslaufen, dann beschleunigen, die verlorene Zeit reinholen und dann gleichmäßigen Schrittes ins Ziel. So ist der Plan.

Da vorne ist der Balkon in der Hauptstraße. Jahr für Jahr mit Riesenstimmung, lauter Musik und Anfeuerungen. Heute spielen sie gerade *Lauf weiter,* als ich vorbeikomme, Etzelstreetband, na klar mach ich das. Weiterlaufen, was auch sonst. Seit 1985 wird von diesem Balkon Stimmung für den Marathon gemacht. Ich danke euch dort oben, es ist ein Höhepunkt, in jedem Jahr, hier bei euch vorbeizulaufen. Und wer kann das schon von sich behaupten, ein Höhepunkt der Berlin-Marathon-Strecke zu sein? Gute Vibes braucht ein Tag wie heute. Happiness und gute Vibes, das ist es doch alles, um was es geht, Glück und das kindliche Gefühl, ein Spiel zu spielen. I am a Voodoo Child, das spielend durch die Sonne läuft. L.A. Woman und der kleine Peace Frog stehen am Straßenrand und lachen und küssen sich.

Die Hauptstraße geht über in die Rheinstraße, hier steht das km25-Schild, 2h03:12 zeigt meine offizielle Zeitmessung. Nur noch 17 Kilometer und ich bin endlich in meinem geplante Zeitkorridor. 2h03:24 stehen auf dem Zettel. Es läuft alles ganz ausgezeichnet. Ich kann immer noch gut das Tempo halten, fühle mich wohl und muss nichts mehr aufholen. Wenn ich jetzt in dem Tempo weiterlaufe, werde ich das Ziel erreichen. Das Ziel und mein Ziel, eine persönliche Bestzeit, mein personal best.

Die Quote internationaler Läufer gibt der SCC mit 53 % an, insgesamt 44.000 Läufer aus 131 Ländern. Dazu eine Million Zuschauer und 90 Live-Bands an der Strecke. Neunzig. Auch das macht Tempo beim Laufen, wenn der Rhythmus in die Beine geht, der Kopf vom Beat vorangetrieben wird. Der Sonderzug nach Pankow erklingt, der Udo Klassiker von 1983, treibt mich voran. Entschuldigen Sie, singe ich vor mich hin, während ich mich an einer langsameren Gruppe vorbei pflüge, ich bin der Sonderzug nach Pankow, in leichter Abänderung des Originals. Bängbängbäng, ich komme ziemlich gut voran, finde ich, sehr gut sogar. I am the Sonderzug to Pankow. Ähänhntschuhldigen Sie.

Nach rechts in die Schmiljanstraße. Am Friedrich-Wilhelm-Platz steht die evangelische Kirche zum Guten Hirten. Wir sind in Friedenau. Die Strecke verläuft durch touristisch wenig erschlossenes Gebiet, die großen Berlin-Highlights wird man zwischen Kilometer 24 und 32 nicht finden. Aber trotzdem lohnt sich auch und gerade hier ein genauerer Blick. Im wenig Gesehenen kann viel Sehenswertes verborgen liegen. Beispielsweise geht rechts oben vom Friedrich-Wilhelm-Platz die Niedstraße ab, die sogenannte Literaturmeile. Hier wohnten schon Erich Kästner (Hausnummer 5) und Günter Grass (Hausnummer 13 von 1963 bis 1986). „Liegt in Friedenau das Schreiben in der Luft?“, fragte der Tagesspiegel in einem Artikel über dieses Viertel. Namhafte Buchhandlungen wie die 1929 gegründete Nicolaische, der Zauberberg oder Thaer zeugen von der Bedeutung der Literatur für dieses Dichterviertel. Große Namen wie Wolff's Bücherei und das Bundeseck, mythenumwobener Treffpunkt der Literaten in den 1960er- und 1970er-Jahren, gibt es aber schon lange nicht mehr. Im Nachbarhaus von Günter Grass mit der Hausnummer 14 wurde 1967 die Atelierswohnung des sich in New York befindlichen Autors Uwe Johnson von der Kommune 1 besetzt, so dass Fritz Teufel und Rainer Langhans Nachbarn von Günter Grass wurden. Kurzfristig zumindest.

Ich überlege mir Namen für eine Staffel oder einen Ein-Mann-Laufverein. „Wahn! Wahn! Überall Wahn!“ Ein Chor aus vier Männern singt vor der Kirche stehend Richard Wagners Meistersinger. Wir müssen lernen, wieder den offenen Himmel zu sehen.

Aber die Uhr tickt weiter unerbittlich und ich renne an der Kirche vorbei, hinein in die Wiesbadener Straße, km26, und weiter in den Südwestkorso. Es wird alles ruhiger hier. Weniger Zuschauer, weniger Trubel. Das tut auch mal gut. Schmargendorf war früher ein Rittergut. Davon sieht man nichts mehr. Die Anwohner stehen in kleinen Gruppen an der Straße, Südwestkorso, km27, am Breitenbachplatz wird ein merkwürdiges, verloren in der Landkarte liegendes Autobahnstück unterquert. Es ist der Abzweig Steglitz, ein Teilstück der A100. Wer sich mit der Geschichte deutscher Autobahnen im Detail beschäftigen möchte, könnte erfahren, dass es sich hier um die ehemalige A104 handelt, die dann zu einem Ast der A100 degradiert wurde und daher keine eigene Nummer mehr trägt. Sie heißt wirklich so. Abzweig Steglitz. Ich wusste noch nicht einmal, dass eine Autobahn einen Ast haben kann. Vielleicht sollte man sich mit dem Thema wirklich mal befassen, die Geschichte der deutschen Autobahn. Aber nicht heute. Der Zubringer zum Ast der A100 wurde direkt über den Breitenbachplatz führend gebaut, Stadtplanung in den 1970ern. Und heute? Gerade wird die Fortsetzung der A100 in den Prenzlauer Berg hinein gebaut. Eine Bürgerinitiative strebt den Abriss dieser Brücke hier an. Wie gesagt. Am Breitenbachplatz laufen wir unter einem Autobahnast durch. Trotz fehlendem Denkmalschutz wird ein bleibender Eindruck in der Erinnerung heute an diesem Ort tatsächlich doch geschaffen.

Nächste Straße die Lentzallee. Next stop hätte ich fast gesagt. Es gibt keinen. Der einzige Stopp wird im Ziel sein. Lentzallee. Eine ruhige Straße, Bäume links und rechts und auf dem Mittelstreifen, ein paar Felder auf der linken Seite, flache Häuser auf der rechten. Als wäre man am Rande einer kleinen Stadt. Aber nur weil es hier ein wenig beschaulich wird, laufen die Uhren auch nicht langsamer. Hier steht das Max-Planck-Institut für die Untersuchung menschlicher Entwicklung und Bildung. Wenn man überlegt, welchen Stellenwert die Erkenntnisse dieses Institutes für das Weiterexistieren der Menschheit haben könnten, ist es doch merkwürdig, dass ich davon noch nie etwas gehört habe. Ein grauer Bau auf der rechten Seite. Mit grünlicher Kuppel versehen ist das Landesamt für Mess- und Eichwesen Berlin. Rechterhand die 1920/21 entstandene Lentze-Siedlung, zweistöckige Reihenhäuser, die gar nicht so alt aussehen. Gegenüber liegend grüne Felder. Sieht nach einem hübschen Platz zum Leben aus. Aber es ist ein schweres Stück zu laufen. Wenig los, es zieht sich ein wenig. Und gefühlt geht es hier sogar bergauf. Ist vielleicht Einbildung. Vielleicht wird es jetzt einfach doch schwerer, die Pace zu laufen. Drauf bleiben. Drücken. Am Ende der Straße wartet der karnevalartige Platz am Wilden Eber und das km28-Schild. Eine große Landmarke. Zwei Drittel der Strecke sind geschafft. Nur noch ein Drittel verbleibt. Das letzte. Das entscheidende. Ab hier gilt es neu zu beginnen, die ersten 28 Kilometer möglichst vergessen. Eine schnelle 14 km Runde. Das ist im Kopf gut machbar. Bleib dran, nicht nachlassen. Die schnellsten lassen sich bereits im Ziel feiern. Das will ich nicht hören jetzt. Jeder läuft für sich allein. Jeder muss die Strecke für sich absolvieren, es tut vermutlich jedem gleich weh. Dem einen halt nur zwei Stunden, dem anderen vier oder fünf oder noch länger. Ein altes Entbindungsheim der Missionsschwestern vom Heiligsten Herzen Jesu von Hiltrup, das Geburtshaus Dahlem, schließt die Allee ab, heute Sitz der Berlin International School. Kurz danach steht auf einem Schild „Uff du Babbsack – de Schoppe wattet." Es scheinen auch Hessen auf der Strecke zu sein.

Und dann komme ich an den Platz am wilden Eber und mit der friedlichen Beschaulichkeit ist es vorbei, der wilde Tanz geht los. Musik und Pappklatschen, Fahnen, Geschrei. Ein Tollhaus. Seit 1895 stand hier das Gartenlokal Zum wilden Eber und nach diesem Lokal wurde 1922 der Platz benannt. Man ließ eine Bronzeplastik Wilder Eber errichten, um den Ort zu zieren. Das Original ging im 2. Weltkrieg unter, wie so vieles, aber 1961, als der Osten eine Mauer errichtete, wurde im Westen eine Nachbildung des Ebers aufgestellt. Sie wird für uns Läufer heute unsichtbar bleiben, vor lauter Zuschauern ist sie nicht zu sehen. Die Stimmung ist bemerkenswert. Sieben Straßen münden in den Platz. Durch eine kommen wir, durch eine andere gehen wir. Symbolik des Lebens. Der Herr segnet beides, den Ausgang und den Eingang. Wobei der Eingang für den Tod steht. Das wäre eine gute Millionen-Frage bei „Wer wird Millionär". Wer den Eber sehen will, muss an einem anderen Tag kommen und dann am besten gleich die letzten Kilometer bis ins Ziel Probe laufen. Was bei normalen Verkehrsbedingungen einfacher klingt, als es ist. Wenn man geschützt von den Straßensperrungen einen Marathon läuft, wird erstmal klar, wie sehr die Städte versagt haben, wenn es um ihre Rolle zum Schutze des Menschen in seiner ursprünglichen Form geht. Der Fußgänger ist das schwächste Glied geworden. Eine Straße in Beverly Hills, 1921. Laurel und Hardy haben gerade ihren ersten gemeinsamen Kurzfilm gedreht, *The Lucky Dog*. Die Straßen sind so breit wie heute. Die Palmen ragen schlank und stolz in einen ewig blauen kalifornischen Sommerhimmel. Ein Auto kommt vorbei. Es ist ein schwarzer Ford Modell T. Langsam tuckert er über die sonnenbeschienene Straße, die viel zu breit für ihn zu sein scheint. Diese Straßen wurden nicht so breit gebaut, damit drei SUVs nebeneinander fahren können und es auch noch einen Parkstreifen gibt. Sie wurden so breit gebaut, damit ein Auto darauf fahren kann. Die Städte sind für den Menschen da, nicht für das Auto. Ein fast schon alttestamentarischer Satz. Für Stan und Oli war der robuste Ford Modell T wie ein beliebter dritter Partner. Ich sollte mir auch *Big Business* oder *County Hospital* von 1932 bald mal wieder ansehen.

Wir Menschen müssen uns die Straßen unserer Städte wieder zurückerobern. Nicht der Mensch sollte stehenbleiben müssen, bis er eine Lücke zwischen den Autos findet, sondern das Auto. Weil die Fußgänger aber keine Lobby gegen die drei Tonnen schweren SUV-Panzer haben und mit ihrer schieren Existenz keine Industrie erhalten, sehe ich nur geringe Chancen. Immerhin, heute, beim Marathon, laufen wir auf unseren Straßen. Für ein paar Stunden sind die Autos weggesperrt. Der Mensch hat wieder die Freiheit, auf den Straßen zu laufen, die er für sich gebaut hat.

Wir lassen den Lärm des Platzes hinter uns, in der Rheinbabenallee wird es wieder langsam ruhiger. Schattenspendend die Bäume auf dem Mittelstreifen. Die Rheinbaben. Ein schlesisches Adelsgeschlecht. Es klingt für mich eher wie geheimnisvolle Meerjungfrauen aus dem Rhein. Der Schatz der Nibelungen, von Hagen im Rhein versenkt. Warum wird das eigentlich nicht mehr verfilmt? Das Nibelungenlied. Eine Quentin Tarantino-Version wäre mir am liebsten. Erst der Nibelungenhort, dann der Drache, das Bad in seinem Blut, der Mord an Siegfried, die Versenkung des Schatzes im Rhein und am Ende das Gemetzel auf Etzels Burg. Musikalisch untermalt mit Wagners Opern bis Ennio Morricone, so bombastisch und schwülstig, wie es eben einfach nur sein kann. „I believe in god", singt Nick Cave, „I believe in mermaids too". Gibt es Meerjungfrauen in Berlin? Schmargendorf im Bezirk Charlottenburg-Wilmersdorf. Schmargendorf klingt nach *Herr der Ringe* frei nach Tolkien. Der Hobbit machte gerade Rast im malerischen Schmargendorf, als die schwarzen Reiter über die Brücke kamen. Oder so ähnlich. Herkunft ist Markgrevendorf, also Markgrafendorf auf Hochdeutsch. Hier in Schmargendorf steht noch eine Dorfkirche aus dem 14. Jahrhundert, die mit ihren 66 m^2 die kleinste erhaltene Kirche in Berlin ist. Das wie eine mittelalterliche Burganlage anmutende Rathaus dagegen wurde erst Anfang des 20. Jahrhunderts gebaut. Das Standesamt hier jedenfalls soll das schönste in ganz Berlin sein. Wie auch immer. Von der Laufstrecke aus sind beide nicht zu sehen.

Es wird ernst jetzt. So langsam nehmen die Schmerzen immer mehr zu, in den Beinen, in der immer vernachlässigten Bauch- und Rückenmuskulatur, ich hatte es dir doch gesagt, meckert eine innere Stimme, du musst mehr Core-Training machen. Hatte ich aber selten Lust dazu. Es ist alles gut, sag ich mir, alles läuft ganz ausgezeichnet. Ich bin genau im Plan, sogar ein wenig darunter. Ich bin immer noch gut in Form, es tut weh, aber das war klar. Wie soll eine neue Bestzeit auch nicht wehtun? Selbst ein schneller fünf Kilometer-Lauf tut weh. Halt nicht so lange wie das hier. Und überhaupt. Da vorne kommt schon der Hohenzollerndamm, am Roseneck biegen wir rechts ab. Ein 15-stöckiges Wohngebäude hier war 1954 das erste Berliner Hochhaus, sein ypsilonförmiger Grundriss garantierte jeder Wohnung mindestens ein Zimmer mit Südblick. Es ist eine hübsche Ecke, das Roseneck. Einst eine Endhaltestelle für die Straßenbahn und weil beim Anlegen einer Kehre ein Platz entstand, der mit Rosen angelegt wurde, gab es dafür den Namen Roseneck. Mal kein Politiker, kein menschliches Vorbild. Einfach Rosen und ein Platz, 1900 war das. Passend zu der Zeit gibt es noch immer ein Wiener Kaffeehaus, das auch heute gut besucht ist. Die Menschen frühstücken, trinken Sekt und Kaffee und schauen uns laufenden Menschen zu, die auf der Straße mit sich selbst beschäftigt sind. Daneben könnte man sich bei Udo Walz die Haare machen lassen. Manche rauchen Zigarren, während sie uns beim Leiden zuschauen.

Hohenzollerndamm also für die nächsten Kilometer. Vierspurig, mit breitem Mittelstreifen. Er beginnt in der Clayallee im Grunewald und endet in der sogenannten Carstenn-Figur in Wilmersdorf. Oder umgekehrt. Es ist eine lange Straße und wir werden ein gutes Stück darauf unterwegs sein. Bis zur Überquerung der A100 fast zwei Kilometer, dann noch einmal ein guter Kilometer bis zum Fehrbelliner Platz. Aber langsam. Erst einmal km30, keine Zwischenzeit dafür aufgeschrieben, ich habe nur km26 und 32 auf dem Zettel stehen. Die Uhr zeigt 2h26:49, das ist ausgezeichnet, ganz ausgezeichnet. Rechts wieder eine Kirche, die evangelische Kreuzkirche in expressionistischer Backsteinarchitektur, direkt nach der Ecke Forckenbeckstraße. Links hinter Häusern verstecken sich der Grunewald Tennisclub und die Botschaft Israels. Die Kirche markiert ungefähr die Hälfte der Distanz des Hohenzollerndamms vom Roseneck bis zur Kreuzung der A100. Diese ist mit fast 170.000 Fahrzeugen pro Tag die am stärksten befahrene Autobahn Deutschlands, und weil gute 40 % davon sanierungsbedürftig sind, ist es auch Deutschlands marodeste Autobahn. Deren Zustand ist in Berlin insgesamt nicht gut, 37 % sind in schlechtem oder sehr schlechtem Zustand, in keinem Bundesland sind es mehr. Dabei hatte Berlin einst die erste einer Autobahn vergleichbare Strecke der ganzen Welt, die AVUS im Grunewald, 1921 eröffnet. AVUS steht für Automobil-Verkehrs- und Übungsstraße. Das werde ich mir nie mehr merken. Vom Funkturm neun Kilometer geradeaus zum Nikolassee. Kraftwerk machten daraus ein Kunstwerk. Autobahn auf Vinyl. Der Name wurde als Analogie zur Eisenbahn gewählt. Der Marathon der Olympischen Spiele 1936 wurde zum Teil auf der AVUS gelaufen. Schweife nicht ab. Konzentriere dich. Marathon. Du läufst gerade auf deine PB hin. Genau. Die Geschichte der deutschen Autobahn ist heute nicht das Thema. Eine Brücke über die Autobahn bedeutet immer Steigung, kein Vergleich mit den Brücken in New York, aber diese hier geht schon mehr rein als die ersten Brücken über der Spree. Lass jetzt nicht nach. Vorbei an km31, ich bin auf einem guten Weg. Kontrolle der Pace. Trinken. Kopf nass halten. Keine Gedanken an irgendetwas anderes, nur an Schritt für Schritt, im 180er Takt, eingetaucht in den Flow, der nur im optimalen Fall der kompletten Stille der Gedanken betreten werden kann. Ich war gut im Flow, die letzten Kilometer. Ich werde ihn jetzt nicht mehr verlassen.

Die Russisch-Orthodoxe Christi-Auferstehungs-Kathedrale im russisch-byzantinischen Stil ist kleiner als in meiner Erinnerung. Und mit viel weniger Gold auf den grauen Zwiebeltürmen. Eine gute Landmarke. Fünf kupferne Zwiebeltürme mit goldenen Kreuzen. Sie wurde 1936/37 gebaut, als die Zeichen der Zeit doch anderes hätten vermuten lassen. Aber Berlin war nach der Oktoberrevolution neben Paris ein Zentrum der russischen Emigration geworden und deren Gemeinde war stark antisowjetisch eingestellt. Insofern passt es dann doch wieder. Und Charlottenburg wurde im Volksmund zu Charlottengrad. Jetzt kommt irgendwann das km32-Schild. Ab jetzt sind die Kilometer einstellig.

Ich mache das Ganze heute mit nur einem Gel, das ich mir jetzt bei Kilometer 32 hinein sauge. Ist es genug? Die Weisheitslehrer würden das vermutlich nicht empfehlen. Aber ich habe immer wieder einen Isodrink getrunken. Es wird reichen heute. Cola wäre jetzt großartig, aber gibt es nicht. Ich laufe die scharfe Linkskurve in den Fehrbelliner Platz hinein, der sich hufeisenförmig nach Norden in den Preußenpark hinein öffnet. Ein kleines Gemetzel im schwedisch-brandenburgischen Krieg, die Schlacht bei Fehrbellin im Jahr 1675, zwar irrelevant für die Welt war der Sieg aber doch ein wichtiges Momentum für Preußen. Was auch immer die Schweden schon wieder in Brandenburg zu suchen hatten, gerade mal 27 Jahre nach dem Ende des Dreißigjährigen Krieges, mit dieser Schlacht wurden sie endgültig aus Brandenburg hinausgejagt. Die Struktur des Platzes ist das Ergebnis eines Bauwettbewerbs von 1934, das erklärt das Monumentale. Es herrscht Tour-de-France-Bergetappen-Atmosphäre, hier stehen wieder richtig viele Menschen am Streckenrand. Ich versuche, Schritte zu sparen, enger durch die Kurven zu kommen, ganz nahe auch an die blaue Linie hin, obwohl die nicht immer den kürzesten Weg anzeigt. Keine zehn Kilometer mehr. Das Ziel ist nah. Ich laufe es jetzt nur noch von Schild zu Schild. Immer nur einen Kilometer laufen. Konzentriere dich nur auf diesen einen Kilometer. Dann kommt das nächste Schild. Dann geht es weiter. Die Brandenburgische Straße ist nur ein kurzer Teil der Strecke, am Ende des Preußenparks bei dem U-Bahnschild biegen wir schon in die Konstanzer Straße ab. Hier ist Kilometer 33, noch neun Kilometer. Jedes Schild ist ein weiterer Schritt nun, wieder ein Kilometer weniger, aber es wird auch schwerer. Die Schmerzen nehmen zu. Nicht nachgeben jetzt, dann wäre ja alles umsonst, die ganzen Anstrengungen der letzten Stunden, Wochen, Monate. Nur nicht nachgeben jetzt. Noch neun Kilometer und direkt hinter dem Schild, nur noch achtkommaneun, klingt schon mehr wie acht. Olivaer Platz, nach einem Kloster Oliva bei Danzig. Der Schwarm biegt ein auf den Kurfürstendamm. Der einstige Reitpfad zum Jagdschloss Grunewald wurde auf Geheiß von Bismarck zu einem Repräsentationsboulevard ausgebaut, ähnlich der Allee der elysischen Felder in Paris. Breit und lang sollte der „Hauptspazierweg für Wagen und Reiter" werden. Sechs Jahre nach dem Krieg und aufgeteilt in vier Besatzungszonen überlegte man, mit welchen Bäumen der fast baumlose Boulevard aufgeforstet werden sollte. Platanen oder Linden. Nach viel Diskussion entschieden sich die Verantwortlichen für Platanen. Bloß nicht noch einen Boulevard mit Linden.

Die Bleibtreustraße, die liebe Bleibtreustraße, sie hat es sogar in den Ulysses geschafft, Berlin W15, zweimal wird sie von Joyce erwähnt. Im Rahmen der Dauerausstellung „The Story of Berlin" kann ein echter Atombombenbunker aus den 1970er-Jahren besichtigt werden. 3600 Menschen sollten hier Platz finden für den Fall der Fälle, für den Day After. Das blaue Licht ist nur ein Gruseleffekt, früher waren es weiße Neonröhren, nicht viel beruhigender im Fall der Fälle. In der Schweiz soll heute noch jeder Bürger Zugang zu einem voll funktionsfähigen Bunker haben. Der Berliner Atombombenbunker liegt im zweiten Untergeschoss des Kudamm-Karree. Eine surreal anmutende Einkaufspassage. Die letzte Trutzburg des alten West-Berlins, schrieb die Morgenpost, schaurig-schön. Im Rahmen einer geplanten Grundsanierung werden Karree samt Bunker bald abgerissen. Manchmal braucht es gar keinen Atomkrieg, nur einen Immobilien-Investor. Weiter. Vorbei.

Ihren Namen erhielt sie 1897 nach dem Maler Georg Bleibtreu, obwohl der in der parallel verlaufenden Knesebeckstraße wohnte, die wir als nächstes überqueren. Kaum denkbar, ob es eine noch mehr nach West-Berlin klingende Straße geben kann. Freiherr Karl Friedrich von Knesebeck. Klingt wie eine Operette. Ecke Uhlandstraße, km34. Kurz nach der U-Bahnstation Uhlandstraße und Ecke Fasanenstraße steht ein Hotel, das früher mal Kempinski hieß. Es war das erste Hotel der Stadt, das nach dem 2. Weltkrieg 1952 wiedereröffnete, bis Ende der 1970er-Jahre war es das einzige Hotel der Luxusklasse in der Stadt. Der Glanz verging, immerhin hier konnte der Abriss verhindert werden. Ich habe viele Jahre gedacht, Udo Lindenberg hätte dieses Hotel besungen, „auf der Wiese, vor'm Hotel Kempinski". Dabei hatte er wohl an ein anderes Kempinski gedacht, in einer anderen Stadt. Ein Weinrestaurant gibt es noch, das ist ein schönes Wort. Die Querstraßen des Kurfürstendammes, schrieb Annemarie Weber, „kein Gedicht erfasst seine Sphäre besser als ihre einfache Reihung".

Der Ku'damm ist ein langes hartes Stück zu kauen bei diesem Marathon. Eineinhalb Kilometer laufen wir bis zur Kaiser-Wilhelm-Gedächtniskirche. Vorbei am Hotel California, am Apple Shop und

Tesla, der Los-Angeles-Platz ist auch nicht weit. Das Hard Rock Cafe Berlin, in Berlin seit 1992, umgezogen auf den Ku'damm im April 2010. Burger und Bier, ganz wunderbar. Wann kommt das nächste Kilometer-Schild, wann trinke ich, wie ist meine Pace? Pace, die Pace. Es geht nur um die Pace. Peace Frog ein Lied der Doors. Warum heiraten wir eigentlich nicht, fragte der Fisch den Frosch. Tja, sagte der und lächelte weise. Das wissen die Götter im Karpfenteich.

Die Ecke hier war einst das „Industriegebiet der Intelligenz", der „Neue Westen". Ein Brennpunkt der Avantgarde und gegen den Bombast der Kaiserzeit. Wo heute das Kranzler-Eck ist, Ecke Ku'damm/ Joachimstaler Straße, war früher das Café des Westens, die Spottbezeichnung Café Größenwahn wurde bald zum Ehrentitel für das erste Kaffeehaus am Kurfürstendamm. Max Liebermann hatte einen Stammtisch, Paul Lincke war zu Gast, Oskar Kokoschka und Alfred Döblin, aber der war ja wirklich fast überall. Friedrich Hollaender komponierte „Ich bin von Kopf bis Fuß auf Liebe eingestellt". Es wurden literarische Zeitschriften gegründet, die Idee des Kabaretts entstand hier. Vielleicht auch die Idee einer Dreigroschenoper. Café des Westens, Kaufhaus des Westens, was wie Kampfbegriffe gegen DDR und Sowjetunion, gegen Teilung und Mauer klingt, entstand schon um die Jahrhundertwende. Das Café verschwand, das Kaufhaus blieb. „Tucholskys Bücher", stand an einer Scheibe, „wer Bücher kauft, kriegt auch Likör." Tucholsky und ein befreundeter Maler, Szafranski, hatten einen Laden gegründet, ein „Studikerunfug". Nach ein paar Wochen schlossen sie bereits schon wieder, weil „restlos ausverkauft".

Am Samstagabend vor dem Marathon findet seit 1985 in der Gedächtniskirche am Breitscheidplatz eine Predigt statt. Die Läuferpredigt. „Ich lebe, ich laufe, ich bin dankbar. Das ist es." Die Kirche bot sich an, lag doch das Ziel nur wenige Meter vor der Kirche auf dem Kurfürstendamm. Von 1986 bis 2013 wurden alle von Pfarrer Klaus Feierabend gehalten und 2014 zum Nachlesen in Buchform herausgebracht, „das Laufen als ein Fest des Lebens."

„Kommt ins Ziel", beendete er seine letzte Predigt am 28.9.2013. „Und im nächsten Jahr kommt wieder hierher, in die für mich fast überirdische BLAUE KIRCHE! Gott begleite Euch! Seid behütet! Freut Euch! Amen."

Das geheimnisvolle dunkelblaue Licht im Kircheninneren. Der golden schimmernde Auferstehungschristus, 4.60 Meter groß. Das Nagelkreuz von Coventry, die Stalingradmadonna, drinnen wie draußen ist diese Kirche ein Mahnmal gegen den Krieg. Pfarrer Feierabend starb zwei Jahre nach dieser Predigt, zwei Tage vor der 42. Ausgabe des Laufs, den er selbst 21-mal erfolgreich absolvierte. Seine Marathonbestzeit von 3h11.40 werde ich heute nicht erreichen und vermutlich nie im Leben. Bis 1956 ließ man die seit 1943 stark zerstörte Kirche verfallen, dann wurden Teile von ihr abgerissen. Erst 1959 wurde mit einem Neubau begonnen, nur die Ruine des Hauptturms blieb erhalten. Der Sozialdemokrat Rudolf Breitscheid emigrierte, geriet dennoch in die Hände der Gestapo und starb im KZ Buchenwald. In vielen Städten gibt es nach ihm benannte Straßen, auch im fränkischen Fürth. Früher war das der Auguste-Viktoria-Platz. Wer war das noch mal? Der Goldene Riss, das Mahnmal an das Attentat auf dem Weihnachtsmarkt, ist von der Laufstrecke aus nicht zu sehen.

Der Kurfürstendamm liegt endlich hinter mir, Tauentzien vor mir. „Nacht. Tauentzien. Kokain. Das ist Berlin." Das waren die 1920er-Jahre. Das Europa-Center steht, wo sich einst im Eckhaus das zweite Epizentrum der Moderne befand, das Romanische Café, auch „Wartesaal des Genius" genannt. Erich Kästner spottete, „es gibt Leute, die hier seit zwanzig Jahren, Tag für Tag aufs Talent warten. Sie beherrschen, wenn sonst nichts, so doch die Kunst des Wartens." Vorbei die Zeiten, als Thomas Wolfe die Gegend das „größte Caféhaus Europas" nannte, als Franz Hessel schrieb, „die Tauentzienstraße und der Kurfürstendamm haben die hohe Kulturmission, den Berlinern das Flanieren zu lehren." Vorbei flanieren, ziellos, ohne Termine, und leicht einen sitzen. Die Definition vom perfekten und vollkommenen Glück nach Harald Juhnke, Gott hab ihn selig. Juhnke, geboren und gestorben in Berlin, wurde 75 Jahre alt. Bäume werden Naturdenkmäler, Menschen werden Ehrengräber. Die aktuelle Liste umfasst unter anderem Willy Brandt, Bertolt Brecht, Loriot, Marlene Dietrich, die Gebrüder Grimm, Heinrich von Kleist, das einzige Ehrengrab außerhalb eines Friedhofs, Max Liebermann, Heinrich Mann, Joachim Ringelnatz, Hans Rosenthal, Ferdinand Sauerbruch, Gerhard von Scharnhorst, Karl-Friedrich Schinkel, Gustav Stresemann, Otto Suhr,

Ludwig Tiek, Rudolf Virchow, die Widerstandskämpfer des 20. Juli 1944. Eine kleine Auswahl, die Liste ist lang. Es gibt auch eine Liste der Ehemaligen Ehrengräber, bei denen keine Verlängerung erfolgt ist. Ich nehme mir vor, bald einmal Juhnkes Grab zu besuchen, am Waldfriedhof in Dahlem. Einen wie ihn könnten wir gut gebrauchen im Hier und Heute. Er sang zur Melodie von Frank Sinatras *New York* seine eigene Liebeserklärung an die Stadt, „ich kann nicht anderswo, so glücklich sein, und froh", mmmh, mmmh, „Berlin, Berlin". Nicht jede Stadt kann so viel Glück haben, Berlin zu sein.

Unsere Art der „Lektüre der Straße" ist eine andere. Wir flanieren nicht mehr. Wir rennen. Gerne auch Marathon und mehr. Wir haben unsere eigene Art, die Straßen zu lesen. Rennen, laufen, schnell, langsam, mit Startnummer auf der Brust und Schmerzen am ganzen Körper. Vielleicht ist das auch ein Kennzeichen unserer Zeit. Der Verlust des Flanierens. Ersetzt durch Laufen, ein Marathon als Freizeitbeschäftigung. Freut euch, wir haben gesiegt, sprach der griechische Bote aus Marathon sterbend in Athen. Dass der Bote wirklich starb, ist nicht überliefert, nicht einmal ob es ihn wirklich gab. Überliefert ist, dass die Griechen Berufsläufer hatten, die innerhalb von zwei Tagen die 240 Kilometer von Athen nach Sparta laufen konnten. Hemerodromos. Warum soll so einer bei der Kurzstrecke von Marathon nach Athen gestorben sein, einem Bambini-Lauf?

Die Ost-West-Skulptur aus Chromnickelstahl-Röhren war 1987 nur eine vorübergehende Installation für den Skulpturenboulevard. Dann kaufte sie der Senat aber doch und stellte sie dauerhaft auf. Ein Tor aus zwei getrennten Teilen, ineinander verschlungen, wurde sie zu einem Symbol West-Berlins.

Das KaDeWe und der Wittenbergplatz. „A man lost in time, near KaDeWe, just walking the dead", ein schönes Motto, das uns David Bowie hier mitgibt. Schneller kann ich hier beim km35-Schild nicht mehr laufen. Aber muss ich auch nicht. Ich bin deutlich unter Plan, selbst wenn ich nur noch so weiterlaufe, werde ich sehr deutlich unter 3h30 bleiben. Es ist jetzt nicht mehr das Tänzelnde, die Leichtigkeit ist jetzt weg, aber das war ja auch klar. Die Pace stimmt. Einfach nur halten, dann reicht es ja. Von Schild zu Schild, Kilometer zu Kilometer. „Sitting in the Dschungel on Nürnberger Straße", noch einmal David Bowie, ich überquere sie in diesem Moment. Der

Dschungel, also der Club, ist lange verschwunden, eine Sitzbank hat überlebt und wurde später Teil einer großen Bowie-Ausstellung im Martin-Gropius-Bau.

Kleiststraße und Urania, kurz danach Kilometer 36. Jedes Schild ist eine neue Landmarke. Jedes Schild ist ein Kilometer weniger. Zur „Verbreitung der Freude an der Naturerkenntnis" wurde die Gesellschaft Urania 1888 gegründet. Es gab die erste Volkssternwarte der Welt, ein wissenschaftliches Theater und Ausstellungen. Hohe Ziele, die von Humboldts lassen grüßen. Uranos. Gott des Himmels, siebter Planet im Sonnensystem, gehört zu den Eisriesen. Kleiststraße. Bei Google gibt es über 70 verschiedene Angaben zu Kleist. Man muss wissen, welchen man sucht. Der Dichter Heinrich von Kleist als Sinnbild für das ruhelose Streben des Romantikers nach dem idealen Glück. Die Suche blieb tragisch vergeblich. Kleist erschoss am 21. November 1811 zuerst seine Freundin Henriette Vogel und dann sich selbst. Weil kirchliche Bestattungen von Selbstmördern ausgeschlossen waren, begrub man ihn direkt vor Ort, am Stolper Loch, das heute Kleiner Wannsee heißt. Franz Kafka, für den Berlin zeitlebens ein Sehnsuchtsort war, besuchte das Grab bei seinem ersten Rendezvous mit der Berlinerin Felice Bauer, die sich davon nur wenig begeistert gezeigt haben soll. Unsere Kleiststraße hier wurde aber nicht nach dem Dichter benannt, sondern ist Teil der Straßen- und Platzanlage, die 1864 zum 50. Jahrestag zur Erinnerung an die Befreiungskriege Preußens gegen Napoleon umbenannt oder neu gebaut wurde. Generäle und Schlachten folgen aufeinander, wie eine Karte des Krieges liegen diese Straßen und Plätze in der Stadt und bilden den Generalszug. Den Beginn machen Tauentzienstraße und Wittenbergplatz, nach Bogislav Friedrich Emanuel von Tauentzien, der die Stadt Wittenberg in der gleichnamigen Schlacht eroberte. Es folgen die Kleiststraße, der Nollendorfplatz, die Bülowstraße. Aus der Gürtelstraße wurde die Yorckstraße, aus der Pionierstraße die Blücherstraße, die Monumentenstraße zur Großbeerenstraße. Nicht jedem gefällt das, zur „Entmilitarisierung des öffentlichen Raums" wurde bereits ein Antrag gestellt auf Umbenennung. Was gar nichts so Ungewöhnliches in der langen Geschichte der Stadt ist. Die Ebertstraße beim Brandenburger Tor trug schon viele Namen, manchmal sogar in verschiedenen Abschnitten mehrere gleichzeitig. Überliefert sind Kasernenstraße, Sommerstraße, Schulgartenstraße, Brandenburgische Kommunikation, Königgrätzer Straße, Budapester Straße, Friedrich-Ebert-Straße, Hermann-Göring-Straße und nach 1947 endlich Ebertstraße. Wer die Umbenennung der Straßennamen rückgängig machen möchte, hat einiges vor. Es wurden ja auch die Querstraßen des Generalzuges nach ihren Schlachten benannt, der Schlacht bei Kulm, bei Nollendorf, bei Bautzen, bei Katzbach, der Schlacht bei Hagelberg, bei Großgörschen, bei Preußisch Eylau, dem Gefecht bei Möckern, der Schlacht bei Großbeeren und bei Waterloo.

Die meisten der repräsentativen Gebäude am Nollendorfplatz wurden im Krieg zerstört. Vom Theater am Nollendorfplatz, einst Verbindung zwischen aufziehender Moderne und verschwindendem Jugendstil, blieb nur das Vorderhaus. Goya steht oben, aber wer weiß, wie lange noch. Eine transparente Eisenhalle mit der Kuppel des U-Bahnhofs und die Hochbahntrasse bestimmen heute das Bild des Platzes. Max Beckmann wohnte hier, Christopher Isherwood und der Verleger Samuel Fischer, Benn, Döblin und Marcuse trafen sich im Café Adler und angeblich verlobte sich Helmut Schmidt auf einer Bank am Nollendorfplatz mit Loki Schmidt. Hier endet auch in Erich Kästners *Emil und die Detektive* die Jagd nach dem „Mann im steifen Hut". Es war sein einziges Buch, das 1933 bei der Bücherverbrennung nicht verbrannt wurde, weil es erst 1936 auf den Index kam. Und Kästner war wohl auch der einzige von den insgesamt 24 betroffenen Autoren, der persönlich Zeuge wurde, „um dieser theatralischen Frechheit beizuwohnen ... Es war widerlich." Man erkannte ihn, ignorierte ihn aber.

Der Nollendorfplatz sah 1982 eine der schwersten Straßenschlachten West-Berlins. Auslöser war der Besuch eines späteren Ehrenbürgers der Stadt Berlin, der damalige US-Präsident Ronald Reagan. „Im Kessel vom Nollendorfplatz" titelte die Berliner Zeitung, als ginge es um eine Schlacht in Stalingrad. Pflastersteine flogen, Schaufensterscheiben gingen zu Bruch, Barrikaden brannten und ein umgestürzter ausgebrannter Polizeiwagen wurde zum Symbolbild.

Die Gleichzeitigkeit des Seins, parallele Welten, untergegangene und künftige, ich laufe durch die Zeit, über eine Straße, und schon ein Meter hinter mir beginnt meine Vergangenheit. Und die Zukunft dessen, der hinter mir läuft. Parallele Universen, unsichtbar und unfühlbar, ist die Vergangenheit eine parallele Welt oder nur ein Punkt, den die Menschheit hinter sich gelassen hat? Die Welten vergehen, wieder und wieder, Liebe und Hass, Leben und Tod, alles, was wir über die Stadt wissen und zu wissen glauben, es geschah alles hier, auf diesem Boden, diesen Straßen, zwischen diesen Häusern, wo wir gerade laufen. Kriege und Frieden. Gebete und Sex. Glück und Leid. Eine endlose Geschichte von einer Stadt und ihren Menschen.

Die Bülowstraße folgt als nächstes. Es ist wieder ein Geradeauslaufen seit der kleinen Biegung am Europa-Center. Mit der Kirche als Anker, roter Backstein und der schlanke Turm. Neogotik, Neoromantik. Klingt wie ein Roman, eine ganze Trilogie sogar, guter alter *Neuromancer.* Der Beginn einer neuen Zeit mit seiner alles beherrschenden Macht der Computer. Neue Sprache und neues Denken. Cyberspace und Cyberpunk. Die Kirche da vorne ist die Lutherkirche und wurde 2007 an die American Church in Berlin verkauft. Das ist jetzt nicht wichtig. Wichtiger ist, dass ich nicht bis zu der Kirche laufen muss, es geht schon ein paar Meter vorher nach links in die Potsdamer Straße. Die Landmarke ist das blaue Rohr, das über die Straße führt. Ich bin bei Kilometer 37. Nur noch 3.000 Meter bis Jerusalem, denke ich. Wenn wir in die Jerusalemer Straße einbiegen steht dort das km40-Schild. Endgültig im Anflug auf das Ziel. Großgehirn, lass alles frei, gib die Reserven heraus, lass die Zügel los. Jetzt keine falsche Zurückhaltung mehr. Es sind nur noch fünf Kilometer, eine kleine fünf Kilometer-Runde, bald sind es nur noch vier, so rede ich es mir schön. Natürlich bin ich längst am Anschlag, schneller könnte ich nicht laufen. Aber die Pace bleibt ziemlich konstant, auch dies gibt Mut fürs Großgehirn. Volle Kraft voraus, ohne Rücksicht auf die alten Knochen. Keine halbe Stunde mehr musst du das durchhalten, das wirst du ja wohl schaffen. Weniger als eine halbe Stunde trennt mich nur noch von der Ziellinie, von der Erfüllung. Neue Bestzeit. Also weiter. Weiter, weiter. Drei Schritte einatmen, drei Schritte ausatmen. An jedem Versorgungsstand ein Wasser mitnehmen, einen Schluck trinken, noch einmal den Rest über den erhitzten Kopf. Gibt es denn nirgends eine Cola, wie herrlich wäre das denn nur. Weiter, weiter, jammer nicht, lamentiere nicht, werd' nicht hysterisch. Alles ist gut. Supersuper, weiterweiter. Bald bis du im Ziel. Alles, was erforderlich ist, hast du, Wasser und Iso, mehr brauche ich jetzt nicht mehr. Ein bisschen trinken, ein wenig abkühlen. Der letzte Kilometer war eine 4:46 und es fühlt sich immer noch an wie alles unter Kontrolle. Das Tempo muss ich nur noch weiterlaufen, dann bin ich weit unter 3h30, also draufhalten, nur noch so weitermachen. Kein Problem. Einatmen. Ausatmen. Alles fühlt sich gut an, alles ist, wie es sein soll.

Die Potsdamer Straße quert die Kurfürstenstraße, ein paar Galerien haben Kunst im Fenster, die Straße geht bergauf, das ist jetzt nicht fair, so kurz vor dem Ende. Dieser Abschnitt der Potsdamer Straße ist Teil der B1, einer Bundesstraße, die von der niederländischen Grenze bei Aachen bis zur polnischen Grenze im Küstriner Vorland führt. Sie entstand aus einer uralten Handelsroute, die schon der griechische Astrologe Ptolemäus im 2. Jahrhundert nach Christus in seiner *Erdbeschreibung* erwähnte und die später als Reichsstraße 1 bis nach Litauen führte und mit 1.392 Kilometern die längste je existierende deutsche Straße war. Der Berlin Marathon als Teil einer frühzeitlichen Heeres- und Handelsroute.

Und die nächste Brücke führt sogar noch einmal über den Landwehrkanal. Über wie viele Brücken müssen wir denn noch gehen? Schöneberger Ufer, alle Kraft zusammen nehmen jetzt und über die Potsdamer Brücke zum Reichpietschufer hinüber. Glücklich hier, wer wie einst Miroslav Klose sagen kann, „es war sehr schmerzvoll, aber ich habe kaum etwas gespürt". Ich spüre alles und es schmerzt auch alles. Rauf und runter, wie bei jeder Brücke. Dahinter an der Kreuzung steht die Statue von Simon Bolivar, Unabhängigkeitskämpfer und Nationalheld vieler Länder Südamerikas. Das Kulturforum. Links die Neue Nationalgalerie. Rechts die Staatsbibliothek zu Berlin, Preußischer Kulturbesitz, hier liegt die größte handschriftliche Sammlung Beethovens, sogar das UNSECO-Weltdokumentenerbe 9. Sinfonie. Die Sammlung kam über viele Jahre nach Berlin, gekauft, geschenkt, gestiftet. Man muss bei großen Dingen nur geduldig bleiben, dann geht vieles. Goethe sagte über Beethoven, dass „der die Welt vollkommen zu Recht detestabel fand." 1812 war das, die Welt in vielen Kriegen verstrickt. Napoleons Russlandfeldzug endete mit einem fluchtartigen Rückzug aus dem zuvor in Flammen aufgegangenen Moskau, die Vereinigten Staaten erklärten Großbritannien den Krieg und begannen eine Invasion Kanadas. Aber dennoch konnte Beethoven seine 7. Sinfonie beenden und in Teplitz den Brief an die Unsterbliche Geliebte verfassen. Was vielleicht der wahre Grund war, die Welt zu verabscheuen. Ludwig van Bthvn, so unterschrieb er. Zwei Töne nur für Elise und Ennio Morricone hat nach dem gleichen Prinzip ein Lied vom Tod komponiert. Immer wieder die zwei gleichen Töne, E und Dis und E und Dis, wieder und wieder, wie unsere Schritte, am Ende sind umschlungen die Millionen, Schritt für Schritt, Ton für Ton, dazwischen Welten, hier im Leben, dort im Tod, diesen Kuss der ganzen Welt.

Weiter, weiter. Wieder eine Kirche, der Kammermusiksaal, die Berliner Philharmonie. Dahinter der kühlende Schatten des Tiergartens. Könnte ich geradeaus durch den Tunnel Tiergarten laufen, wäre ich auf der anderen Seite schon im Ziel. Kilometer 38. Nur noch vier. Die Oberschenkel brennen, eine minimale Welle in der Straße bringt mich fast zu Fall. Ich komme ein wenig ins Stolpern, kann es aber abfangen, gerade so eben noch. Pass besser auf! Wieder große Zuschauermengen kurz vor dem Potsdamer Platz, einer der Hauptsponsoren hat kleine Glocken an sein Team verteilt, ein großartiger Höllenlärm entsteht dadurch, das peitscht voran und erfüllt seinen Zweck. Wieder ein paar Meter weitergekommen. Eine leichte sanfte rechts Kurve, alles neu, Sony-Center, Hochhaus auf Hochhaus, warum auch kleckern, wenn man klotzen kann, und nichts anderes hat man hier getan. Der Mittelstreifen rot gefärbt für den Boulevard der Stars. Es gibt einen 1. Kollhoff-Tower, aber wo ist der zweite?

„Hau rein“, schreit einer.

„Du bist gleich da“, ein anderer. Das stimmt leider nie, egal wann man es hört.

„Mama, warum lacht der Mann?“, fragt ein kleines Kind. Ich hatte meine Zähne gebleckt, das Gesicht vor Schmerz und Anstrengung verzerrt, die Oberlippe blieb auf den ausgetrockneten Zähnen kleben und rollt sich ein unter dem herabsinkenden Mundmuskel. Das Armstrong'sche Zähneblecken.

„Der freut sich“, sagt die Mutter, „weil es gleich vorbei ist.“

Gleich vorbei, sehr witzig. Wirklich sehr witzig. Es sind noch vier lange Kilometer. Und die tun jetzt wirklich weh. Die Lungen brennen, die Oberschenkel, der Bauch, die immer viel zu schwache Rückenmuskulatur. Mehr Core-Training wäre gut gewesen. Nützt jetzt auch nichts. Weiter, nur noch weiter. Noch ist es viel zu früh, um sich zu freuen, es ist noch zu weit. Vier Kilometer. Einfach weiter. Ich muss nur genauso weiterlaufen.

Am Potsdamer Bahnhof stehen ein paar Mauerteile, Reste der Berliner Mauer, die man irgendwann hier für Touristen wieder aufgestellt hat. Die Mauer war da lange schon verschwunden. Am Eingang zum Leipziger Platz wird die Potsdamer Straße etwas schmaler, der Mittelstreifen verschwindet. Der Leipziger Platz wurde 1734 achteckig angelegt und hat diese Form auch heute noch beibehalten, allen Zerstörungen und Neubauten zum Trotz. Schön, interessiert nur am Rande jetzt. Ich atme nur noch gepresst und stoßweise, manchmal auch laut aufschreiend. Die Brachlandschaft des Potsdamer Platzes im *Himmel über Berlin*, Curt Bois suchte dort das Café Josty, bis 1930 ein berühmter Treffpunkt. „Die Menschen rinnen über den Asphalt", schrieb Paul Boldt im Gedicht *Auf der Terrasse des Café Josty*, „schwimmen wie Sonnenlicht durch dunklen Wald". Der Film wurde gerade noch rechtzeitig fertig, bevor die Mauer zwei Jahre später so plötzlich wieder verschwand. Die Mauer und Ruinen eines Krieges und trotzdem hatten sogar die Engel Sehnsucht nach dieser Stadt und ihren Menschen, wollten ein Teil davon werden, ihr Engelsein eintauschen und lieber kurz Berliner sein als ewig Engel bleiben.

Die Leipziger Straße ist jetzt nur noch vierspurig, der Raum zu laufen wird schmaler, ich laufe noch auf der rechten Seite, muss mich aber langsam nach links orientieren. Die nächste Abzweigung geht nach links in die Jerusalemer Straße. Noch ein Stück weit hin. LP12 wie die Mall of Berlin nach der Straßennummer auch genannt wird, Leipziger Platz 12, dann schon das herrliche km39-Schild. Nur noch drei, presse ich vor mich hin, nur noch drei Kilometer. Der Bundesrat im Preußischen Herrenhaus von 1907, der Platz des Volksaufstandes von 1953 und das Finanzministerium. „Times they are a'changing", nuschelte Bob Dylan. Beim jährlichen Tag der Offenen Tür der Bundesregierung kann man eine Führung durch die Räumlichkeiten des ehemaligen Reichsluftfahrtministerium machen, das in der DDR als Haus der Ministerien weitergenutzt wurde. Die Türgriffe seien noch die originalen, sagt der Führer, manch andere Einrichtungsgegenstände auch. Das Büro des Bundesfinanzministers ist ein überraschend kleiner Raum und nüchtern eingerichtet.

Es geht vorbei am Reichspostmuseum von 1871, heute das Museum für Kommunikation. Dass die Leipziger Straße mal Berlins traditionelle Einkaufsstraße gewesen sein soll, ist heute nicht mehr zu erkennen. Nur die Neubauten hier an der Ecke Friedrichstraße stehen im Verlauf der ursprünglichen Straße. Kein Blick jetzt mehr für irgendwas. Nur noch Laufen, schnell, konzentriert, und das Atmen nicht vergessen. Vorsicht mit den Straßenbahnschienen, jetzt nicht ins Stolpern kommen. Keine drei Kilometer mehr, fast ein Witz, und doch. Dreitausend Meter. „Kann man Bolzen", hat mal einer gesagt, als wir uns die Karte vom Zugspitz-Extremberglauf angesehen haben. Endspurt nun, Attacke. Ich werde sogar ein wenig schneller. Wäre noch mehr drin gewesen? Es wird ein negativer Split, das ist sicher jetzt. Die Zauberformel der Profis. Negativer Split. Die zweite Rennhälfte schneller als die erste laufen. Amateure denken, sie müssen am Anfang schneller laufen, um die Zeit quasi reinzuholen, die sie am Ende, wenn die Kräfte nachlassen, verlieren. Das ist der Fehler. Wer am Anfang zu schnell startet, verbrennt hier zu viele Kohlenhydrate. Nur fünf Minuten am Start zu schnell wird sich verhängnisvoll auswirken am Ende. Das ist unbedingt zu vermeiden. Kipchoge lief die Halbmarathondistanz in 1h01.05, die zweite Hälfte dann in 1h00.34. Ergibt in Summe den neuen Weltrekord mit 2h01.39. Er hat wahrscheinlich mittlerweile schon geduscht, Champagner getrunken, etwas gegessen. Ich laufe immer noch. Seit drei Stunden. Und ein paar Minuten. Aber jetzt sind es keine drei Kilometer mehr. Was für ein Tag. Keine drei Kilometer mehr bis ins Ziel und immer noch mit einer guten Pace unterwegs. Einer sehr guten. Kurzer Blick auf die Uhr, viel schneller als gedacht. Jetzt kann alles rausgehauen werden, ausruhen kannst du in ein paar Minuten, jetzt geht es um jeden Schritt, so schnell wie möglich. Jaja, ich komme, Ziel. Ich komme gleich. Jaja.

Was liegt hinter der Ziellinie? Vielleicht gar nichts. Nur große Leere. Endgültige Ziellosigkeit. Das ist doch auch ein Ziel. Idiosynkrasien. Ecclesia. Bis ich mich auf den Weg mache, zur nächsten Ziellinie, wo immer die auch liegen mag. Eliud ist lange im Ziel. Neuer Weltrekord. Eine Leistung gegen jede Vernunft, gegen jede Wahrscheinlichkeit. Die Zeit verdichtet sich, alles wird in diesem Moment zusammengepresst, Zukünftiges und Vergangenes werden eins. Wie ein Prisma im Rückwärtslauf, die Zeitstrahlen laufen zusammen und werden auf einen Punkt vereint. Auf das Jetzt. Es gibt gar keine Vergangenheit und keine Zukunft. Es gibt immer nur das Jetzt. Wir sind jahrelang getäuscht und betrogen worden.

Hinter der Kreuzung Charlottenstraße macht die Leipziger Straße eine ganz sanfte Biegung nach links. Die Hochhäuser links wie rechts wurden als Sichtschutz gegen das direkt hinter der Mauer stehende Axel-Springer-Haus errichtet. Ich bin schon bei der Mall of Berlin rüber gedriftet, um auf der Leipziger Straße möglichst weit links zu laufen. Im Eckhaus Leipziger Str. 78 wohnte mal Arthur Schopenhauer während eines seiner Berlin-Aufenthalte. „Obit anus, abit onus", kommentierte er das Ende einer Affäre, die ihn jahrelang gequält hatte. Die Erstauflage seines Hauptwerkes war erst nach 30 Jahren vergriffen.

„Go – go – go", rufen die Zuschauer, „go – go – go". Rin-GO, denke ich, Life is Good. Thank God for the Music. Send Love Spread Peace. Kein Werbespot, sondern die Lieder auf der B-Seite eines Albums. Der letzte Hippie läuft durch die Straßen der Hauptstadt. What's my Name, singe ich vor mich hin, Ringo, what's my name, Rin – go. „Go – go – go", schreien die Zuschauer am Straßenrand, das Ziel ist nah und doch sind es gleich dann immer noch zwei Kilometer, um die Ecke nach links in die Jerusalemer Straße und hier steht jetzt Kilometer 40. Nur noch ZWEI, einfach jetzt ALLES ALLES ALLES geben. Kein Blick mehr auf die Uhr, es ist egal jetzt, ich laufe einfach so schnell und hart, wie irgendwie noch möglich. Zwei Kilometer noch. Wir laufen in einem Zick-Zack-Kurs, Mohrenstraße, Bundesministerium der Justiz, Gendarmenmarkt, Hilton, nach rechts in die Markgrafenstraße, Deutscher Dom, Konzerthaus, Französischer Dom, wieder links, Französische Straße, Galeries Lafayette, schon wieder über die Friedrichstraße und hinter der U-Bahn steht es. Das km41-Schild. Fast da jetzt. Nur noch ein letzter Kilometer. Draufbleiben, nicht beschleunigen, kein Endspurt, dafür ist der letzte Kilometer wirklich zu lang. An der Ecke Friedrichstraße/Unter den Linden stand einst der erste Verkehrspolizist Preußens. Mit einer Trompete regelte er den Verkehr. Wenn man in der Glinkastraße auf die wirklich allerletzte Kurve der Strecke hinläuft, ist das Gefühl, es gleich geschafft zu haben, fast gleichauf mit dem Schmerz des Körpers. Angeblich stand am südlichen Ende dieser Straße mal ein Häuschen mit Wachmann und einer Kanone, deswegen hieß sie über 250 Jahre lang Kanonierstraße. Und das war natürlich kein guter Name im Arbeiter- und Bauernstaat. Es wurde der russische Komponist Michail Iwanowitsch Glinka. Nie von ihm gehört, also Kategorie Gotzkowsky.

Innerhalb des Stadtgebietes wird der ehemalige Verlauf der Berliner Mauer durch eine doppelte Pflastersteinreihe markiert. Die Strecke kreuzt sie viermal. Bei Kilometer 7 in der Reinhardtstraße von West nach Ost. In der Heinrich-Heine-Straße bei Kilometer 14 zurück in den Westen, am Potsdamer Platz zwischen Kilometer 38 und 39 wieder in den Osten. Und durch das Brandenburger Tor zurück nach West-Berlin. Gleich, ich komme gleich. Die Behrenstraße kreuzend, links Plattenbauten, rechts die Komische Oper, die Lindenbäume sind schon zu sehen. Dann biege ich endlich ein, der letzte Boulevard, endlich, ich bin Unter den Linden, auf der schönsten Zielgeraden von allen. Wahnsinn. Zuschauer schreien immer noch, wenn sie jemanden erkennen, auf den sie gewartet haben, die anfeuernden Wellen aus Klang umgeben auch mich.

Die Russische Botschaft, noch einmal Kreuzung Wilhelmstraße, Britische Botschaft, Hotel Adlon. Der Elefantenbrunnen in der Lobby ist das Einzige, was vom Originalgebäude übriggeblieben war, es ist ein kompletter Neubau. Pariser Platz, die Wasserfontänen rechts und links die Botschaft der USA. Alle Blicke nur auf das Brandenburger Tor. Wo ist das km42-Schild? Die Zuschauer werden über die Straße geführt mit einem System aus Seilen, das die Läufer mal links, mal rechts daran vorbeiführt. Da ist es, km42, nur noch 195 Meter jetzt.

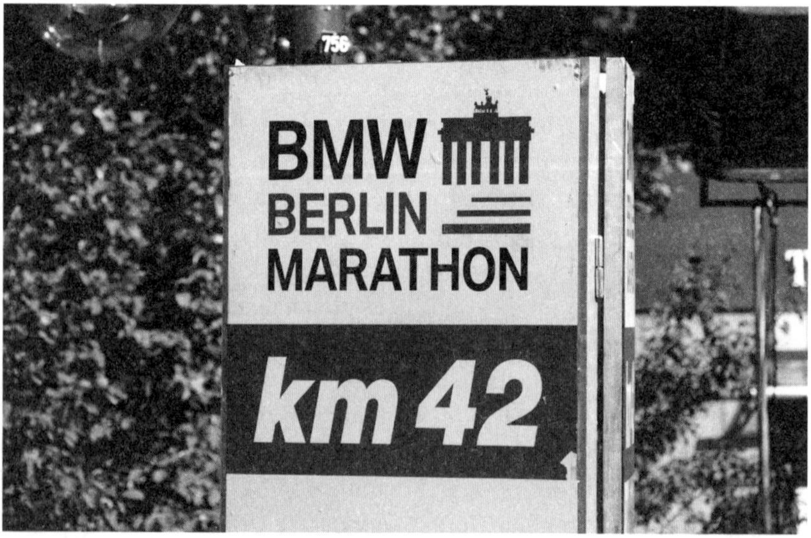

Ich bin deutlich unter 3h30, das wird meine beste Zeit, es ist jetzt klar, am Brandenburger Tor, wie herrlich, ich kann es nun sogar ein wenig genießen. Platz des 18. März, die Ebertstraße, die Pflastersteine des Mauerverlaufs. Nur noch bis zum Ziel, man kann es ja endlich sehen, jetzt, hier, hinter dem Tor. Die weite Straße liegt ausgebreitet vor mir, das Zielbanner, die Zuschauer, die Bäume des Tiergartens. Es sind meine letzten Schritte, mit letzter voller Kraft. Dieser letzte Kilometer wird tatsächlich mein schnellster werden, genau anders herum als bei Kipchoge. Aber wie er werde ich mein Ziel erreichen, schneller als jemals zuvor einen Marathon gelaufen zu sein. Endspurt ins Ziel. Seit dem Brandenburger Tor bin ich endgültig am Anschlag. Die letzten Meter. Die Zuschauertribünen sind noch gut gefüllt, es wird laut, ich bin auf der ersten roten Matte, es piept und pfeift. Ich laufe über alle drüber, nicht dass am Ende die Zeit noch weiterläuft, weil ich nicht alle Zielmatten überquert habe. Endlich stehe ich wieder auf dem blanken Asphalt, die roten Matten sind zu Ende. Ich kann stehen bleiben. Es ist vorbei. Ich halte die Uhr an. Weil wir in Wellen gestartet sind, zeigt das Zielfoto natürlich nicht meine gelaufene Zeit an. Aber 3h23 auf meiner Uhr, das steht da wirklich. 3h23. Nicht schlecht. Not bad, hatte Ronald Reagan seine Amtszeiten bewertet, not bad at all. Finde ich auch. 3h23. Not bad at all.

„Bitte weitergehen", sagen die Helfer hier im Ziel, höflich aber bestimmt, „hier nicht stehenbleiben, bitte gehen Sie weiter." Sie sind ja alle nett, sie müssen das sagen. Aber ich möchte gar nicht stehenbleiben. Ich möchte mich hinlegen. Direkt hier und auf den Boden sinken. Keinen Schritt mehr gehen, keinen Moment mehr stehen. Geht leider nicht. Früher konnte man sich beim Comrades direkt hinter der Zielmatte ins Gras fallen lassen und ein paar Minuten liegen, bevor man weitergeschickt wurde. Das geht heute auch nicht mehr. Über das Ziel und direkt auf den Boden sinken. Es geht nicht, zu viele Menschen kommen jede Minute ins Ziel, in mancher Sekunde mehr als drei. Wenn ich mich hinlege, schleppt mich am Ende noch ein Sani weg. Wir werden freundlich, aber bestimmt aus dem Zielbereich hinauskomplimentiert.

Ich nehme mir eine Folie und wickele mich darin ein. Langsam trotte ich zu dem Zelt mit meiner Tasche. Die Medaille baumelt um meinen

Hals. Die große Wiese vor dem Reichstag wirkt wie ein antikes Heerlager nach der Schlacht. Bilder von Odysseus, Achilleus, Leonidas, den Mauern Trojas, der Ebene bei Marathon, den staubigen Wegen zu den Thermopylen. Überall liegen Menschen herum, auf dem Rücken oder in stabiler Seitenlage, im Gras oder auf einer Decke, die Beine angezogen oder ausgestreckt. Andere stehen in kleineren Grüppchen zusammen. Die um die Körper wehenden Folien vermitteln den Eindruck, jeder trage ein Superhelden Cape. „Verglichen mit dem Krieg", sagte der US-General G.S. Patton Jr. doch tatsächlich, „schrumpft jede andere menschliche Bemühung zur Bedeutungslosigkeit. Gott helfe mir, ich liebe ihn so sehr." Wir sind aber nicht im Krieg. Gott Lob. Wir sind einen Marathon gelaufen. Die meisten sehen glücklich aus, die Grundatmosphäre auf der Wiese vor dem Reichstag ist eine der gemeinsamen Freude, der Erleichterung, dass alles gut gegangen ist und dass es jetzt vorbei ist. Die Medaille hängt am Hals. Das war ein richtig guter Tag. Nach der Absperrung werde ich empfangen, in die Arme genommen, wir schlendern Richtung Brandenburger Tor, hier kann man die Medaille mit der Zeit gravieren lassen. Heute mache ich das.

Auch Kipchoge hat sein Ziel geschafft. Neuer Weltrekord. Kein Jahr vergeht, in dem nicht wenigstens einer der Topathleten mit dem offen erklärten Ziel hier an den Start geht. Und wenn es einmal darum gehen wird, unter zwei Stunden in einem offiziellen Marathon zu laufen, vielleicht werden es dann die Straßen von Berlin sein. Dass es irgendwann passieren wird, war sich Haile Gebrselassie schon 2008 sicher: „Ich glaube, dass das noch mindestens 20 Jahre dauern wird. Aber ich bin mir sicher, dass es passieren wird." Am 12. Oktober 2019 läuft Eliud Kipchoge in Wien die Zeit von 1h59.40. Ein Tag wie die Mondlandung. Der Lauf wird nicht als Weltrekord anerkannt da die Bedingungen nicht den Regeln entsprachen. Aber der Moment wird im Gedächtnis der Menschheit bestehen bleiben. Ein Mensch läuft die Marathonstrecke unter zwei Stunden. 1h59.40. For those about to rock. Eliud Kipchoge. Größter Marathonläufer aller Zeiten. We salute you.

Seit Jahren führt Mark Milde nun schon das Erbe seines Vaters fort. Unverändert auf Weltrekord-Niveau.

Ronaldo da Costa lief 1998 in Berlin als erster Mensch den Marathon mit einer Durchschnittsgeschwindigkeit von über 20 Kilometern pro Stunde und damit jeden einzelnen Kilometer im Schnitt schneller als 3:00 Minuten (2h06:05). Beim 30-jährigen Jubiläum blieb Paul Tergat als erster Mensch unter 2h05 (2003; 2h04:55). Sammy Koirir, eigentlich sein Tempomacher, lieferte ihm zum Schluss des Rennens einen harten Kampf und verlor diesen um eine einzige Sekunde. Eine Sekunde. Bei einem 100-Kilometer-Weltrekordversuch fehlten mal am Ende 11 Sekunden. Es geht eben bei jeder Distanz, ob 100 Meter oder Marathon oder 100-Kilometer oder Tour-de-France, genau darum. Es geht immer um jede Sekunde. Auch auf der längsten olympischen Laufdistanz. Auch bei den Allerschnellsten. Haile Gebrselassie gewann Berlin viermal in Folge (2006-2009), davon zweimal mit neuem Weltrekord (2007, 2h04:26; 2008, 2h03:59). Beim Versuch auf einen fünften Sieg wurde er von Patrick Makau Musyoki geschlagen (2011, 2h03:38), der mit einer selten gesehenen Strategie lief. „Das Zickzacklaufen gehörte zu meiner Taktik", sagte er nach dem Sieg, „ich wollte Haile verwirren. Ich hatte viel Energie und wollte ihn müde machen. Als ich mich umschaute, war Haile nicht mehr da."

Dank Wilson Kipsangs Weltrekord beim 40. Jubiläum (2013, 2h03:23) gab es seit dem 25. Jubiläum bei jedem 5-Jahres-Jubiläum einen Weltrekord. Dennis Kimetto (2014, 2h02:57) konnte sich etwas länger am Titel erfreuen als sein Vorgänger, da im Jahr 2015 Eliud Kipchoge die Sohle aus dem Schuh rutschte, 2016 er die olympische Goldmedaille gewinnen musste und 2017 das Wetter einfach zu schlecht war. Erst 2018 war es dann so weit, es wurde eine Fabelzeit mit bis dahin für unmöglich gehaltenen 2h01:39, es schien wie eine Zeit für die Ewigkeit. Im Folgejahr 2019 scheiterte Kenenisa Bekele nur um zwei Sekunden, die Uhr blieb bei 2h01:41 stehen. Ich kann mich an keinen Sieger erinnern, der auf dem Podest unglücklicher aussah.

Die Medaille hängt um meinen Hals. Ich liege daheim auf der Couch. Immer noch surren die Straßen der Marathons an mir vorbei. Auf dem Finisher-Trikot stehen sie alle drauf. So viele sind wir gelaufen. Ich döse wieder auf dem Sofa ein, die Strecke mit all ihren Straßen, Brücken, Begegnungen, alles vermischt sich im Traum, die Straßen der Stadt, dieser so verrückten, und die Menschen, Zuschauer und Läufer, Klatschen und Jubeln, das Lachen und das Glück, alles vermischt sich in einem somnambulen Dämmerschlaf, die stadt gedacht durch meine augen, gesehen mit meinen füßen, platz der republik scheidemannstraße große querallee startblöcke start straße des siebzehnten juni großer stern kilometer eins straße des siebzehnten juni kilometer zwei charlottenburger tor das erste mal über den landwehrkanal ernst-reuter-platz marchstraße kilometer drei marchbrücke das zweite mal über den landwehrkanal franklinstraße gotzkowskybrücke das erste mal über die spree gotzkowskystraße kilometer vier alt-moabit kilometer fünf und sechs moltkebrücke das zweite mal über die spree willy-brandt-straße otto-von-bismarck-allee das aufsagen der straßennamen wie ein meditatives mantra eine beruhigung für das nervöse gehirn ein endloses ommm eine art rosenkranz für läufer gleich der betäubenden auflistung von generationennamen in der bibel das gehirn wird im flow zur ruhe gebracht beim laufen durch die stadt gedanken tauchen auf und verschwinden wieder wir laufen nur noch und denken nichts mehr ein moment der totalen leere entsteht zwischen jedem einzelnen schritt ein moment von glück konrad-adenauer-straße kronprinzenbrücke das dritte mal über die spree kilometer sieben reinhardtstraße friedrichstraße kilometer acht oranienburger tor torstraße kilometer neun rosenthaler platz torstraße kilometer zehn mollstraße otto-braun-straße kilometer elf das ziel des tages eine obsessive wiederholung schritt um schritt erst hundert dann tausend dann zehntausende am ende des tages vielleicht sogar einhunderttausend schritte stundenlanges laufen es ist nicht logisch so edward abbey es ist pathologisch ich glaube er meinte dies in einem anderen zusammenhang lubdub-lubdub-lubdub-lubdub die monotonie der trommeln beim pow-wow das schlagende herz von davy jones in der schatulle am ende der welt schritt um schritt herzschlag für herzschlag zeigt uns an dass wir am leben sind karl-marx-allee straußberger platz kilometer zwölf lichtenberger straße an der michaelbrücke das vierte mal über die spree michaelkirchstraße kilometer dreizehn köpenicker straße heinrich-heine-straße kilometer vierzehn moritzplatz prinzenstraße ritterstraße reichenberger straße kilometer fünfzehn kottbusser tor kottbusser straße kottbusser brücke das dritte mal über den landwehrkanal kottbusser damm kilometer sechzehn hohenstaufenplatz hermannplatz hasenheide kilometer siebzehn südstern kilometer achtzehn alle straßen sind ohne autos ohne verkehr sind nur für uns läufer da und die zuschauer und die spaziergänger eine stadt die nur für die menschen da ist die über ihre straßen laufen es klingt wie eine schöne utopie gneisenaustraße kilometer neunzehn yorckstraße kilometer zwanzig goebenstraße kilometer einundzwanzig halbmarathon potsdamer straße königskolonnaden kleistpark grunewaldstraße kilometer zweiundzwanzig martin-luther-straße kilometer dreiundzwanzig wartburgplatz rudolph-wilde-park innsbrucker platz kilometer vierundzwanzig hauptstraße rheinstraße kilometer fünfundzwanzig schmiljanstraße friedrich-wilhelm-platz wiesbadener straße kilometer sechsundzwanzig südwestkorso breitenbachplatz kilometer siebenundzwanzig lentzeallee kilometer achtundzwanzig platz am wilden eber rheinbabenallee kilometer neunundzwanzig roseneck hohenzollerndamm kilometer dreißig überquerung a einhundert kilometer einunddreißig landmarke die landmarke fehrbelliner platz kilometer zweiunddreißig brandenburgische straße konstanzer straße kilometer dreiunddreißig olivaer platz kurfürstendamm kilometer vierunddreißig warum kommt uns die zeit manchmal so unterschiedlich lang vor sind wir die einzige spezies die ein gefühl für eine zeit wie fünf minuten hat oder drei stunden was ist zeit überhaupt und was bedeutet einsteins theorie der relativität ist dann alles relativ oder war das kant der relative imperativ kategorisch nein je schneller ich laufe denke ich umso mehr ja was eigentlich vergeht die zeit dann schneller oder langsamer laufe ich gefühlt länger schnell oder kürzer langsam oder warum überhaupt das alles und siehe alles ändert sich und doch bleibt alles gleich breitscheidplatz tauentzienstraße kilometer fünfunddreißig wittenbergplatz kleiststraße kilometer sechsunddreißig nollendorfplatz bülowstraße potsdamer straße kilometer siebenunddreißig potsdamer brücke das vierte mal über den landwehrkanal potsdamer straße kilometer achtunddreißig potsdamer platz leipziger platz leipziger straße kilometer neununddreißig jerusalemer Straße kilometer vierzig auf einer straße die zum horizont führt dort laufe ich still und tief und von der leere und weite des weltalls umgeben nirgendwo wäre ich heute lieber gewesen als auf dieser strecke ganz im hier ganz im jetzt in diesem rennen in dieser stadt mohrenstraße markgrafenstraße gendarmenmarkt französische straße kilometer einundvierzig glinkastraße unter den linden pariser platz brandenburger tor kilometer zweiundvierzig straße des 17. juni ziel – JA!

Rund um die Welt

Antarktis – Bangkok – Buenos Aires – Tasmanien – New York – Mailand– Kiel

Antarktis (65°4'S, 63°58'W)

Als „die schlimmste Reise in der Welt" bezeichnete der Brite Apsley Cherry-Garrard die Terra-Nova-Expedition, die ihn und 64 weitere Männer im Juni 1910 vom beschaulichen walisischen Cardiff in die Antarktis führte. Keine zwei Jahre später waren Kapitän Scott und sein Stellvertreter Evans tot, mit ihnen der Chefwissenschaftler Wilson und die Offiziere Bowers und Oates. „Großer Gott! Dies ist ein schrecklicher Ort", schrieb Scott am Südpol in sein Tagebuch. Das Zelt mit ihren Leichen wurde von der Suchexpedition, an der Apsley beteiligt war, im November 1912 gefunden. Sie errichteten einen Schneehügel als Grabmal und stellten ein aus Skiern zusammengenageltes Holzkreuz darauf. Mit den Jahren ist das Grab im Eis verschwunden, die genaue Lokalisation ist aufgrund des Gletscherdrifts heute unbekannt. Es gibt Berechnungen, nach der die Toten im Jahr 2275 den Nordrand des Ross-Schelfeies erreichen. Dann würden sie sich in einem Eisberg auf ihre letzte Reise begeben.

Bei der Anreise der imperialen Trans-Antarktis-Expedition (1914–1917) fror das Schiff „Endurance" zunächst im Meereis ein und wurde in der Folge langsam zerquetscht, bevor es unterging. Expeditionsleiter Shackleton und die gesamte Mannschaft blieben auf einer Eisscholle zurück. Die folgende Rettungsaktion der gesamten Mannschaft machte Shackleton zur Legende. Das Goldene Zeitalter der Antarktis-Forschung wird auch das Heroische genannt. Geschichten von menschlicher Neugier und Entschlossenheit, vom Überwinden aller Widerstände und vom tragischen Scheitern. Vom sich Bemühen und niemals Aufgeben.

Ende Februar. Der Winter auf der Nordhalbkugel neigt sich dem Ende zu, auf der anderen Seite der Erde endet dagegen bald der Sommer. Die Luft in Buenos Aires ist warm und drückend schwül. Mitunter nieselt es, dann scheint wieder die Sonne. Es gibt Steaks zum Frühstück, Mittag- und Abendessen, mit Kartoffeln oder Pommes oder einfach nur blank, die Teller voll mit halbroh gegrilltem Fleisch.

Ganz nach Belieben. Wir machen kleine Stadtrundfahrten, zu Evitas Grab, das Fußballstadion im Stadtteil la Boca und von jeder Hauswand grüßen Bilder vom göttlichen Diego Maradona. Die Luft vermittelt diese angenehme Sauna-Atmosphäre kurz nach dem Aufguss. Der Himmel ist leicht bewölkt. Vor dem Abendessen machen wir einen kurzen Lauf am Rio de La Plata entlang. Der Fluss ist hier über 50 Kilometer breit, auf der anderen Seite liegt schon Uruguay. Das Wasser ist braun und undurchsichtig und fließt langsam dem Atlantischen Ozean entgegen. Es nieselt noch, aber wenigstens ist es schön warm. Die Gehwege sind nass und sehr rutschig. Immer wieder liegen große Schlaglöcher im Weg. Nur jetzt nicht hinfallen, ausrutschen, beim Joggen kurz vor dem Antarktis-Marathon. Nicht auszudenken. Ich jogge nicht. Mit Verlaub. Ist ja gut. Ist doch kein Schimpfwort. Ich antworte darauf nicht. Das hat doch mit Joggen nichts zu tun. Weit entfernt. Sei doch nicht so kleinlich, na bitte, joggen wir eben. Hauptsache du läufst, denke ich mir, wie immer, wenn es im Training mal hart war, Hauptsache du läufst. Da kann der Tag schon nicht mehr ganz verkehrt sein.

„Ihr werdet alle seekrank werden. Sehr seekrank sogar", sagt Thom Gilligam über die Fahrt durch die Drake Passage. „Die ersten 24 Stunden werdet ihr denken, dass ihr sterben müsst."

Er macht eine kurze Pause und blickt sich genüsslich um.

„Und in den zweiten 24 Stunden werdet ihr euch wünschen, dass ihr gestorben wärt", fährt er fort. Er sieht aus wie ein friedlicher vegetarischer Sonnenanbeter. Inmitten lauter bleicher und abgemagerter Gesichter. Als einer fragt, ob mit einem Zeit-Chip gelaufen werde, entspannt sich die Stimmung im Gelächter. Die Teilnehmer sind bunt gemischt, einer ist schon zum dritten Mal dabei. Ich teile mir die Kabine wie geplant mit W. aus Wien. Er sammelt Marathons in den Hauptstädten der Welt. „Die Liste der Staaten der Erde", doziert er, „hat 193 Mitgliedsstaaten der Vereinten Nationen. Dann gibt es noch ein paar Nicht-UN-Mitglieder wie Vatikanstadt und Palästina. Und natürlich die umstrittenen Staaten." So viele Staaten, denke ich, 193 Hauptstädte, 193 Marathons. Ich versuche zusammenzuzählen, in wie vielen Ländern ich schon war. Klingt fast schon wie ein neuer Plan. Und was ist das Leben schon ohne einen Plan? Ein Ziel ohne einen Plan ist nur ein Wunsch, schreibt Saint-Exupéry. Und würden wir nicht ohne Plan und ohne Ziel einfach nur sinnlos durch das Leben treiben wie ein Blatt auf dem Ozean? Schau'n mer mal, Lieblingszitat vom Kaiser, schau'n mer mal, dann sehn mehr scho. Für die Zukunft ist auf dem Rückweg immer noch Zeit genug. Auf dem Weg nach Hause kann eine neue Idee, ein neues Ziel geträumt werden, vielleicht entsteht daraus sogar ein kleiner Plan. Jetzt geht es allein um die Gegenwart und die heißt heute Buenos Aires und morgen Antarktis. Kein Grund an Übermorgen und an die Zeit danach zu denken. Am Abend gibt es wieder Steak und wieder Pommes. Leider kein alkoholfreies Bier, deswegen bleibe ich bei Coke Zero. Ich habe in ganz Buenos Aires kein einziges alkoholfreies Bier gesehen.

Wir fliegen von Buenos Aires nach Ushuaia, in die Bucht, die nach Osten blickt, die südlichste Stadt der Welt. Und trotzdem sind wir immer noch weiter weg vom Südpol als ein Moskauer vom Nordpol. Es sind andere Verhältnisse in der Antarktis als im arktischen Norden. Die Zwischenlandung in einer wüstenähnlichen Pampa kommt unerwartet. Es muss nachgetankt werden. Ein kleiner flacher Bungalow steht am Rand der Landebahn, davor zwei mobile Gangways, wackelige Treppen auf Rädern. Um uns herum eine flache baumlose Steppe, bis zum Horizont nichts als braun verbrannte Gräser und Steine. Ein blauweißer Tanklaster kommt angefahren. Der Fahrer steigt aus und rammt einen Schlauch in die linke Tragfläche. Alles direkt vor meinem staubigen Fenster. Er lacht und redet mit einem Flughafenangestellten, der die ganze Szenerie überwacht. Es fehlt nur noch, dass er sich eine Zigarette ansteckt. Das Benzin tropft in den staubigen Boden. Wir sitzen drin und schauen fassungslos zu. Nach weiteren zwei Stunden Flugzeit erscheint unter uns der Beagle Kanal, tiefblau und umringt von Bergen, einige davon mit weißen Kuppen aus Schnee und Eis. Eine wilde menschenleere Szenerie. Heftige Winde schütteln das Flugzeug kräftig durch, verbiegen das Material der Tragflächen bis an deren Grenzen. Die Landung kommt dem Gefühl einer Notlandung schon recht nahe. Fehlen nur noch auf uns wartende Feuerwehrfahrzeuge wie damals in London. Gedanken an den Tod am Ende der Welt.

Ich werde nach dem Aussteigen vom Flughafen-Personal lautstark angeschrien, weil ich auf dem Fußweg vom Flugzeug zum Flughafengebäude ein paar Fotos gemacht hatte. Einfach weitergehen und so tun, als habe man das gar nicht bemerkt, die Kamera irgendwie verstecken. Weil unser Flugzeug keinerlei Gepäck mit an Bord hatte, ist die Stimmung allgemein etwas gedämpft. Es ist unklar, wann und wie es weitergeht. Ein Bus bringt uns vom Flughafen in die hübsche kleine Stadt. An einem Souvenirshop sind tanzende Pinguine an die Wand gemalt. Ein blauer Doppeldecker-Bus bietet Stadtrundfahrten an. Manche der Häuser sind mit bunten Farben angemalt. Ich suche das Schild mit der Aufschrift „Ushuaia – fin del Mundo". Zwischen uns und der Antarktis liegt jetzt nur noch die stürmischste Seepassage der Welt. Sie ist nicht der Grund, warum ich hier bin. Aber auch kein Grund, es nicht zu sein.

Am Abend kommt überraschend fast das gesamte Gepäck. Ein paar Unglückliche müssen noch einmal Einkaufen fahren. Drei Stunden später ändern die Schiffsmotoren ihren Ton, der Boden vibriert in einer höheren Frequenz. Wir stehen an Deck und atmen eine Luft, die deutlich kühler ist als heute morgen in Buenos Aires. Über uns erstreckt sich der nächtliche Südhimmel mit seinen fremden Sternenbildern. Stern des Südens. Dann werden die Leinen losgemacht und wir gleiten hinein in das dunkelschwarze Wasser. Eine klare erfrischende Dunkelheit umgibt uns, nachdem die Lichter der Häuser verschwunden sind. Ich halte vergeblich Ausschau nach Feuern auf den Berggipfeln, die der Gegend ihren Namen gegeben hatten. Feuerland. Weil es nichts weiter zu sehen gibt, gehen alle wieder hinein.

Um 2.00 Uhr morgens spüre ich das erste Mal den Seegang. Ich schaue durch das Bullauge nach draußen. Alles ist schwarz und dunkel. Wir sind mitten auf dem Meer. Nichts zu sehen, nur ein bisschen weißer Schaum der Wellen im Licht des Schiffs. Ich schlafe unruhig weiter, gefühlt wie gar nicht. Gegen 6.00 Uhr stehe ich schließlich auf und gehe an die Bar, wo ein Wasserkocher steht und die Dose mit löslichem Pulverkaffee. Ich trinke davon insgesamt drei Tassen ohne Milch. Nur zwei der Sessel sind belegt. Ein Mann schläft, eine Frau liest in einem E-Book. Beide tragen kabellose Kopfhörer. Ich bin froh, dass ich mich so früh am Morgen nicht unterhalten muss. Sehnsuchtsort Kap Hoorn. Feuerland und Bruce Chatwins Patagonien. Der Beagle Kanal und die Drake Passage. Antarktika. Fluchtpunkte für die Fantasie, für den sich in die Ferne träumenden Geist. In einer Reihe mit Tibet und dem Mount Everest und dem Nordpol.

Es sind Orte des Geistes. Fantasiewelten. Eigentlich unerreichbar. Eigentlich. Im Moment bin ich auf dem besten Weg, aus dem eigentlich Unerreichbar ein Erreicht zu machen.

Es regnet aus einem dunkelgrauen Himmel über der See. Wir sind mitten in der Drake Passage. Namensgeber Sir Francis Drake suchte hier während seiner Weltumseglung zwei im Sturm verlorengegangene Schiffe. Es gibt kein Land, keine Inseln, nichts was sich dem antarktischen Zirkumpolarstrom in den Weg stellen könnte. Es ist die einzige Meeresströmung, die ungestört und beneidenswert frei den gesamten Globus umfließen kann. Die Weltumsegelung von Francis Drake. Es ist immer wieder ein erhebendes Gefühl, auf dem Meer zu sein. Nichts fehlt mir, nichts würde ich lieber tun, nirgendwo wäre ich lieber. Der erste Tag auf dem Meer. Albatrosse begleiten uns. Sie scheinen mühelos über das Meer zu gleiten. Manche haben eine Spannweite von dreieinhalb Metern. Die kräftigen großen Schnäbel strahlen in leuchtendem Gelb. Der Tag vergeht mit Essen, Schlafen und auf das Meer schauen. Eine kleine Laufbahn ist auch vorhanden. Der Promenade Curcuit ist 170 Meter lang und führt einmal um das Schiff herum. Die ersten trainieren heute schon wieder. Das Meer ist untypisch ruhig. Es geht nur eine leichte Brise und das Wasser ist glatt und die Wellen machen keine Gischt.

Der Himmel am nächsten Tag ist absolut wolkenlos. Die Sonne scheint auf ein spiegelglattes Meer. Das Schiff schneidet eine Furche aus weißer Gischt in das Blau aus Luft und Wasser. Ein klarer, ein stahlblauer Tag. Wie auf der Pequod. Blau auf Blau, Himmel und Meer nicht mehr klar zu unterscheiden im alles umfassenden großen Blau, die Grenzen werden unscharf. Was für ein Gefühl muss es damals gewesen sein, auf einen blauen unbekannten Horizont hinzusegeln und dabei immer mit diesem letzten Restzweifel. Ob die Kirche nicht doch recht habe und die Erde nicht doch eine Scheibe sei? Von deren Rand man in die Hölle stürzt, wenn man ihm zu nahekommt? Und eben doch keine Kugel, wie die verbrannten Ketzer immer behauptet hatten?

Ich stehe an der Reling und blicke in Fahrtrichtung auf das Wasser. Nur die Bewegung des Schiffs sorgt für einen leichten Windhauch bei sonst kompletter Flaute. Dann tönt ein metallisch blecherner Ruf von der Brücke durch die Lautsprecher. „Land, Land. Land in

Sicht." Die Fahrt war mit 40 Stunden kürzer als erwartet, die See sei nur selten so ruhig wie an den beiden Tagen. Ich bin fast ein wenig enttäuscht. In der Ferne erheben sich die ersten felsigen Eisinseln aus dem blauen Wasser. Als wären wir die ersten Menschen hier. In jedem Fall sind wir die einzigen.

Nachdem wir unsere Kleider ausgesaugt haben und die Schuhe geschrubbt, damit nichts Lebendiges oder Organisches mit an Land gebracht wird, fahren wir im Sonnenschein mit den Zodiacs an den steinigen Strand von Aitcho Island. Esels- und Zügelpinguine betrachten uns neugierig. Eine Robbe liegt am Strand und sonnt sich den mit dickem Speck gepolsterten Pelz. Auf einem Foto sieht es aus, als würde sie sehr zufrieden vor sich hinlächeln. Im Wasser sind diese Eselspinguine die schnellsten aller Pinguine, an Land watscheln sie wie das neugeborene Urmel durch die Augsburger Puppenkiste. Am Abend werden beim Captains Dinner die Startnummern verteilt.

Am nächsten Tag hat sich das Wetter deutlich verschlechtert, wir steuern in Richtung Robert Island. Beim Frühstück reden alle nur über die Pinguine. Neben mir sitzt einer der Wissenschaftler, die uns bei den Landgängen begleiten.

„Ich suche", erklärt er mir, „das letzte unbekannte, nicht nachweisbare, subatomare Teilchen." Sein Gesicht strahlt vor Begeisterung.

„Das ist ja wie der unsichtbare Fisch", antworte ich, nicht ganz im Ernst.

„Genau", ruft er aus und bohrt mir mit seinem Zeigefinger in den Arm, „ganz genau."

Er unterrichtet an der Universität von Hawaii. Das einzig Sichere in den Weiten der Antarktis, pflegt er abends an der Bar immer zu sagen, ist der Tod. Ich werde am Ende dieser Reise über 1.000 Bilder von Pinguinen und eine außerirdische Begegnung mit zwei von ihnen gemacht haben.

Der Wind ist stürmisch, 40 Knoten, das Meer nun grau und unruhig. Der geplante Landgang muss abgesagt werden, wir fahren weiter Richtung Nelson Strait. Nach einer Stunde mit Ferngläsern auf der Brücke taucht eine Familie Buckelwale auf. Wir nähern uns langsam mit heruntergedrehter Kraft der Herde an. Einer der Wale kommt in unsere Richtung und schwimmt direkt am Boot vorbei.

Ich kann seinen schwarzen mit Muscheln und Seegras bewachsenen Kopf sehen, das Blashorn und die Fluke, bevor er wieder abtaucht. Klack-klack-klack machen ein paar Dutzend Spiegelreflexkameras, alle sind an der Reling versammelt. Leider können wir die Gesänge der Wale nicht hören, ihre Lieder dauern manchmal stundenlang, die Wale pfeifen und zirpen um Weibchen anzulocken, in allen möglichen Varianten grunzen sie, knarzen und knattern, manche Töne sind wie ein Quietschen oder Schnarchen. Der schnarchende Buckelwal und der Eisberg. Klingt wie ein Arte-Film, sagt das Känguru. Nach einer Weile dreht das Schiff und bewegt sich in Richtung King George Island. Kann der Marathon morgen wie geplant stattfinden? Die antarktischen Winde können jederzeit ein Anlanden mit den Zodiacs verhindern. Vor ein paar Jahren musste der Marathon auf dem Schiffsdeck stattfinden. Aufgeteilt in kleinen Gruppen drehte jeder 400 Runden auf dem Schiff.

King George Island ist im Archipel der Südlichen Shetlandinseln die größte, benannt nach King George III. Wilhelm Friedrich, König von Großbritannien und Irland von 1760 bis 1801. Die Insel ist das am dichtesten mit Forschungsstationen besiedelte Gebiet der gesamten Antarktis, bis zu 300 Menschen leben hier, teilweise das ganze Jahr. Ein paar Monate auf der dunklen Seite. An der Nordküste der Insel, am Esther Harbour, strandeten 1821 elf Walfänger. Es wurde die erste Überwinterung in der Geschichte des antarktischen Kontinents.

Ruhige See in der Maxwell Bucht am Tag des Marathons. Am Start ist es windig und ein wenig kalt. Aber wie bei jedem Marathon, wenn dir am Start nicht kalt ist, bist du zu warm angezogen. Die Dreifaltigkeitskirche, eher eine kleine Kapelle, ist die südlichste russisch-orthodoxe Kirche der Welt. Um einen hölzernen Wegweiser herum liegen mehrere Walknochen, ein paar Rippen, ein paar riesige Walwirbel. Der Himmel ist grau und die Wolken hängen tief. Wir laufen auf einer 8-förmigen Strecke mit zwei Wendepunkten zu den Stationen China, Chile und Uruguay, zwei Runden in Richtung Uruguay und dreimal in Richtung China. Auch wenn über 92 % der Insel vergletschert sind, werden wir ausnahmslos auf den eisfreien Wegen zwischen den Forschungsstationen laufen. Der Gletscher, der mal ein Teil der Strecke war, ist lange schon zu instabil geworden. Ich mache zu

Beginn noch viele Fotos von der Strecke. Ein Lauf auf Zeit oder Platzierung ist nicht geplant, ich möchte diesen Lauf genießen, schöne Bilder machen, schließlich werde ich hier nie wieder herkommen. Wahrscheinlich, füge ich hinzu. Aber irgendwann im Rennen, es läuft alles so gut, ich fühle mich sehr fit, das Laufen geht mühelos, das darf ja auch nicht sein. Ich beschließe etwas mehr Tempo zu machen. Vielleicht doch auf eine Platzierung zu laufen. Die anderen geben ja auch mächtig Gas, die wenigsten bummeln und flanieren entspannt wie bei einem Neujahrslauf. Was vorher keiner zugeben wollte, im Jetzt und Hier auf der Strecke, schielt jeder auf die eigene Zeit, die Platzierung, auf sein kleines Mikroziel, Altersgruppe oder vier Stunden oder Bester seines Heimatlandes. Und so weiter.

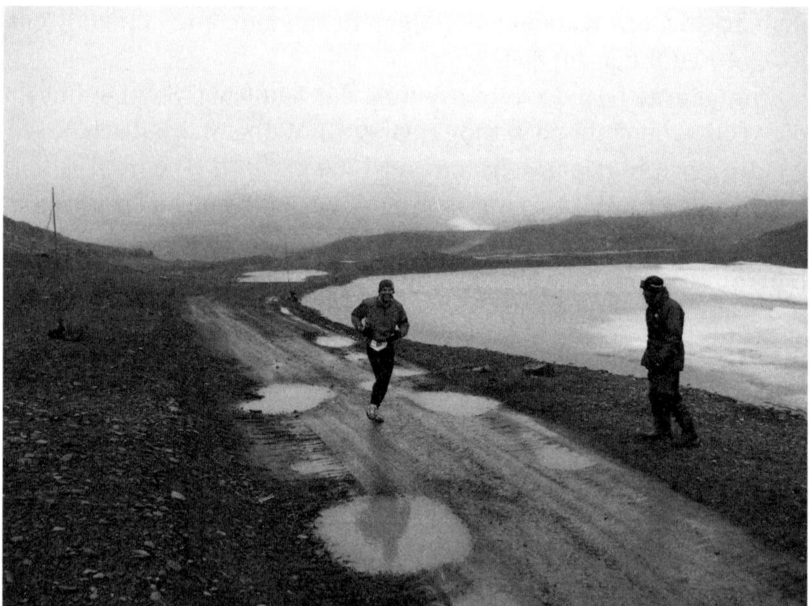

Foto: Marathon Tours & Travel

Es gibt so viele Ziele im Marathon, wie es Teilnehmer gibt. Jeder hat sein eigenes. Start und Ziel sind in der russischen Bellingshausen-Station. Hier haben wir auch unsere Verpflegung deponiert, aus Umweltschutzgründen darf nichts mit auf die Strecke genommen werden. Weil kein Müll zurückbleiben darf, wurden alle Energieriegel schon auf dem Schiff ausgepackt und in wasserdichten Plastikdosen verpackt. Die Russen nehmen uns freundlich lächelnd zur Kenntnis. Bei ihrer Station liegen Start und Ziel. „Good job", erklingt es dann, erst vereinzelt, dann alle, „Good job", sagt einer und der andere antwortet darauf. „Good job". Die Wege sind eine Mischung aus weichem Matsch und Schotter und einigen Gletscherbächen, die überquert werden müssen. Es ist hügelig und das Feld verläuft sich schnell, bald läuft jeder mehr oder weniger alleine vor sich hin. In der gesamten Antarktis gibt es nur zwei Blütenpflanzen, die Antarktische Perlwurz und die Antarktische Schmiele. Beide kommen auf King George Island vor. Es regnet jetzt. Ein Skua attackiert einen Läufer. Die große graubraune Raubmöwe will klarmachen, wer hier zu Hause ist. Dann gibt es einen kräftigen Schneeschauer und starke Windböen. Ich liefere mir über die letzten fünf Kilometer einen harten Kampf mit einem New Yorker Physiotherapeuten. Er hängt mir schon eine Weile im Nacken, aber nun versucht er alles, mich zu überholen. Ich will ihn auf keinen Fall vorbeilassen. Das psychische Moment des Überholt-Werdens. Man holt kurz einmal Luft, nur einen kurzen Schritt ein wenig langsamer werdend, der andere beschleunigt nur ein wenig und schon ist er uneinholbar weg. Nur jetzt nicht nachlassen, er tut es ja auch nicht. Am Ende bin ich knapp vor ihm im Ziel. Die Zeit mit 4h28 viel besser als geplant. Das lag an unserem Zweikampf auf den letzten Kilometern, sonst wäre ich ein wenig entspannter eingetrudelt.

Im Ziel ist es windig und kalt, es gilt, so schnell wie möglich zurück aufs Schiff zu kommen. Duschen, frische Kleider, an die Bar. Der postmarathonale Dreiklang. Ich trinke mein erstes Bier seit acht Wochen. Die Stimmung ist ausgelassen, wir sind wirklich einen Marathon in der Antarktis gelaufen. Es kommt so langsam an im Großgehirn. Die Beine sind müde und der Kopf so herrlich leer, wir bleiben sitzen bis halb sechs. Dann werden wir höflich gebeten, den Platz zu räumen. Es muss für das Abendessen gedeckt werden.

Gegen 19.00 Uhr kommt wieder die Sonne raus. Eine Familie Orcas taucht neben dem Schiff auf. Ihre großen Rückenflossen schimmern golden im Licht der Sonne. Es scheinen drei Stück zu sein, vielleicht genießen auch sie die Sonne. Bald kommt der Winter und dann wird es sechs Monate nicht mehr hell. Nach zehn Minuten sind sie wieder verschwunden.

Der Antarktis-Vertrag schreibt den politischen Status des Kontinents fest, 1959 verhandelt und am 23. Juni 1961 in Kraft getreten. Er untersagt die militärische und industrielle Nutzung aller Gebiete zwischen 60 und 90 Grad südlicher Breite. Womit auch die Frage, was genau zur Antarktis gehört, geklärt sein sollte. Ein ganzer Kontinent, größer als Europa, der ausschließlich friedlich und wissenschaftlich

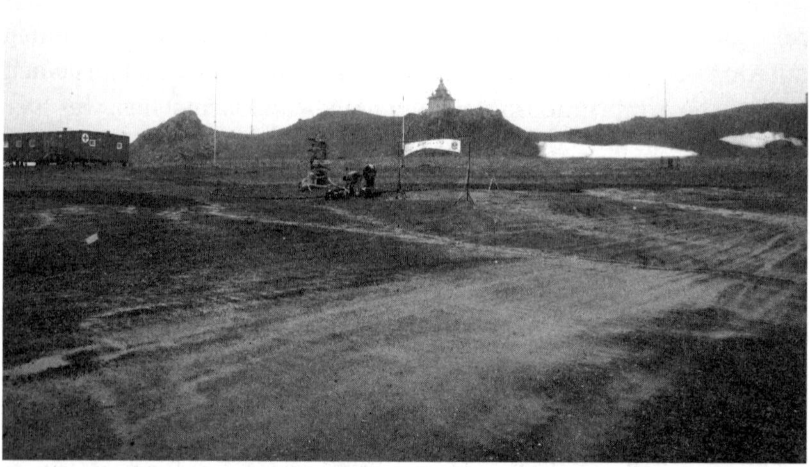

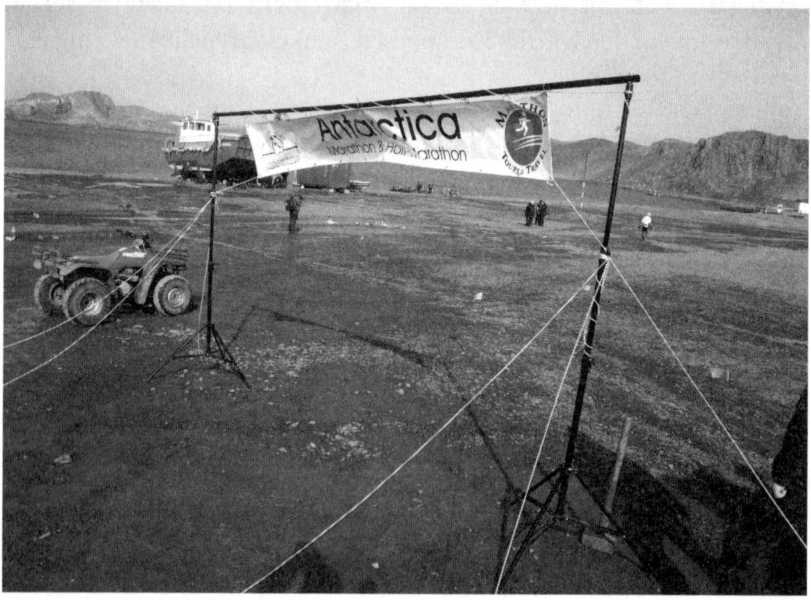

genutzt werden darf. Ursprünglich von 12 Staaten unterzeichnet lief der Vertrag 1991 zunächst aus, wurde mittlerweile aber bis 2041 verlängert. Immerhin 45 Staaten haben unterzeichnet. Die größte Wildnis der Erde muss weiterhin geschützt werden, allen Gebietsansprüchen und wirtschaftlichen Interessen zum Trotz. Doch die Bedrohung wächst, die Gier der Menschen ist einfach zu stark. Noch gibt es zwar keine Ölbohrungen, aber bereits heute werden riesige Mengen Krill von den Fangnetzen der Trawler aus dem Wasser gezogen und noch vor Ort an die Reefer, fabrikartige Kühlschiffe übergeben, die den Fang zur Weiterverarbeitung in Omega-3-Fettsäure-Kapseln an Land bringen. Weil der Krill die Lebensgrundlage für das gesamte Leben im Wasser der Antarktis ist, gefährdet diese Art der Fischerei nicht nur das Leben der Wale, Pinguine, Robben, sondern das gesamte Ökosystem. Dabei wäre Krill gar nicht erforderlich. Selbst Leinsamen enthalten ausreichende Mengen an Omega-3-Fettsäuren. „Das Marketing für Omega-3-Pillen ist sich nicht zu schade, sogar mit Kaiserpinguinen auf der Verpackung zu werben", sagt die Greenpeace-Expertin Sandra Schöttner dazu.

Schwarze zackige Felsformationen auf Cuverville Island bilden einen harten Kontrast zum weißen Schnee. Silbrig bricht sich das Sonnenlicht auf dem dunklen Wasser. Felsen und Eis, Schnee und Wasser. Ein Antarctical Haiku. Hier gibt es eine der größten Ansammlungen von Eselspinguinen der gesamten Antarktis. Weil sie eisfreie Flächen brauchen, um ihre Eier auszubrüten, profitieren sie gerade vom Klimawandel, ihre Anzahl hat sich in den letzten Jahren vermehrt. Da das ganze Leben hier vom Eis abhängt, vom Krill bis zum Orca und dem Buckelwal, gilt langfristig natürlich auch für sie das Lebensprinzip der Antarktis. Verschwindet das Eis, verschwindet das Leben. Die Eisberge liegen mächtig und fast ein wenig arrogant im Wasser. Wie viele Farben und Schattierungen dieses Eis haben kann. Klar und blau, weiß, gräulich. Matt oder funkelnd, einem Prisma gleich. Am Nachmittag landen wir auf Danco Island. Hier sind Eis und Schnee rötlich, vielleicht von einer Schneealge. Die Fußspuren bleiben oft jahrelang im Moos zu sehen, daher wird von den wissenschaftlichen Begleitern peinlich genau darauf geachtet, wo man hingeht. Im Hintergrund liegen die Pinguine auf alten Walknochen am Strand. Wir betreten aus Versehen eine ihrer Kolonien, weil wir uns unterhalten und nicht genug auf den Weg geachtet hatten und kassieren dafür einen gehörigen Anpfiff. Im Neumeyer Kanal schwimmt schon ziemlich viel See-Eis zwischen den Eisbergen. Es ist Herbst. Bald wird es viel dunkler und sehr viel kälter. Die Klippen des Kanals ragen schwarz und weiß bedeckt in die Höhe. Die Landung auf Port Lockroy ist wegen des starken Windes nicht möglich. Wir haben wirklich Glück gehabt, dass wir den Lauf schon absolviert haben. Auch darauf stoßen wir am Abend an, mit großen Mengen Bier und Gin und Whiskey.

Wer einen Marathon auf allen sieben Kontinenten gelaufen ist, kann Mitglied im Seven Continents Club werden. Wer heute seinen siebten gelaufen ist, bekommt bei der Siegerehrung zusätzlich die riesige Medaille. Und ein Jeanshemd mit einem überdimensionierten Aufnäher.

„Auf wie vielen Kontinenten bist du denn schon gelaufen?“, werde ich gefragt.

„Auf einem“, sage ich.

Jeder lacht. Keiner glaubt mir das. Die Antarktis wird mein zweiter Kontinent, ich bin immer nur in Europa gelaufen. Ich bin der einzige auf dem Schiff mit nur einem Kontinent. Und wie viele Marathons insgesamt? Muss ich auch nicht lange überlegen. Zehn. Noch mehr Lachen. Wir stoßen an, auf meinen zweiten Kontinent.

Bei Neko betreten wir die Peninsula, die antarktische Halbinsel und damit erstmals den Kontinent. Von den riesigen Gletschern tropft das schmelzende Eis, als würde es von oben in Strömen regnen. Die Gletscher der Antarktis schmelzen. Man kann es sehen. Ich habe es gesehen, ich kann es bezeugen. Die antarktische Küstenlinie ist länger als der Erdumfang am Äquator und besteht fast nur aus Gletschern und Schelfeis. Ein kleiner Rest sind eisfreie Felsen oder schwarze Strände. Zum Südpol ist es von hier noch sehr weit wie auch zum Pol der Unzugänglichkeit, dem Punkt, der am weitesten von einer antarktischen Küste entfernt ist.

Das Wetter wird schlechter, der Wind stürmischer. Aber was heißt hier schon schlecht. Es sieht alles fantastisch aus. Gruppen von Pinguinen im Wasser, auf dem Eis. Robben und Eisberge. Unwirklich fühlt es sich an. Wir schaffen es auch noch nach Port Lockroy. Am Jungle Point liegt ein aus Knochen zusammengelegtes komplettes

Walskelett mit dem Kopf. Über allem weht die britische Flagge. Als wären die großen Entdecker noch hier. Im kleinen Museumshop kaufe ich zwei Postkarten und werfe sie in einen roten Briefkasten, der so auch in London stehen könnte. Nach Hause schreiben. Weil die letzte Post aber gestern schon raus ging, müssen die Karten jetzt hier überwintern. In einem halben Jahr werden sie vielleicht ihr Ziel in Europa erreichen. Am Nachmittag gibt es ein Bar-B-Q auf dem Schiffsdeck. Anbetung des offenen Feuers. Grillfleisch und Burger und kaltes Bier aus Flaschen, im Hintergrund das Meer und bizarr geformte Eisberge. Auf einem schläft eine Robbe.

Erst einmal war es in der Antarktis wärmer als 20 Grad Celsius, der Kälterekord liegt bei minus 98.6 Grad Celsius. Es ist die trockenste, kälteste, stürmischste und größte Wüste der Erde. In der Zentralantarktis fallen weniger als 50 mm Niederschlag im Jahr, und weil es weniger als 254 mm jährlich hat, gilt der ganze Kontinent als Wüste, 14 Millionen Quadratkilometer, das entspricht der Fläche der USA und Mexiko zusammen. Und obwohl an den Küsten und den vorgelagerten Inseln die Niederschläge etwas zunehmen, bleiben sie weit entfernt vom Hamburger Mittel mit 800 mm. Am trockensten Ort der Erde, dem McMurdo Dry Valleys, gab es schon seit 2 Millionen Jahren keinen Regen mehr. Die katabatischen Winde, die vom antarktischen Eispanzer aus mehreren Tausend Metern Höhe in Richtung Ozean herunterfließen, erreichen häufig Windgeschwindigkeiten von über 300 km/h, das gemessene Maximum betrug 372 km/h. Die Beaufort-Skala zur Einteilung von Windgeschwindigkeiten endet bereits bei 12 Bft, einer Windstärke von über 117 km/h. Da kann die Antarktis nur müde lächeln. Das ist hier ein laues Lüftchen. Siebzig Prozent der Süßwasservorräte der Erde sind hier in einer fast 5.000 Meter dicken Eisdecke eingefroren. Ein Abtauen des gesamten Eises der Antarktis würde aus der Erde einen Wasserplaneten machen, der Meeresspiegel um 60 bis 70 Meter ansteigen. Nicht vorstellbar. Warum das niemandem Angst zu machen scheint, ist ebenso wenig vorstellbar.

Vor unseren Augen ein Paradies des Lebens. Adeliepinguine, Esels- und Zügelpinguine, nur die großen Kaiserpinguine werden wir nicht sehen. In der Luft schweben stolze Riesensturmvögel und Königsalbatrosse, das Meer wird durchpflügt von Orcas und Buckelwalen. An den Stränden der Inseln und der Halbinsel versammeln sich große

Herden von Seeleoparden und Krabbenfresserrobben. Eine der letzten Wildnisse dieser Erde und die größte zusammenhängende, die es noch gibt. Ist eine Welt ohne Menschen nicht der natürlichere Zustand der Erde, wenn sich die Natur nur mit sich selbst beschäftigt? Es könnte ein vollkommenes Paradies sein, wenn wir den Planeten denn wie eines behandelten.

In der Ferne liegen große eisbedeckte Berge, davor ankert unser Schiff. Eine unwirkliche Szenerie auf Peterman Island. Ein kleines Kreuz steht neben einer Hütte aus Holz. Den Spuren der anderen folgend begegnen mir zwei Pinguine. Die beiden stehen nebeneinander und starren mich an. Eine Begegnung mit Außerirdischen, möglicherweise haben die beiden noch nie einen Menschen gesehen. Minuten vergehen, in denen wir einander schweigend betrachten. Eine Kommunikation ist nicht möglich. Ich bleibe stumm stehen. Schaue in ihre schwarzen Pinguinaugen. Die Zeit steht still. Zwei Lebewesen aus einer fremden und harten Welt. Ich werde nie erfahren, was sie bei meinem Anblick gedacht haben. Sie sehen nicht so aus, als hätten sie Angst, ich würde sie fressen. Vielleicht überlegen sie, wie sie mich fressen könnten? Dann drehen sich die beiden um und watscheln gemeinsam davon, fast Hand in Hand. Werden sie am Ende des Winters noch am Leben sein, Eltern vielleicht? Ob sie ein Paar waren und was empfindet ein Pinguin für seinen Partner? Gibt es Persönlichkeitsstörungen bei Pinguinen? Egozentriker und Narzissten? Sieht für einen Pinguin jeder Pinguin anders aus? Die beiden verschwinden, wir hinterlassen unsere Abdrücke im Schnee. Ich mache ein Bild unserer Fußspuren im Schnee. Die Fußspuren der Apollo Astronauten auf dem Mond werden noch vom Menschen zeugen, wenn es uns vielleicht schon lange nicht mehr gibt. Wir müssen zurück zum Schiff.

Ein Sturm zieht auf. Der letzte Landgang wird abgesagt. Die Reise ist zu Ende. Wir müssen uns auf den Rückweg machen, sonst kommen wir nicht mehr durch die Drake Passage, die Wellen seien jetzt schon über zehn Meter hoch. Die Anker werden eingezogen, das Schiff richtet sich nach Norden und die Maschinen bringen es in Bewegung. Es geht zurück.

Wir laufen noch ein paar letzte Runden an Deck über den Promenade Curcuit mit den hölzernen Bohlen, nur das schmale Holzgeländer zwischen uns und dem schon zunehmend wilder werdenden Meer. Die GPS-Uhren zeichnen Spiralen in die Landkarte des Meeres. Manchmal verliert man richtiggehend den Boden unter den Füßen wegen des heftigen Aufs und Ab der Wellen. Wie in einer Schiffschaukel früher. Wir gehen schließlich rein und ernten Kommentare, die nicht höflich klingen. Es ist aber auch klar, wer jetzt über Bord geht, stirbt. Ein wahrer point of no return. Das Wasser ist zu kalt, die Wellen mehrere Meter hoch. Ein kleiner Menschenkopf ist da nicht mehr zu finden. Ein letzter Unerschrockener läuft weiter. Er wird schließlich in harschem Ton hereinbestellt. Danach werden alle Türen nach außen verriegelt. Ein Sturm zieht auf und wir fahren ihm entgegen. Mitten hinein, wir müssen ihn durchqueren. Es gibt keinen anderen Weg nach Hause. Und hier bleiben können wir leider nicht.

„Wir sind das einzige Schiff in der Passage", sagt der Kapitän lachend, als wir auf der Brücke stehen und in das nächste Wellental fallen. Ich stelle mir kurz das irre Lachen von Kapitän Ahab vor, der durch einen solchen Sturm auf der Jagd nach Moby Dick über Leichen gehen würde. Über unsere Leichen. Die Vision verblasst wieder. Unser Kapitän ist nett, er ist kein Ahab, und er jagt auch keinen weißen Wal. Er ist einfach ein netter Typ. Es ist wie der freie Fall einer Achterbahn, dann geht es wieder hoch, und der nächste Absturz. Ab und zu kommt eine kleinere Welle dazwischen und schlägt mit eiserner Kraft auf das Schiff, das spürbar erzittert, aber sich nicht unterkriegen lässt.

„Wenn jetzt etwas passiert?" fragt einer. Das was dann bleibt unausgesprochen.

Die Antwort kennt ja auch ein jeder.

„Nun ja, bei dem Sturm können die Hubschrauber nicht fliegen und bis ein anderes Schiff hier ist …"

Wir stehen auf der Brücke und blicken auf die aufgewühlte See. Es fühlt sich trotz Sturm und hohem Wellengang sehr gut an, hier zu sein. Nirgendwo wäre ich heute lieber. Mitten auf dem Meer, Kurs Nord, nach Kap Hoorn. Das Schiff taucht wieder in eine Welle hinein, die Gischt spritzt über die Scheiben, man geht ein wenig in die Knie, um das abzufangen. I brake for Whales, steht auf einem Aufkleber unter dem Maschinentelegrafen. Natürlich gibt es keinen Maschinentelegrafen mehr, die Geschwindigkeit wird direkt von der Brücke mit einem Fahrstufenregler gesteuert. Überlebt haben Maschinentelegrafen heute nur noch in Atom-U-Booten. Da, wo man sie am allerwenigsten vermuten würde, ist ihre altmodische Art doch noch von Nutzen.

So ruhig wie sie bei der Hinfahrt war, so stürmisch wird es nun auf der Rückfahrt. Zehn, zwölf Meter hohe Wellen, 30 Stunden lang. Schlafen ist unmöglich, weil man sonst aus dem Bett fällt. Lesen geht auch nicht, weil man sich im Sessel festhalten muss. Die Bar wird geschlossen, es gibt keinen Bedarf. In den Gängen steckt alle zwei Meter eine Brechtüte. Die meisten bleiben für die nächsten Stunden in ihren Kabinen.

Berge aus Wasser und Luft umgeben uns, die Drake Passage macht klar, warum man sie fürchten sollte und wofür sie gefürchtet wird. Wie wäre das hier auf einem Segelschiff? Wenn eine zweite Welle in zu kurzem Abstand unter das Schiff rollt, gibt es einen gewaltigen Schlag und das Schiff wackelt und vibriert. Ich frage W., ob wir gerade mit einem Wal kollidiert seien, der gleich in der Mitte durchtrennt links und rechts am Boot vorbeifliegt. Oder die Tentakel eines Riesenkalmars. Oder Moby Dick, wie er mit dicken Zornesfalten auf der schneeweißen Stirn auf uns zurast, weil er denkt, es wäre die Pequod, Kapitän Ahabs Schiff. Aber dann war es doch nur wieder eine Welle. Das Bullauge unserer Kabine verschwindet fast unter Wasser, so sehr schaukelt es. Wir können nichts tun, nichts lesen und nichts trinken und nach draußen gehen schon gar nicht. Also bleiben wir in unserer Kabine und warten das Ende des Sturmes ab.

Zwei Tage später scheint die Sonne wieder und das Meer ist deutlich ruhiger. Wir haben den Sturm durchquert und hinter uns in der Drake Passage gelassen. Folgerichtig wird die Bar geöffnet. Am Horizont erscheinen weit entfernt die Umrisse von Kap Hoorn. Der Holländer, der es erstmalig im Jahr 1616 umsegelte, benannte es nach seiner Heimatstadt Hoorn. Das Meer war hier schon immer rauh und unberechenbar und wurde über die Jahrhunderte zu einem großen Schiffsfriedhof. Die Seelen der ertrunkenen Seeleute sollen der Legende nach in den geheimnisvollen Albatrossen weiterleben. Ein Gedicht der Chilenin Sara Vial steht zweisprachig auf einer Tafel am Kap Hoorn Monument. „Ich bin der Albatros, der auf dich wartet am Ende der Welt. Ich bin die vergessene Seele der toten Seefahrer, die von allen Meeren der Erde kamen, das Kap Hoorn zu umschiffen. Aber sie starben nicht in den tosenden Wellen, sie fliegen heute auf meinen Schwingen der Ewigkeit entgegen mit dem letzten Aufbrausen der antarktischen Winde." Ich muss noch einmal wiederkommen und Kap Hoorn betreten. Den Albatros treffen, der am Ende der Welt auf uns wartet. Albatrosse hatten uns die ganze Reise mit dem Schiff über auf dem Meer begleitet. Vielleicht haben sie ja ein wenig auf uns aufgepasst, die Seelen der alten Seefahrer.

In Frankfurt zurück trinken W. und ich kaltes Bier und essen dick belegte Sandwiches.

„Das hat ja wirklich sehr gut gepasst", meint W. sichtlich zufrieden, „erst den Nordpol Marathon und dann einen in der Antarktis. Das gehört ja eigentlich zusammen."

Ich folge jedes Jahr nur zu gerne dieser Logik als Rechtfertigung für unser so unlogisches Handeln. Und bis W. und ich uns irgendwann irgendwo wiedersehen, laufen wir halt ein paar Marathons und führen unser sonstiges Leben irgendwie weiter. Was bleibt uns auch anderes übrig.

Bangkok (13°45'N, 100°31'O)

Mitte November. Bangkok Marathon. Dem grauen trüben Herbst ein wenig entfliehen, in eine Traumwelt, eine wundersame Scheinherrlichkeit. „In die Residenz des heiligen Juwels des Smaragd-Buddhas, in die Heilige Stadt Gottes, geschmückt mit neun wertvollen Edelsteinen und reich an gewaltigen königlichen Palästen". Ein Ausschnitt aus dem zeremoniellen Namen der Stadt, mit 169 lateinischen Buchstaben der längste Name einer Hauptstadt weltweit. Die Einheimischen nennen ihre Hauptstadt Krung Thep nach den ersten beiden Worten des langen Namens. Stadt der Devas heißt das übersetzt, das sind geflügelte göttliche Wesen und klingt ein wenig nach Engeln, Stadt der Engel, es gibt also zwei davon, eine im Westen, eine im Osten, das haben sie schlau gemacht. In weiten Bögen fließt auf 400 Metern Breite der Chao Phraya, der Fluss der Könige durch die Stadt und bringt ihr den Schlamm aus dem Dschungel. Kinder schwimmen in der Nähe des Ufers, man sieht nur ihre Köpfe im braunen Wasser. Um den größten und ältesten Tempel der Stadt herum finden sich berühmte Lehrstätten für traditionelle thailändische Massagen, von denen die ganze Stadt voll ist. „Massage, Massage“, klingt es aus jeder Ecke, „Massage, do you want a Massage“, man kann dem kaum entgehen. Im Inneren der Tempelhalle ruht ein riesiger goldener Buddha auf der rechten Seite liegend, die Fußsohlen mit Perlmutt geschmückt. Ein fast 80 Meter hoher Turm mit bunten Kacheln beherrscht das Bild der Stadt und ist am besten vom Fluss aus zu sehen. Für die Details der gekachelten Bilder vom Leben Buddhas muss man die steilen Treppen bis an die Spitze des Turms besteigen. Wat Arun, der Tempel der Morgenröte für den Gott der Morgenröte. Er soll einer der ältesten Tempel Bangkoks sein. Märchenhaftes Thailand, die Pracht der Tempel, die warme und schwüle Luft, das Lächeln, das scharfe Essen und das kalte Singha Bier.

Ein paar Tage im November der Realität zu entfliehen, ist keine schlechte Idee. Es mag andere Möglichkeiten geben, ein verlängertes Wochenende zu verbringen oder einen Marathon zu laufen, bessere mit Sicherheit nur wenige. Nach dem zehn Stunden dauernden Flug landet man im goldenen Land, so heißt der Flughafen Suvarnabhumi. Mit nur fünf Stunden Zeitverschiebung kann man am frühen Nachmittag dort sein, wenn man durch die Nacht geflogen ist, was ja ohnehin die beste Art des Langstrecken-Fliegens ist. Shangri-La ist ein mythischer Ort in Tibet aus dem Roman *Der verlorene Horizont*, ein Synonym für das Paradies. Mein Shangri-La in Bangkok ist das Hotel und es wirkt von außen mit den zwei Betonblöcken ganz und gar unparadiesisch. Aber die Gebäude sind von einem riesenhaften tropischen Wundergarten umgeben, der sich fast über eine Viertelmeile am Ufer des Flusses entlang zieht. Steinerne Elefantenfiguren säumen die gewundenen Wege, vorbei an Springbrunnen aus Fischen und Drachenschlangen, spitzhütigen Lampen und weinroten Sonnenschirmen. Der Garten ist eine Wolke aus tropischen Farben, Palmen und hölzernen Liegestühlen mit dicken weichen Auflagen. Im Hotel sind die Wände mit Seide bezogen, die Vorhänge aus Samt und dicke Teppiche verschlucken jedes Geräusch. Statuen aus Holz und Gold und bunten Glassplittern beobachten das Geschehen. Die Balkone schweben wie Waben frei in der Luft. Die goldene Kuppel des State Tower spitzt um die Ecke zwischen den Häusern hervor.

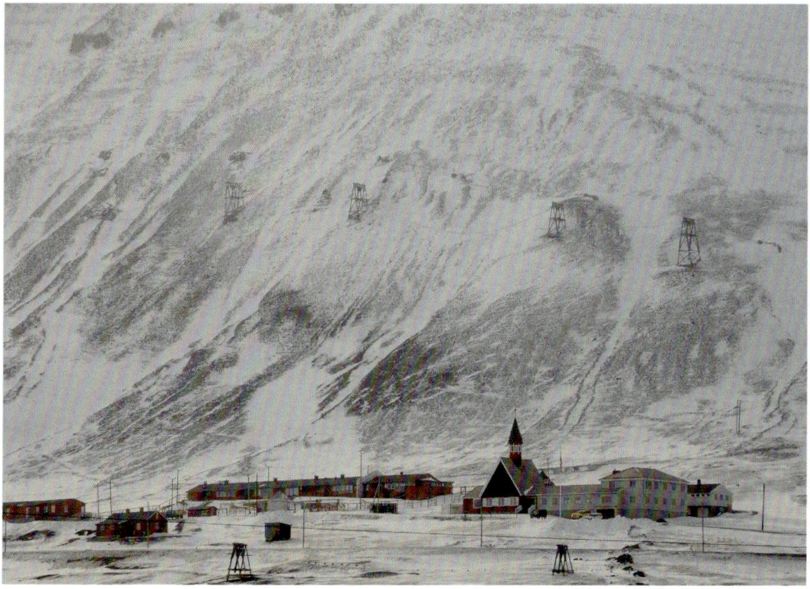

Panoramablick in das Tal von Longyearbyen mit Svalbard Kirke und industriellen Gerippen am Hang

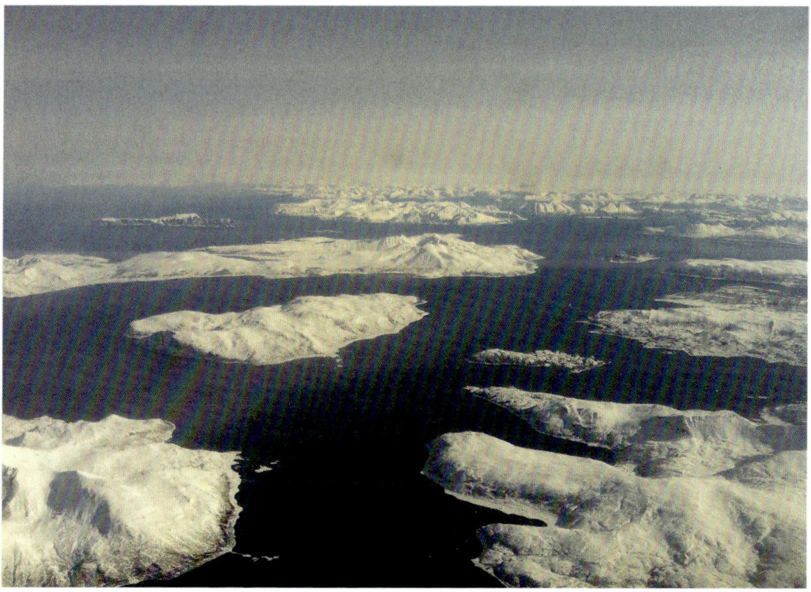

Schnee- und eisbedeckte Inseln Spitzbergens auf dem Flug zum Nordpol

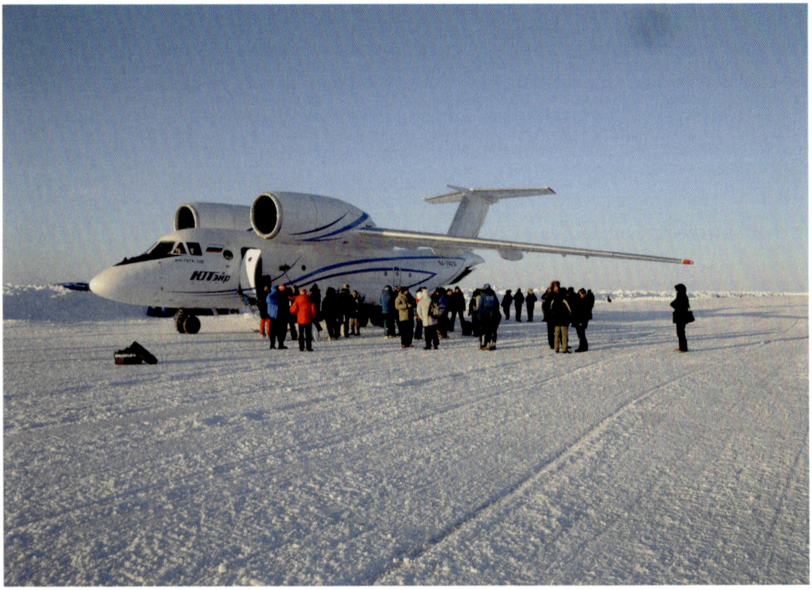

„All Doors in Park", mit laufenden Triebwerken erfolgt das Deboarding der Antonov

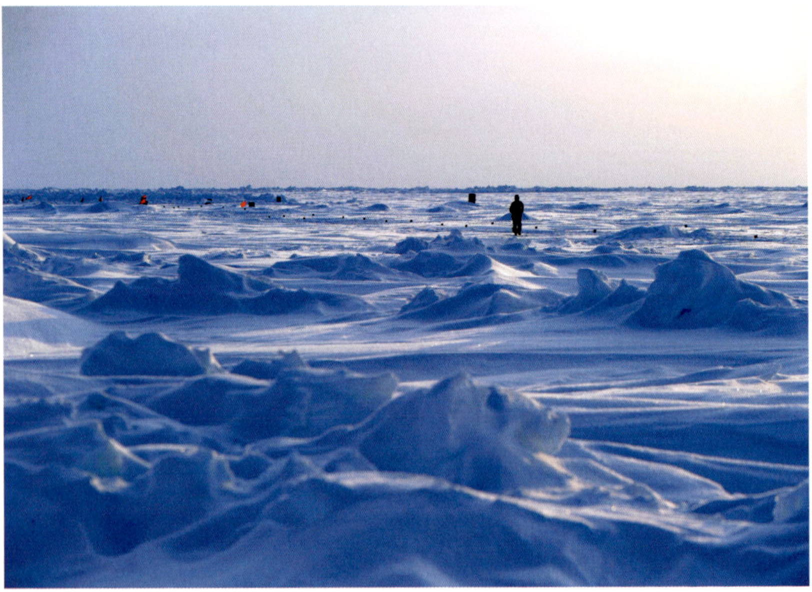

Foto: Mike King

Die Einsamkeit der Langstreckenläufer auf dem Nordpolarmeer

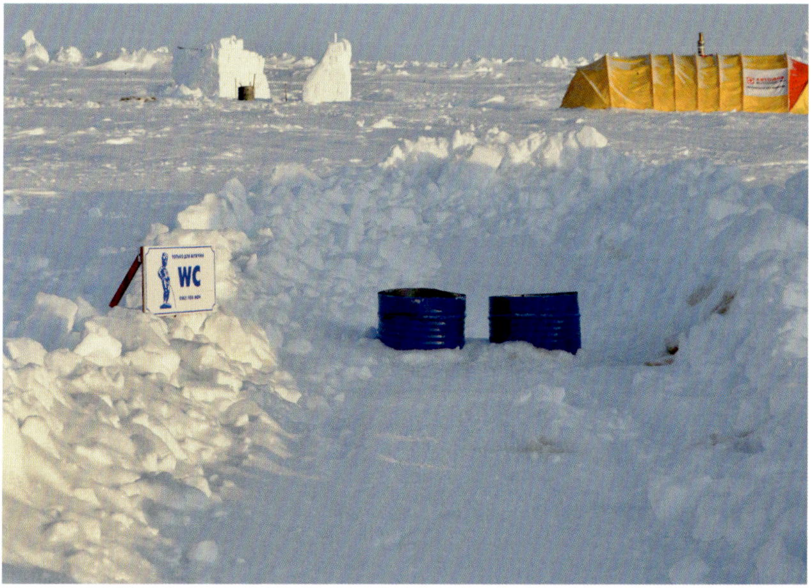

Manneken Pis im Camp Barneo

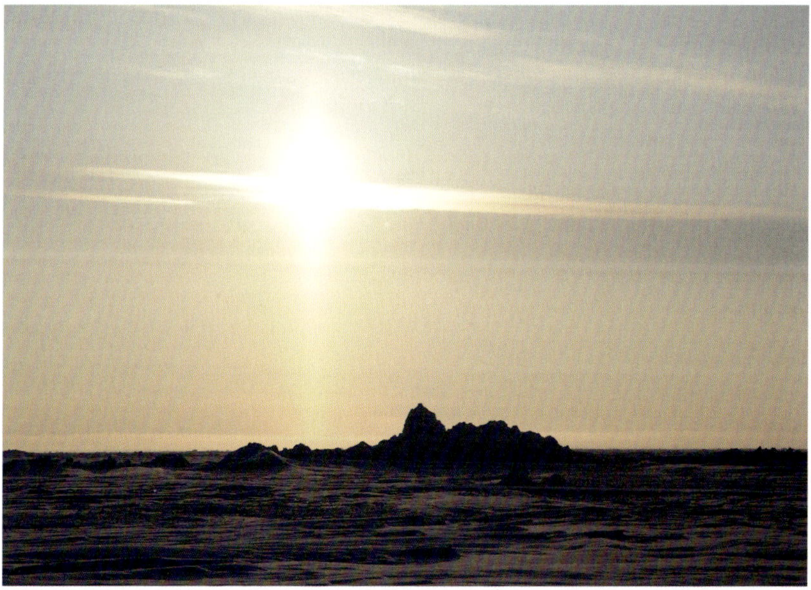

Die Sonne steht wie ein Kreuz über dem Nordpol

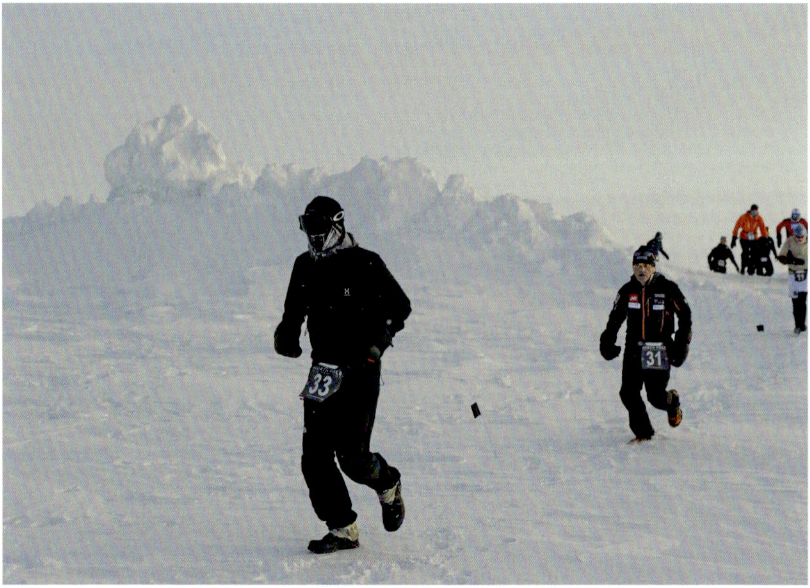

Foto: Mike King

Der Autor (Nr. 33) auf der Strecke, das Bild täuscht über die wahre Position im Rennen

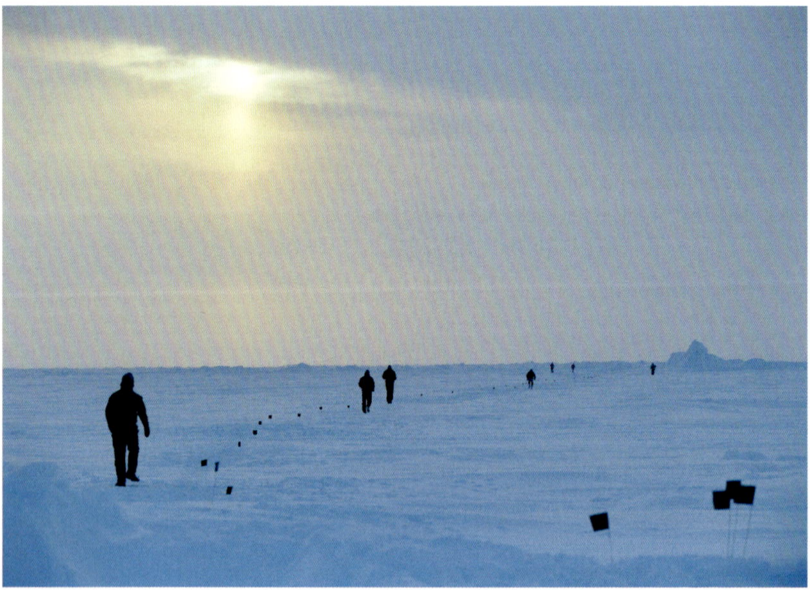

Foto: Mike King

Der mit Fahnen markierte Weg durch Eis und Schnee

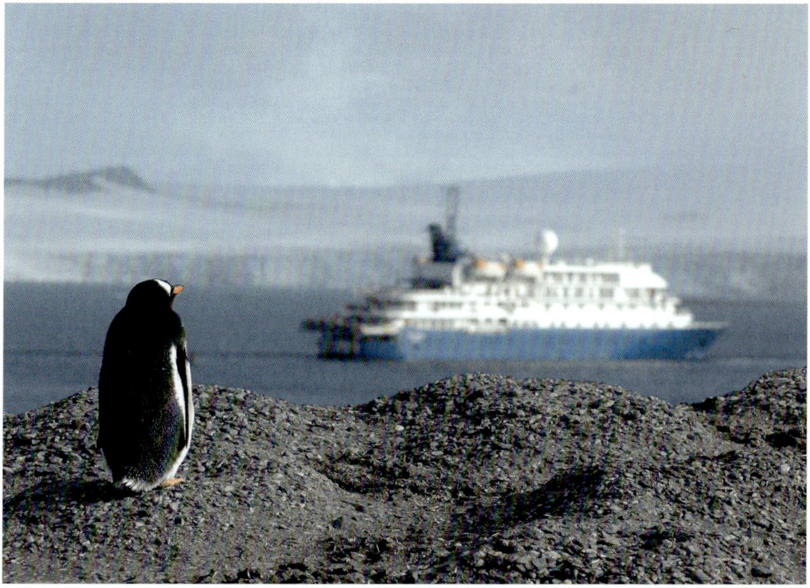

Ein einsamer Wachposten beobachtet unsere Ankunft in der Antarktis

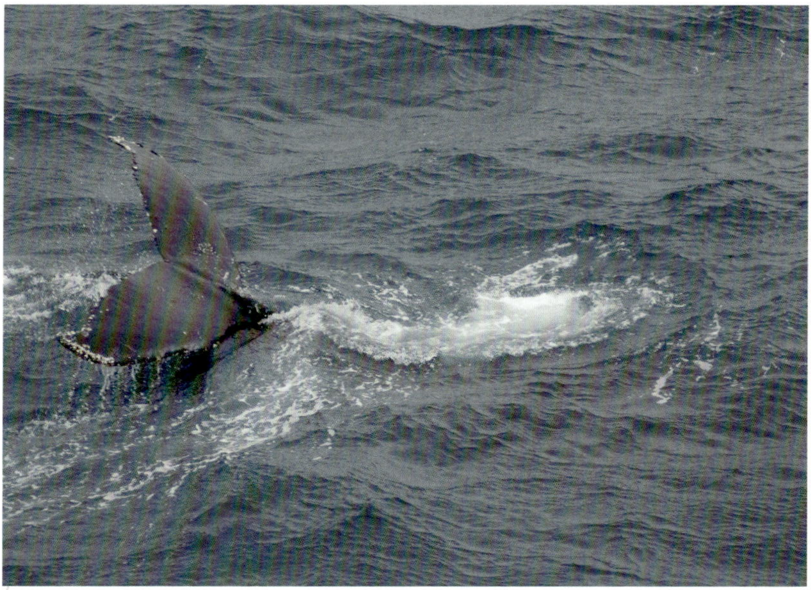

Singende Buckelwale begleiten unsere Fahrt

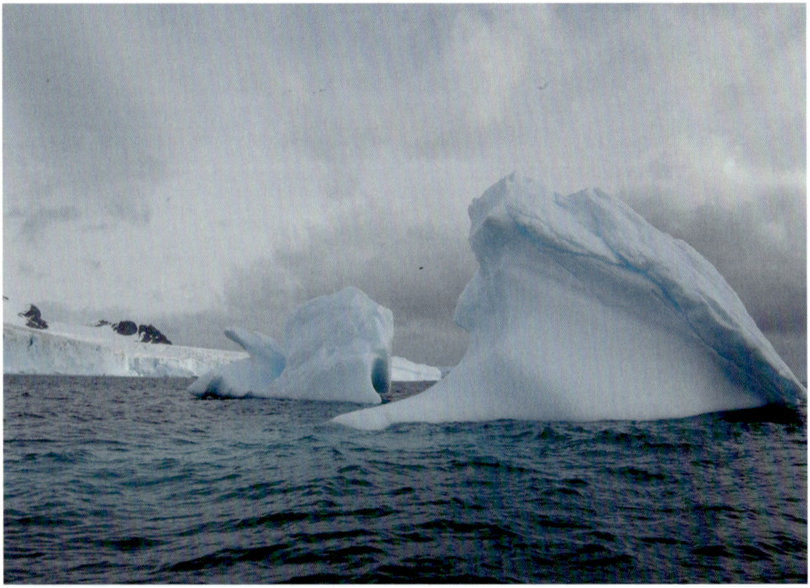

Die letzte echte Wildnis dieser Erde ist der antarktische Kontinent

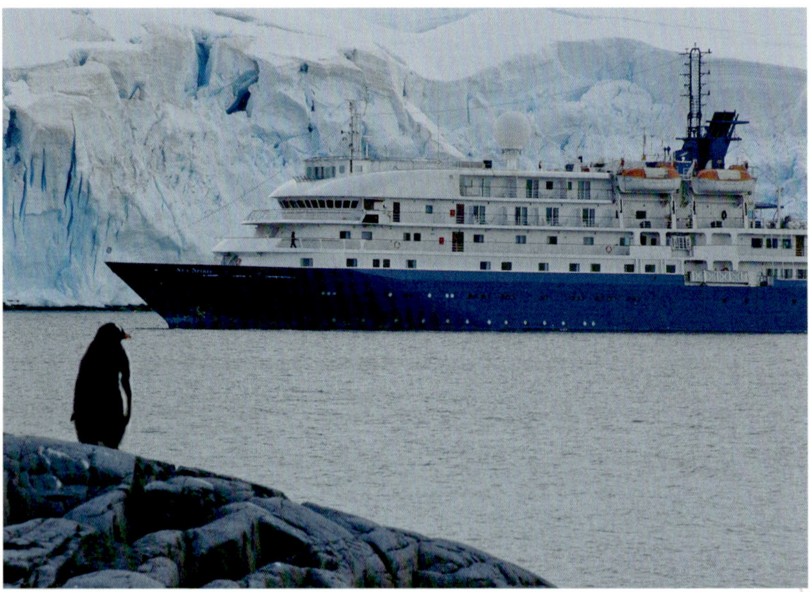

Die Pinguine sind auf der Hut, der nächste Wachposten lässt uns nicht aus den Augen

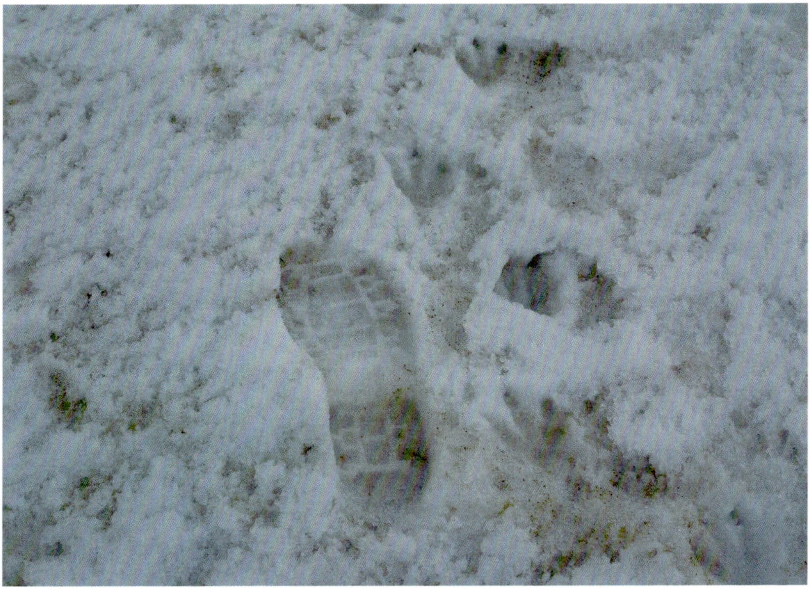

Spuren einer außerirdischen Begegnung von Pinguin und Mensch

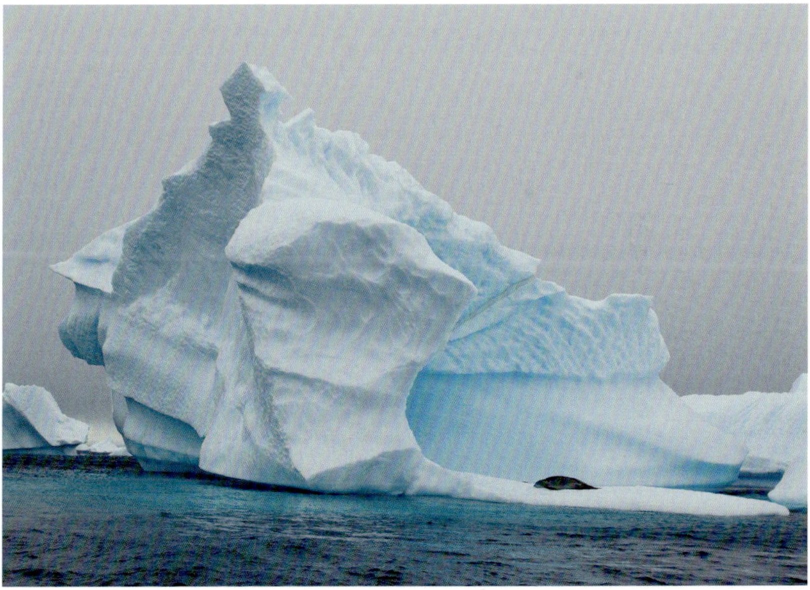

Ein kubistisches Stillleben aus Eisberg und schlafender Robbe

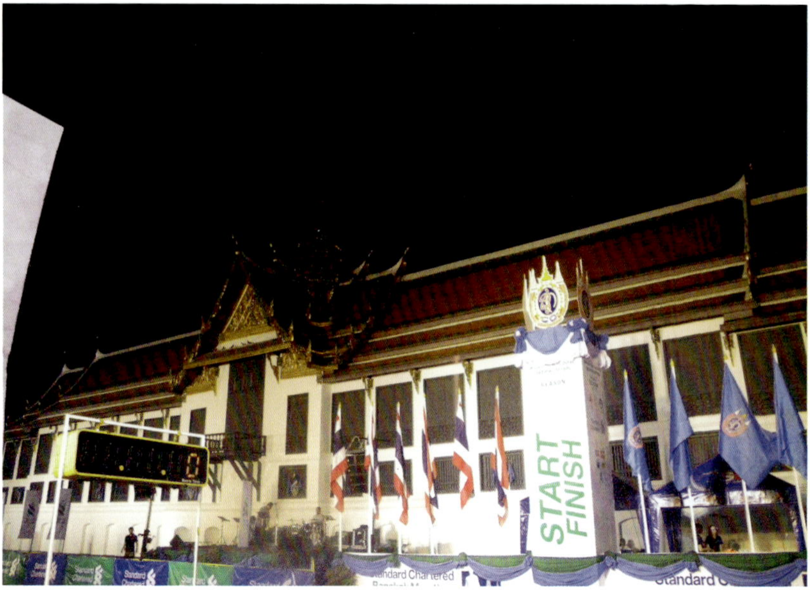

Start zum Bangkok Marathon am Großen Palast

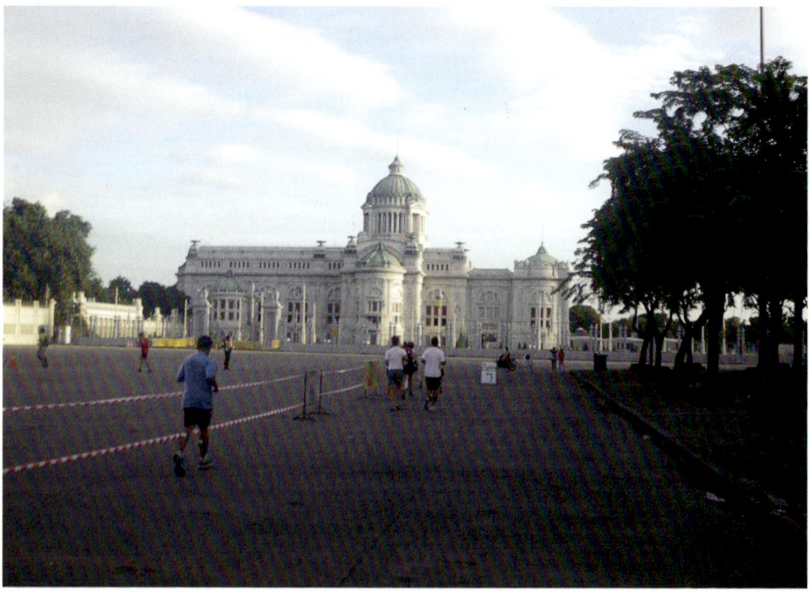

Die mit Carrara-Marmor verkleidete Anantasamakhom-Thronhalle

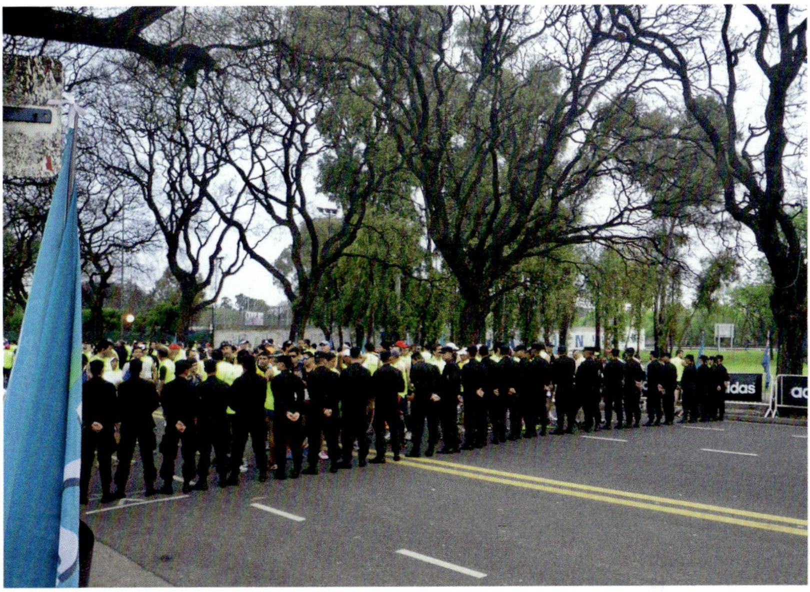

Polizisten bilden eine menschliche Startlinie beim Buenos Aires Marathon

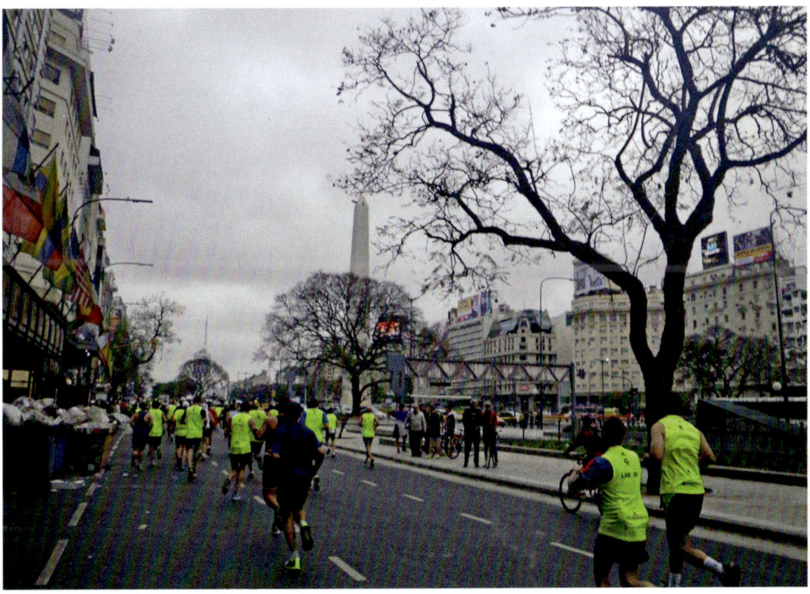

Über die Avenida 9 de Julio, im Hintergrund „El Obelisco"

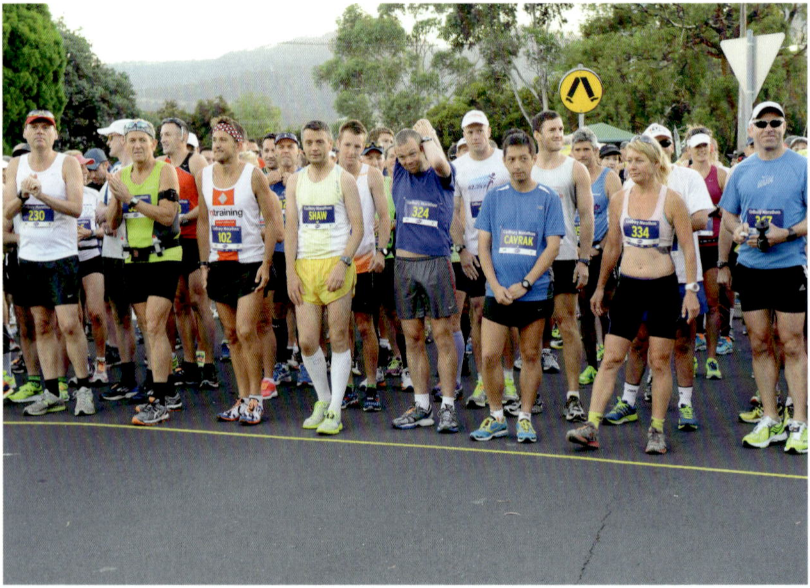

Foto: Athletics Tasmania

Der Autor (ganz links) in erster Reihe beim Cadbury Marathon in Hobart

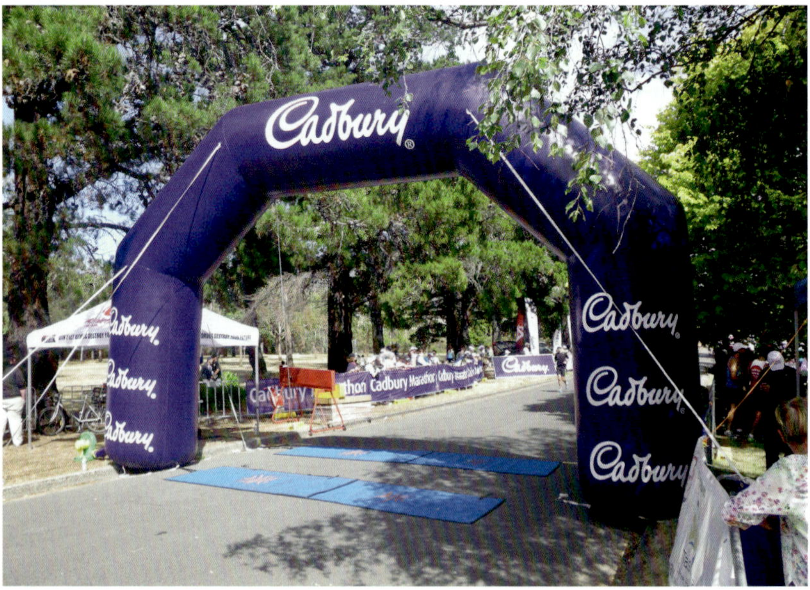

Tasmanischer Zielbogen in den Farben der Schokoladen-Fabrik

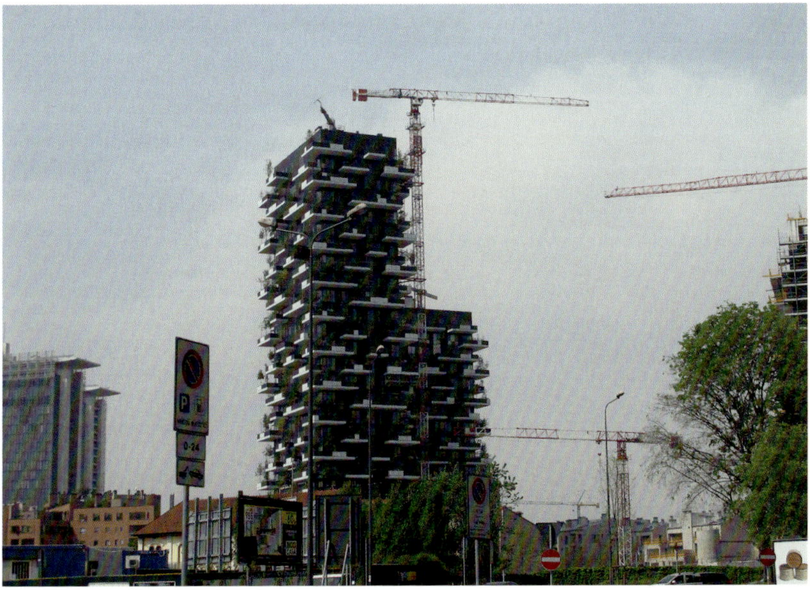

Entstehende Neubauten in Mailand

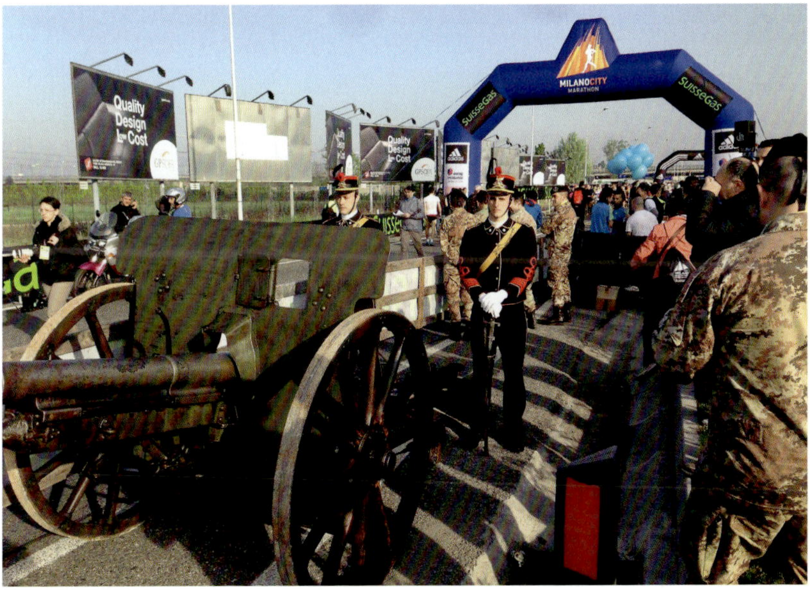

Vorbereitungen zum Startschuss à la Italia

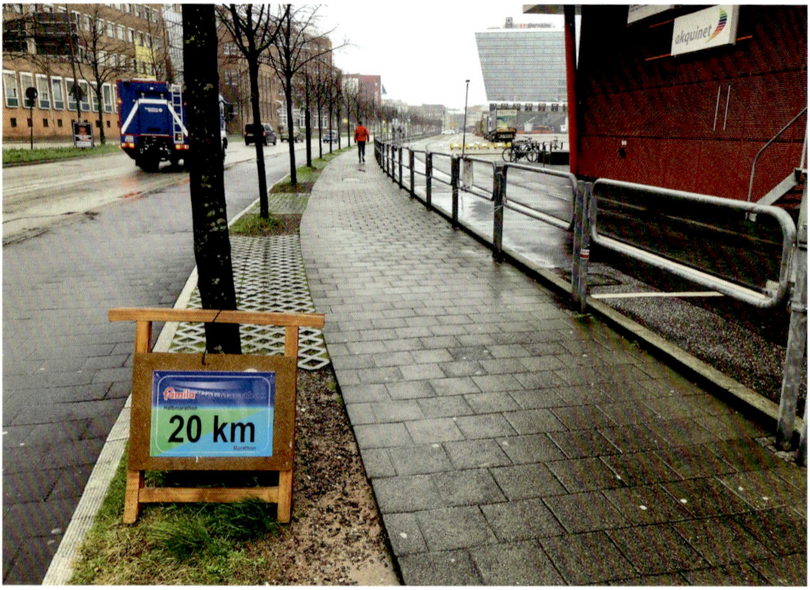

Streckenmarkierung beim Kiel Marathon

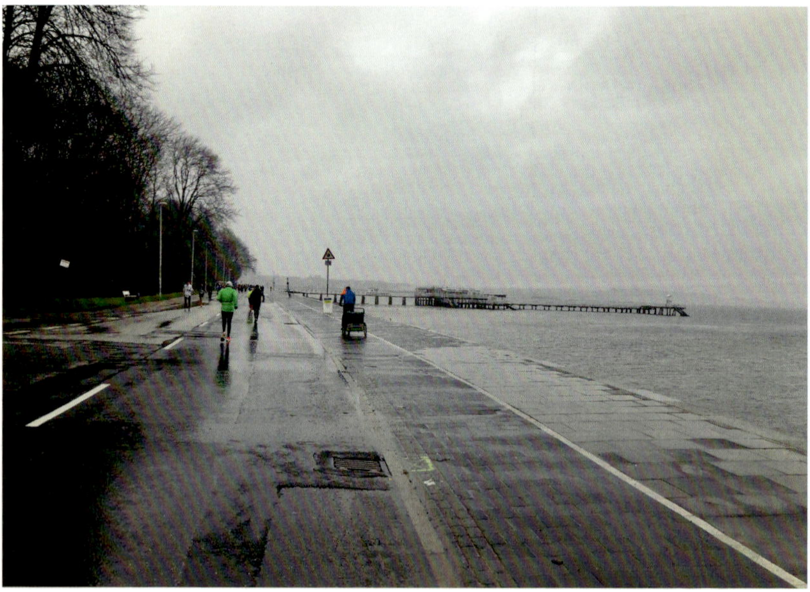

Düstere Februar-Atmosphäre an der Kieler Förde vor dem Seebad Düsternbrook

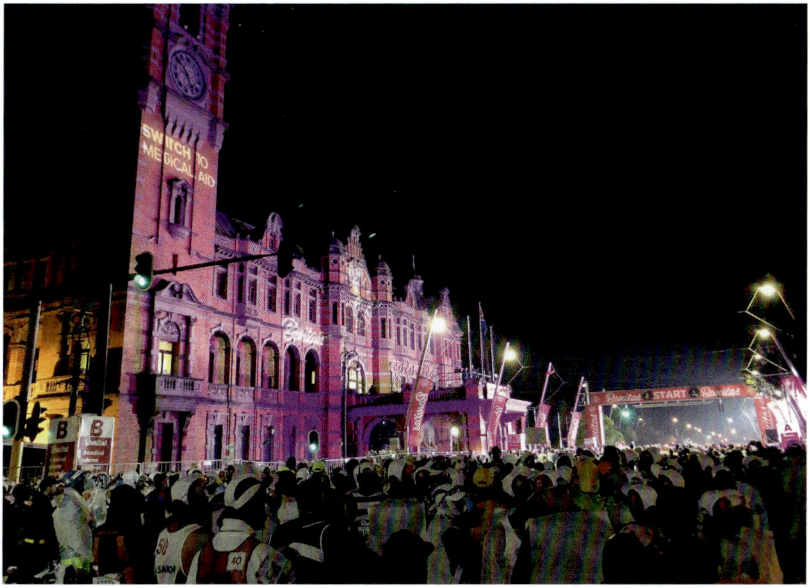

Wenige Minuten bis zum Comrades Marathon vor dem Rathaus in Pietermaritzburg

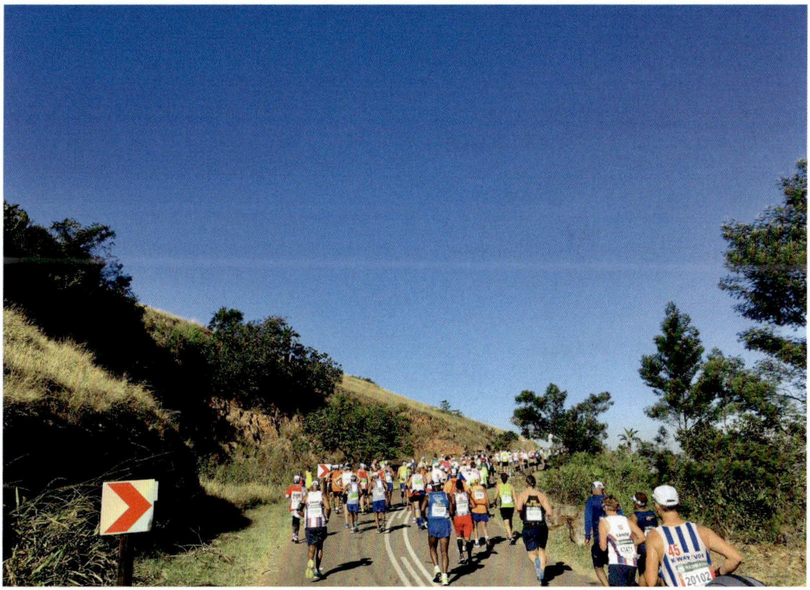

Die Eroberung des Inchanga „by fair means"

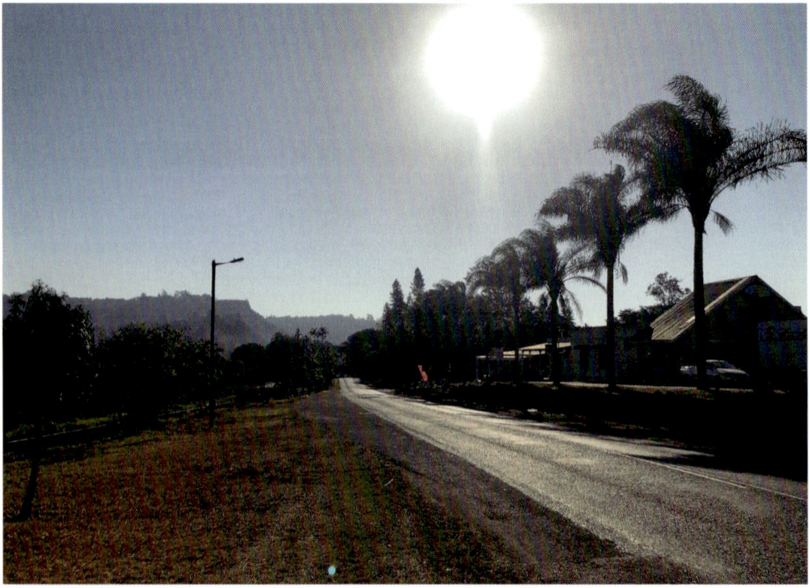

Die Menschenlosigkeit in Drummond bei einer privaten Besichtigung der Strecke. Im Hintergrund thront Inchanga

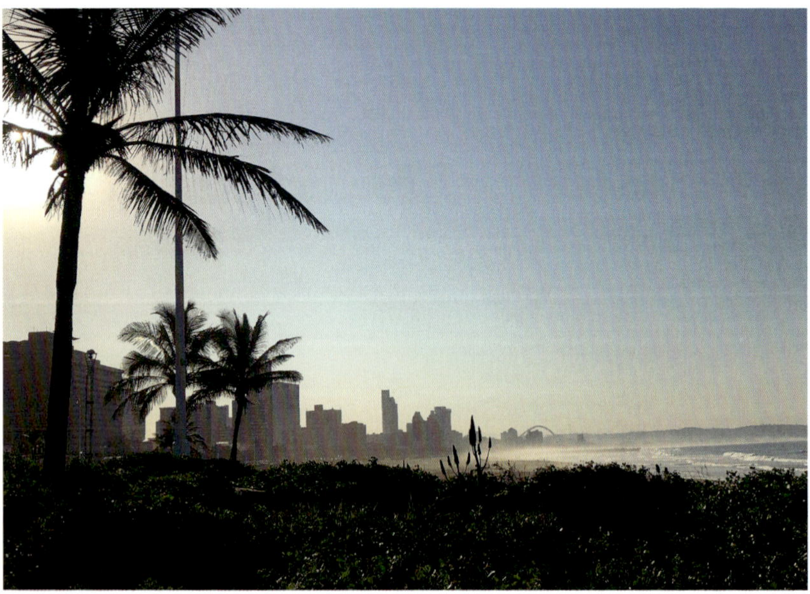

Life is a Beach in Durban

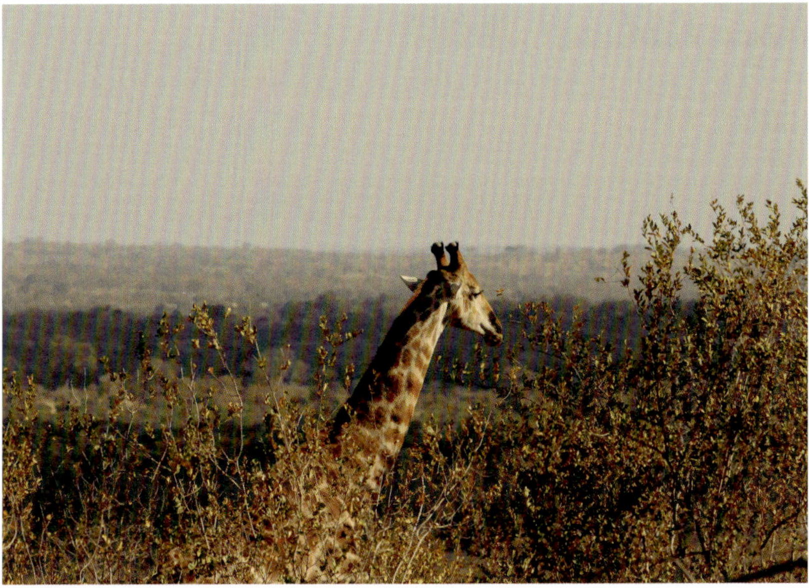

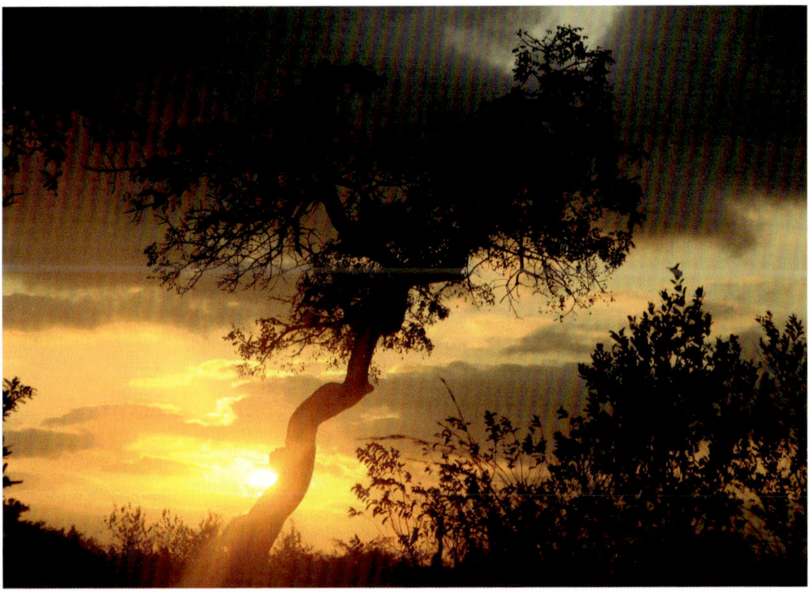

Afrikanische Impressionen im Kruger Park

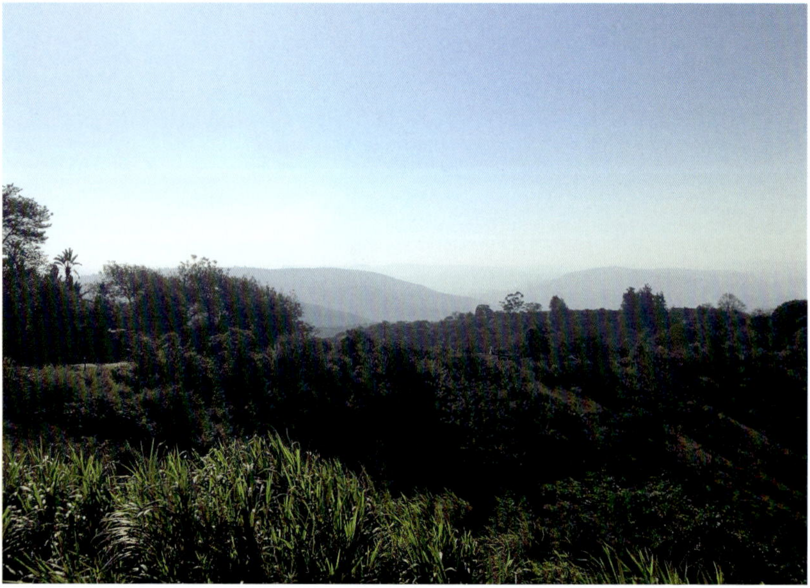

Das Valley of the 1000 Hills, die grünen Hügel Afrikas

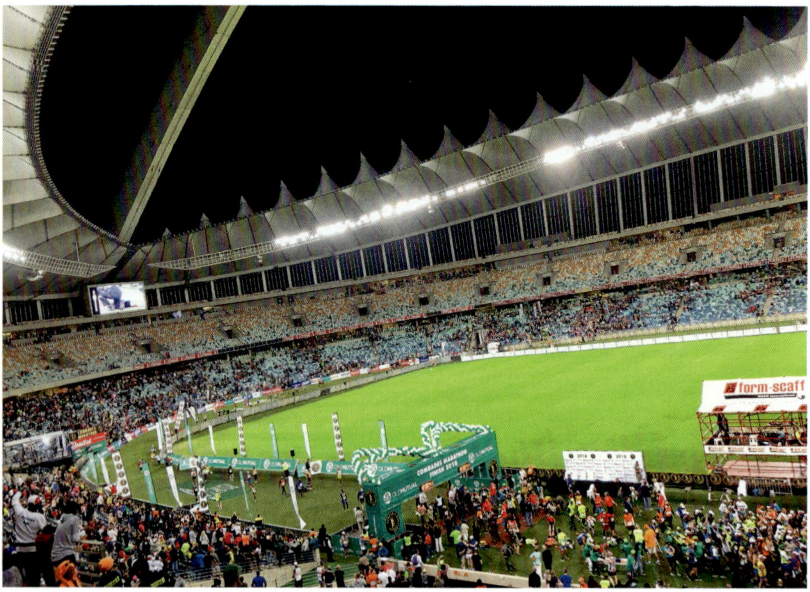

Das letzte Ziel – zum ersten Mal lag es im Moses-Mhabiba-Stadion

Die Registrierung und Startnummernausgabe sollen im Ballroom Royal Thai Army Club sein. Ich finde den Weg nicht in die Thanon Si-Ayutthaya Road, obwohl ich mit dem Chao Phraya Express Boat direkt zum Thewes Pier fahre, der direkt an diese Straße angrenzen soll. Irgendwie verirre ich mich in einem Gewirr aus Seitenstraßen und stillgelegten Khlongs. Verrottetes Gemüse und Essensabfälle liegen auf der Straße, daneben wird in zwei Straßenküchen neues Essen zubereitet. Ein Hund bellt und verteidigt einen Kadaver, auf dem er gierig herumkaut. Vielleicht eine tote Katze. Vielleicht etwas anderes. Ein kleiner Laden verkauft antike Buddha-Statuen. Die Ausfuhr ist verboten und wird mit bis zu zehn Jahre Haft bestraft. Beim Blick in den Khlong, eines dieser tiefschwarzen Wasserbecken, kommt mir wieder der Satz aus Hangover in den Sinn. „Bangkok hat ihn jetzt“. Als wäre es ein Öltank, so dick und undurchsichtig ist dieses Wasser. Wer weiß, was dort unten am Grund liegt. Ich verlasse die unheimliche Seitenstraße mit dem schwarzen Khlong und finde endlich den Armee Club und die Anmeldung. Mein Name steht zwischen den anderen angemeldeten Läufern auf einem Din A4-Zettel an einer blauen Pinwand.

Es fühlt sich merkwürdig an, nur mit den Laufsachen bekleidet durch das nächtliche Hotel zu laufen. Fast nackt. Es ist ein Uhr morgens, der Start ist um drei. Ein paar der Gäste im durchgehenden Feiermodus sind ziemlich breit. Ich bin definitiv der einzige Läufer hier im Hotel. Der einzige mit einer Startnummer auf dem Bauch, dem unmissverständlichen Zeichen, der Unterscheidung zwischen einem Läufer und einem Jogger. Niemand käme auf die Idee, um diese Uhrzeit in Bangkoks Straßen joggen zu gehen. Jede Wette. Niemand.

Der Taxifahrer sieht mich an, als hätte ich ihm ein unanständiges Angebot gemacht. Er versteht überhaupt nicht, wo ich hinwill, dabei hatte ich extra noch eine kleine Karte dabei mit der Adresse in Thai-Schrift. Ausschließlich in Thai. Ich kann das nicht lesen und kann ihm auch nicht sagen, wo er hinfahren soll. Er kann es vielleicht auch nicht lesen. In meiner Verzweiflung steige ich noch einmal aus und hole zwei Hotelangestellte. Sie versuchen es, können aber auch nicht helfen. Also holen sie noch einen dritten Mitarbeiter von der Rezeption. Dann scheint es geklappt zu haben, er gibt Vollgas, hupt und lacht und knattert durch die belebten Straßen. „China Town“, ruft er irgendwann als wir kurz im Stau stehen. Alles ist sehr voll, die Straßen, die Gehwege, die Bars. Mitten in der Nacht. Mehr hat er nicht gesagt während der Fahrt, nach 20 Minuten bedeutet er mir, auszusteigen. Ich zögere kurz, weil auf dem Platz kein Mensch zu sehen ist. Hinter einer weiß getünchten Mauer leuchten goldene Tempeldächer. Am Königspalast sei der Start, stand in der Ausschreibung. Scheint richtig zu sein. Ich steige aus und bezahle den vorab vereinbarten Betrag, viel teurer als mit Taxameter. Aber was soll man machen, halbnackt im Taxi in Bangkok, morgens ums halb zwei. Wegen der paar Bhat will ich nicht im Khlong landen.

Ich bin zu früh. Immerhin bin ich richtig, der Startbogen, überall wehen Fahnen mit dem Marathon-Logo, dahinter die Mauern des Königspalastes. Golden leuchten die angestrahlten spitzzulaufenden Türme der dahinterliegenden Tempel und Dächer. Die angekündigte Eröffnung der Veranstaltung ab halb zwei Uhr findet nicht statt, auch die versprochene Versorgung mit Wasser gibt es nicht. Ein paar Helfer haben sich zu einem Kreis formiert und lauschen den letzten Anweisungen ihres Meisters. Ein Toiletten-Bus steht bereit. Weil ich mich nicht auf die Straße legen will, suche ich nach einem anderen

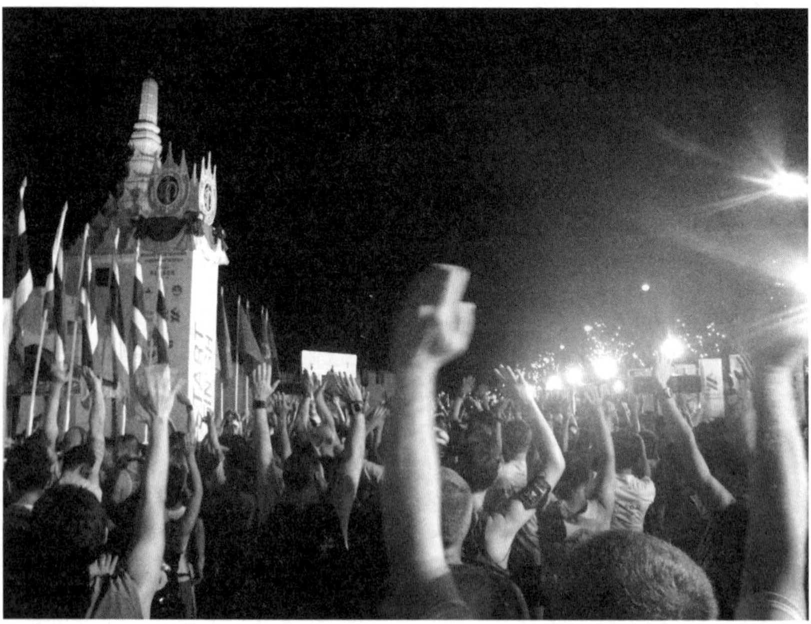

Sitz- oder Liegeplatz. An einer Bushaltestelle finde ich zumindest eine Art Bank, eine ungemütliche und harte Konstruktion aus Stahlrohren, aber immer noch besser als die ganze Zeit zu stehen. Langsam kommen dann auch ein paar Läufer, es wird ein wenig voller, die Atmosphäre verwandelt sich, wie immer, wenn viele Menschen an einem Ort friedlich zusammenkommen. Und irgendwann ist es wie der ganz normale Start eines Stadt-Marathons, viele Menschen, das Geräusch der großen Herde, in bunten Schuhen und Leibchen in fröhlicher und ausgelassener Stimmung. Noch 20 Minuten bis zum Start. Auf der Bühne links vom Start gibt es jetzt endlich eine Art Vorprogramm, ein paar Tänzerinnen mit spitz zulaufenden Hüten und bunten Kostümen, begleitet von der schrillen Stimme des manchmal fast kreischenden Ansagers, die untermalt wird von sehr lauter thailändische Musik. Der schönstes Marathon Asiens wird angekündigt in verschiedenen Sprachen.

Um Punkt 3.00 Uhr kurzes Herunterzählen, ein Böllerschuss und es geht los, wieder einmal, endlich. Ich muss leider schon dringend pinkeln, eigentlich seit ich mich in den Block gestellt hatte und dann nicht mehr rausgehen wollte. Nach ein paar hundert Metern stehen einige an einer Mauer. Im Plan der Strecke sind nur wenige Toiletten verzeichnet und weil ich Angst habe, wegen öffentlichem Urinieren für mehrere Jahre im Gefängnis zu landen, schließe ich mich der großen Gruppe an, die hier bereits steht. Beim Weg zurück zur Straße muss ich über einen vielleicht fünf Meter breiten Grasstreifen und patsche dabei mit dem rechten Schuh voll und mit dem linken so halb in ein feuchtes nasswarmes Matschloch. Mein rechter Schuh ist jetzt schwarz. Ich habe zuerst noch gedacht, es sei eine Pfütze mit Wasser, bis ich im Licht genauer hinsah. Es war schwarz. Öl, Dung, Teer, Urin, vermutlich eine Mischung davon, keine Ahnung. Die Vorstellung, dass ich mir das jetzt vier Stunden lang in meine Füße einmassiere erweckt Bilder furchtbarer Infektionskrankheiten in meinem Kopf. Ganz besonders schlau versuche ich dann, es mit Wasser aus der mitgeführten Trinkflasche abzuspülen. Dadurch wurde mein Fuß erst so richtig nass, der Dreck, der vorher vorwiegend außerhalb der Schuhe war, wird nun mit dem Wasser hinein gespült.

Beunruhigt laufe ich dann endlich los, mittlerweile fast am Ende des Feldes angekommen. Wenn ich den Anschluss verliere und mich verlaufe? Die Strecke führt nach wenigen Kilometern auf eine Autobahn-Hochbrücke, es geht über den Dächern Bangkoks 15 Kilometer in eine Richtung. Eine weitgeschwungene Kurve dabei, sonst nur geradeaus. Ich halte mich zuerst links, neben der weißen Markierung des Standstreifens. Unter uns in den Bars winken uns biertrinkende Europäer zu. Ich winke zurück. Die Leitplanke ist nicht sehr hoch. Wenn man stolpert, kann man leicht drüber stürzen. Das wäre es dann wohl gewesen. Und stolpern kann man ja leicht mal, eine geringe Bodenwelle kann schon reichen. Ich bewege mich in Richtung rechter Spur. Möglichst weit weg vom Rand.

Bang Khae steht auf einem grünen Schild über der Straße und Bang Bua Thong. Exit. Die Spitzengruppe kommt schon auf der anderen Fahrbahn entgegen. Am Wendepunkt überrascht eine kleine Bühne mit Tänzerinnen in traditionellen thailändischen Kostümen. Am Verpflegungsstand gibt es Wasser zu trinken. Klack-klack-klack macht es, als ich mir den ersten blind über den Kopf geschüttet habe, um mich ein wenig abzukühlen und die Eiswürfel erst auf meinen Kopf und dann auf den Asphalt purzeln, wo sie von den hinter mir Laufenden knackend zerquetscht werden. Der Becher war randvoll mit Eiswürfeln. Beim zweiten Becher war ich klüger, erst das Eis in die Hand geben und dann trinken. Die Eiswürfel können beim Weiterlaufen immer wieder mal ins Gesicht gedrückt werden. Es ist sehr warm und sehr schwül. Die VPs bei Kilometer 25 und 30 sind etwas besser ausgestattet, es gibt neben dem Wasser mit Eiswürfeln auch Elektrolytgetränke und Bananen. Das muss für heute wohl reichen. Vor einer halben Stunde hatte ich kurz überlegt, ob ich mir nicht einfach was in einem der Läden zu essen besorgen soll. Weil ich kein einziges Gel mithabe. Auch keinen Gel Chip. Nichts. Nach drei Stunden wird es langsam hell. Die Temperatur steigt noch einmal an. Die Luftfeuchtigkeit ist kaum zu steigern. Irgendwann wäre es ja keine Luftfeuchtigkeit mehr, sondern nur noch Wasser. Die Strecke führt nach schier endlosen Kilometern auf der Autobahn wieder zurück in die Straßen der Stadt. Weil die nur teilweise für den Verkehr gesperrt wurden, regeln jetzt Polizisten den Verkehr. Wir laufen an den vor roten Ampeln wartenden Dieselmotoren der Pkws, Tuktuks, Lkws, Motorräder durch die Abgase hindurch.

Wie nennt man Bangkoks Einwohner? Bangkoker? Einwohner der Stadt Liverpool heißen Liverpudlians, umgangssprachlich Scousers, nach ihrem Dialekt Scous. Der wiederum nach dem lokalen Eintopf Lobscouse benannt wurde, woraus in der deutschen Seefahrt Labskaus wurde. Bangkoks? Wohl kaum. Wenn schon nicht einmal die Stadt von ihren Einwohnern Bangkok genannt wird. Manche starren uns durch die geschlossenen Scheiben an. Die meisten nehmen uns nicht zur Kenntnis. Wahrscheinlich hassen uns die Autofahrer hier sogar noch mehr als in Berlin, weil wir auf ihren Straßen laufen, weil wir ihr Fortkommen behindern, einfach weil wir da sind, wo wir in ihren Augen nicht hingehören. Ich muss tatsächlich an einer roten Ampel anhalten. Der Marathon läuft komplett unter dem Radar der Stadt. Die Touristen schlafen noch oder sind um diese Zeit endgültig jenseits von Gut und Böse. Die Einheimischen müssen arbeiten. Außer uns Teilnehmern weiß niemand, was hier gerade läuft. Vielleicht verhindern nur die Startnummern, dass man uns zum Abschuss freigibt. Achtung, die Irren sind los. Die Rama 8 Brücke bleibt im Gedächtnis. Hunderte Becher aus Pappe sprenkeln den nass glänzenden Asphalt. Ein großer Getränkestand inmitten der

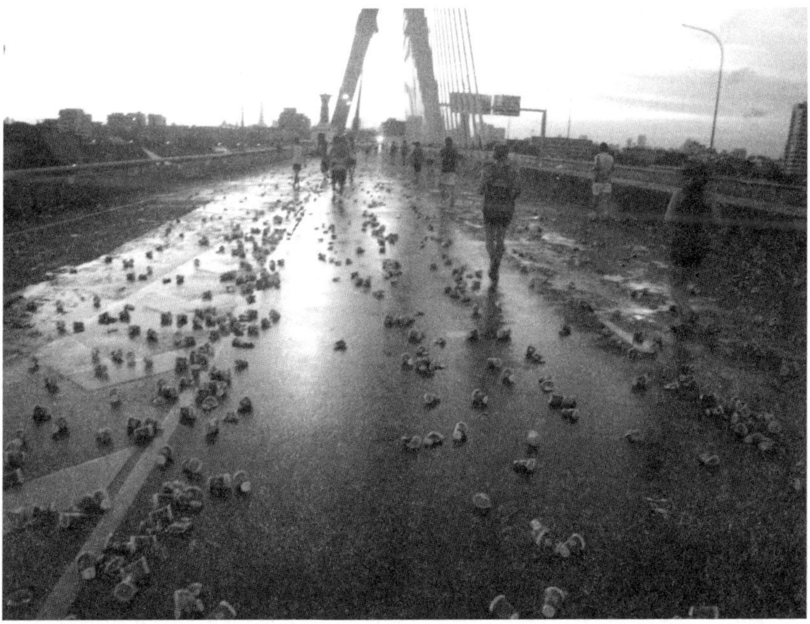

eindrucksvollen Brücke. Unter uns der Chao Phraya. Die Sonne geht gerade auf, das erste Licht, eine Art geheimnisvolles Blau-Lila entsteht.

Wie weit ist es noch? Ich bin mittlerweile ein Opfer der Luftfeuchtigkeit, der Hitze, und dass es keinen Zucker in welcher Form auch immer gibt. Die Schönheiten der Kultur auf den letzten Kilometern interessieren mich nur noch am Rande. Die aus Teakholz gebaute Wimanmek Mansion habe ich gar nicht wahrgenommen, obwohl es doch die ehemalige königliche Residenz war und das größte Gebäude dieser Art weltweit noch ist. In der Nähe des Chitralada Palast nach 34 km geht es am Zoo vorbei und schlagartig bekomme ich einen extremen Würgereiz. Der Gestank ist nicht zu ertragen. Ich versuche, mir die Nase mit meinem nackten Unterarm zuzuhalten. Vor der Anantasamakhom-Thronhalle mache ich das letzte Foto von der Strecke und nutze die Gelegenheit für eine letzte Gehpause vor dem letzten Angriff auf die sechs Schlusskilometer. Es ist kurz nach 7.00 Uhr. Der etwas zu schnell gelaufene Frankfurt Marathon vor drei Wochen steckt mir noch in den Beinen, die Erholung war zu kurz, das Ziehen in den Leisten schmerzhaft, die Beine sind nicht in Form. Das Ziel muss angepasst werden auf ein Finish vor 8.00 Uhr. Traurig genug. Aber es ist mein Asien Marathon, der nächste Baustein zur Mitgliedschaft im Seven Continents Club. Der Bruderschaft der schwer Bekloppten.

Lustig, jetzt es gibt ein Fass voller Schwämme. Bei Kilometer 38. Ich nehme mir trotzdem einen. Damit komme ich ins Ziel. Es ist vor 8.00 Uhr. Immerhin. 4h48. Asien gefinisht. Fehlen nur noch Südamerika und Australien. Und ich habe auch wieder etwas gelernt. Immer eine kleine Notverpflegung dabeizuhaben, ein Gel oder einen Gel-Chip, ist nie verkehrt.

Ich suche ein Taxi, das bleibt ein frommer Wunsch. Der Zielbereich quillt über von Menschen. Schließlich steige ich in ein Tuktuk, Weiterlaufen ist jetzt keine Option mehr. Die Ziellinie wurde schließlich überquert. Es ist beängstigend, wie er fährt, dazu lacht er laut und raucht eine Zigarette nach der anderen. Ich blende den Gedanken an meinen Tod einfach aus. Ich will nur keinen Schritt mehr laufen.

Den Rest des Vormittags schlafe ich. Der Wecker klingelt um zwölf. Ich trinke einen Kaffee auf dem Balkon. Dann mache mich auf den

Weg in die Stadt. Die Luft besteht aus heißer Feuchtigkeit, es ist der natürliche Zustand hier, daheim wird mir dieser Aggregatszustand einer Sauna fehlen. Ziellos sein für ein paar Stunden ist wunderbar, durch die Straßen Bangkoks flanieren, mit einer Flussfähre hin und zurück, vorbei an Tempeln und Märkten. Ich kaufe ein paar Andenken. Winzige goldene Mini-Buddhas. Schwarze Elefanten, so groß wie ein Hühnerei. Erinnerungsanker. Probiere etwas vom Spieß eines Straßenhändlers, ohne zu verstehen, was das sein soll. Schmeckt wie eine Mischung aus Huhn und salzigen Essig-Chips. Mit einem Wegbier aus einer eiswürfelgefüllten Plastikkiste setze ich mich auf eine Bank. Ich betrachte das Leben in der großen Stadt. Der moderne Mensch bei seinem Tun. Gehetzte und entspannte, elegante und lässige, hübsche und hässliche, Männer, Frauen, Kinder, Babies, Touristen und Einheimische, Asiaten und Europäer und Amerikaner und Afrikaner und Australier. Die ganze Welt ist hier versammelt.

Der Nachmittag endet mit Gin-Tonic auf der Terrasse des Mandarin Oriental Hotels. Ich sitze direkt am Geländer, unter mir der undurchschaubare Fluss. Ihm ist das alles egal, was wir an seinen Ufern anstellen. Er lässt sich einfach durch die Stadt treiben, aus den Bergen kommend, einen unheimlichen Dschungel durchquerend fließt er hinein in die Stadt, nicht weniger unheimlich vielleicht, und irgendwo dort hinten wartet das blaue warme Meer auf ihn, der Golf von Thailand, der im Süden in das Südchinesische Meer übergeht, am Rande des Pazifischen Ozeans.

Eine Frau sitzt allein am Nachbartisch. Die Sonne steht hinter ihrem Gesicht am Himmel. Ich versuche, ihr Gesicht zu erkennen, aber es blendet zu stark. Ich kann nur sehen, dass sie eine sehr große Sonnenbrille trägt. Die Häuser auf der anderen Flussseite schimmern hell im Licht der Sonne. Es ist so heiß, dass die Luft vor den schemenhaften Umrissen der Häuser flimmert und alles in einem hellen gleißenden Licht zu verschwimmen scheint. Auf dem Fluss fahren die langen Boote mit den Aushängemotoren und machen eine Menge Krach. Eine Art stählernes Floß wird von einem kleinen, geduckt aussehenden Schleppkahn vorbei geschleppt mit einem Kran oben drauf. Vier Männer stehen darauf herum, rauchen und man kann sehen, wie sie miteinander reden. Ein paar hundert Meter weiter werden sie dann anfangen, den Schlamm aus der Mitte des Flusses heraus zu baggern, um die Fahrrinne offen zu halten. Touristenboote tuckern vorbei, alle nur müde belegt. Die Saison ist vorüber und die großen Besucherströme sind weitergezogen. Auf kleinen Stegen, die einige Meter ins Wasser reichen, liegen drei Hotelgäste und sonnen sich. Kinder baden im Fluss. Es geht überhaupt kein Wind, so dass die Hitze sich in aller Ruhe über die Stadt legen kann. Wie roter Sirup rinnt die Sonne langsam an den Mauern der Häuser hinunter. Es ist ein wirklich heißer Tag geworden, der Himmel wolkenlos. Alle Sonnenschirme sind aufgespannt. Die Terrasse, die sowohl von der Bar aus als auch vom Café zu betreten ist, grenzt direkt an den Fluss. Krokodile könnten, wenn sie es wollten, knapp unter der Oberfläche heranschwimmen, ohne dass man sie bemerken würde, Bullenhaie schwimmen ja auch weit in den Mississippi hinein. Das schlammige Wasser ist eine perfekte Tarnung. Wenn Krokodile einmal einen Menschen gefressen haben, kommen sie auf den Geschmack und verlieren die Lust an der Anstrengung, Fische zu jagen. Menschen seien dann für die Krokodile wie Schokolade. Habe ich gelesen. Die Hitze der Luft hat etwas Unwirkliches. Wie auf der Venus, denke ich. Keine Ahnung, wie ich darauf komme, ich weiß gar nicht, ob es auf der Venus heiß oder kalt ist, ich könnte die Venus nicht einmal in die Reihenfolge der Planeten unseres Sonnensystems einordnen. Aber vom Gefühl her könnte es auf der Venus sehr heiß sein.

Ich bestelle noch einen Gin-Tonic und dazu einen kleinen Kübel mit Eiswürfeln, die so klar und rein sind, durchsichtig fast, wie eine Hand voll Luft. Eines der Boote hat am hoteleigenen Steg angelegt, die Planken der Terrasse erzittern. Nach fünf Minuten legt das Boot wieder ab. Niemand ist ein oder ausgestiegen. Die Frau vom Nachbartisch nimmt ihr fast leeres Glas vom Tisch und trinkt die letzten Tropfen daraus. Sie sieht es einen Moment an und lässt es dann über das Geländer in den braunen Fluss fallen. Das Glas schwimmt noch ein paar Meter fort, bevor es von einer Welle voll gespült im Wasser untergeht. Die Häuser auf der anderen Seite des Flusses flimmern in der Hitze. Sie sehen aus wie Hemingways weiße Elefanten.

Ein Sonntag im November in Südostasien. Der heimische Winter ist weit weg hier. Den letzten Abend verbringe ich in der Sky Bar. Auf der Treppe unter der goldenen Kuppel darf niemand stehenbleiben. Ein Angestellter, der nur dafür hier zu sein scheint, scheucht alle weiter, die ein Foto machen wollen. Die Bar ist voll. Die Aussicht großartig. Das Bier ausgezeichnet. Das Publikum jung und gut gekleidet. Alle trinken sehr viel, aber keiner wirkt unangenehm betrunken. Eher auf diese lässige Art eines gepflegten, sich langsamen Wegschädelns. Ich könnte es hier gut noch eine Weile aushalten. Wochen, Monate oder ein Jahr vielleicht, egal. Ich könnte es hier gut aushalten.

Buenos Aires (34°36'S, 58°23'W)

„Wenn Sie nicht wissen, was Sie tun sollen", sagt die freundliche Dame am Check-in, „dann können sie morgen zum Basketball gehen. Und hier haben wir noch Flyer mit Veranstaltungen." Sie lächelt. „Gegenüber ist auch gerade eine Hochzeitsmesse."

„Dankeschön, aber ich habe keine Langeweile", sage ich und bekomme dankenswerterweise mein Zimmer schon um 9.20 Uhr. Nach dem langen Flug ist das sehr angenehm. Es ist ein gutes Zimmer, sauber und hell, im 6. Stock mit freiem Blick auf den Rio de La Plata. Da stört es auch nicht, dass es draußen ziemlich kühl und total bewölkt ist.

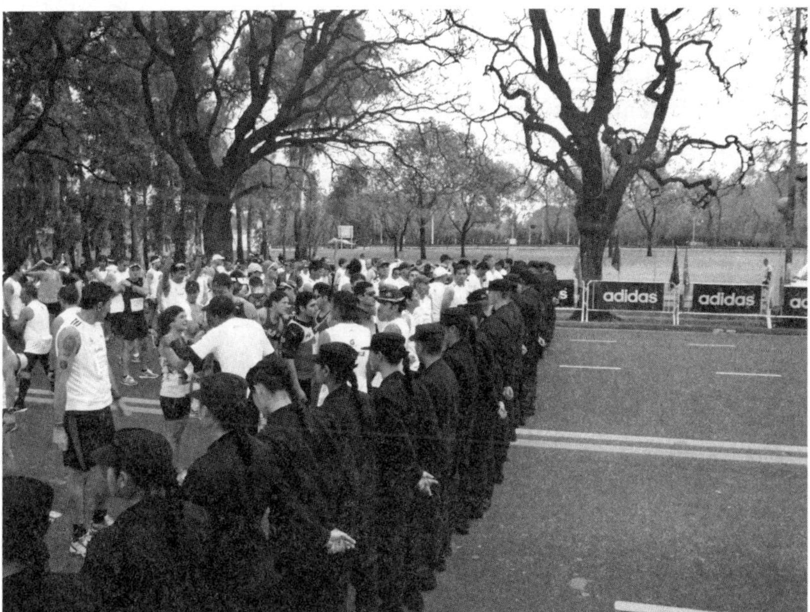

Ich suche in der Nähe des Recolata Friedhofs ein Restaurant, aber es gibt nirgends Nudeln und auch keinen Sitzplatz in der Sonne und im Schatten ist es zu kalt. Also gehe ich weiter zur 9th June Avenue. In einem Straßencafé finde ich endlich einen guten Tisch in der November-Sonne. Die Ravioli werden mit einer dicken Sahnesoße serviert, die schnell sehr satt macht. Es ist windig und frisch, aber in der Sonne kann man es gut aushalten. Am Abend finden Fußball-Länderspiele statt. Deshalb konnte ich kein Ticket für ein Ligaspiel finden. Ich fotografiere das Don Quichote Denkmal und komme am Dante Haus vorbei, Avenida Corrientes. Spanische Konquistadoren gründeten die Stadt 1536 und benannten sie nach der Heiligen Santa Maria del Buen Ayre, der guten Luft.

Südamerika ist der vorletzte Kontinent, der mir für den Seven Continents Club noch fehlt. Ich wache am Sonntag kurz vor dem Wecker um 4.30 Uhr auf. Es war eine unruhige Nacht, ich habe schlecht geträumt und wurde oft wach. Auf dem Hotelflur gab es immer wieder einen fassungslos machenden Lärm. Das Taxi kommt pünktlich und bringt mich in 20 Minuten zum Start/Ziel-Bereich. Es ist noch nicht viel los. In der Plastiktoilette gibt es kein Toilettenpapier. Es gibt auch keine Servietten oder irgendetwas Ähnliches. Die Abgabestelle für die Kleiderbeutel finde ich auch nicht. Regelmäßige Antwort no english. Langsam komme ich mir ein wenig blöd vor. Eine Stunde vor dem Start sehe ich in der hintersten Ecke der kleinen Grünanlage versteckt zwei kleine Zelte. Gerade werden zwei Schilder aufgestellt. 0–4.500 und 4.501–9.000. Dann fängt es leicht zu nieseln an. Ich finde weiterhin kein Klopapier. Dann marschiert eine Polizeikette an der Startlinie auf, sie stehen dicht an dicht die Arme einander untergehakt. Ich reihe mich in die wartende Menge ein. Um 7.30 Uhr werden wir auf die Strecke geschickt. Ich laufe sehr schnell los, fast als wäre ich bei einem 5000-Meter-Lauf. Natürlich gibt es keine Hoffnung, dass ich das durchhalten könnte. Beim Halbmarathon stoppt die Uhr trotzdem unter 1h50. Die Avenue de Libertador, breit und weit, das Hippodrom und beim Boca Stadion ein Elendsviertel, als Tourist soll man besser nicht alleine herkommen. Die Strecke führt durch ein endloses Container Lager, es folgen Lkw-Parkplätze. Die Straßen sind voller Löcher und Kiesel und als ich fast stolpere, wird mir klar, dass ich ein wenig auf die Straße achten sollte. Am Rande des Naturschutzparks steht eine Grillbude neben der anderen. Bei Kilometer 28 laufen wir direkt am Hotel vorbei. Gedanken ans Aufhören, ein Zeichen des zu schnellen Anlaufens in der ersten Hälfte. Natürlich höre ich nicht auf. Kontinent Südamerika. Ich laufe weiter. Die letzte sieben Kilometer geht es im Zickzack auf das doch so nahe scheinende Ziel hin. Es ist schrecklich. Die noch kommende Strecke habe ich zwar direkt vor Augen, aber alle 50 Meter kommt ein Bremshügel, der den normalerweise hier rollenden Verkehr verlangsamt. Jeder einzelne davon macht Mühe und Schmerzen. Noch ist eine Zeit unter vier Stunden möglich, aber ich muss beim km40-Schild tatsächlich noch eine letzte Gehpause einlegen, bevor ich den Rest dann ins Ziel durchlaufen kann. Es ist sehr warm geworden und seit Kilometer 34 scheint auch noch die Sonne. Ich habe nicht einmal eine Sonnenbrille dabei, weil damit überhaupt nicht zu rechnen war. Endlich der Zieldurchlauf, die Medaille, trinken und ein wenig auf dem Boden sitzen.

Dann beginnt die Rückreise ins Hotel. Öffentliche Verkehrsmittel hatte ich im Vorfeld keine ausmachen können, Taxen sind ebenfalls keine zu sehen. Ich beginne in die Richtung zu laufen, die mir am Vielversprechendsten erscheint. Nach einer Dreiviertelstunde Fußmarsch endlich ein Taxi. Ins Hilton bitte. Der Taxifahrer weiß nicht, wo das ist. Ich zeige ihm eine Karte, versuche es zu beschreiben. Er versteht mich nicht. Egal, ich sitze, das Ziel ist zumindest formuliert, er wird mich schon irgendwie hinbringen. Er fährt los und knallt mit Tempo 80 durch die Stadt. An einer roten Ampel fragt er einen anderen Taxifahrer. Die Ampel wird grün, er gibt Gas, kurz auf 100 km/h. Puerto Madero, endlich, das Hotel ist zu sehen. Im Zimmer trinke ich ein Bier aus der Minibar und esse in zwei Minuten die mitgebrachte Tafel Milka Schokolade. Danach dusche ich und schlafe fast zweieinhalb Stunden. Vor dem Abendessen verlasse ich das Hotel und gehe zum „Centro Cultural Borges" in der Galerias Pacifico. Hier gibt es eine Ausstellung zum blinden Bibliothekar von Babel. Ich habe Hunger und gehe darum bald zurück zum Hafen. Im Cabana La Lilas esse ich ein Rumpsteak und trinke zwei Gläser Rotwein.

In der Hotellobby spricht mich wieder die Läuferin an mit der ich gestern kurz bei der Startnummernausgabe gesprochen hatte. „Hübscher Rucksack", hatte sie mich angesprochen, wir trugen beide den gleichen vom Jubiläumsmarathon in Rom. Sie sei eine 3h56 gelaufen, sagt sie, stolz und innerlich strahlend. „Gratuliere", sag ich, „sehr großartig." Es sei sehr hart gewesen, meint sie, ja, sag ich, war es für mich auch. Ihr Freund ist misslaunig und wirkt nicht, als wäre er auf eine Freundschaft aus. Du bist sicher keine 3h56 gelaufen, denke ich mir. Aber man täuscht sich leicht, man darf sich nicht täuschen lassen, immer schön demütig und bescheiden bleiben. Vielleicht ärgert er sich ja auch, weil es wieder nur eine 3h02 geworden ist. Man weiß es nie. Sie gehen wieder. Ich trinke ein Bier in der Lobby.

Das Licht der über dem Rio de La Plata aufgehenden Sonne weckt mich am nächsten Morgen. Ein letzter Spaziergang nach San Telmo. Die Stadt wie ausgestorben, die Straßen leer, die meisten Geschäfte noch geschlossen. An einer Ampel steht ein Läufer. Er trägt ein weißes Polo-Hemd und eine weiße Laufhose, die fast bis zu den Knien reicht. Dazu grüne Kniestrümpfe und weiße Laufschuhe. Ein wirklich sehr lässiges und gut abgestimmtes Outfit. Im Duty-Free-Shop kaufe ich eine Flasche Rotwein. Fin del Mundo steht auf der Flasche. Eine Erinnerung an Ushuaia. Leider muss ich in Frankfurt noch einmal durch die Kontrolle für das Handgepäck. Ich könne die Flasche nur behalten, wenn ich den Koffer aufgebe. Das scheint es mir wert, also wieder ganz raus, anstellen, den Koffer aufgeben. In Berlin regnet es, als ich das Flughafengebäude verlasse, es hat 10 Grad und wird schon wieder dunkel. Die Flasche Wein vom Ende der Welt wird erst einmal eingelagert, für später. Wenn die Sehnsucht nach der Ferne mit einem Rotwein vom Ende der Welt gestillt werden muss.

Tasmanien (42°52'S, 147°19'O)

Hobart also soll es werden, ein Marathon im Januar und mein letzter Kontinent. Hobart auf Tasmanien. Die kleine Insel südlich von Australien, die vom Niederländer Abel Tasman 1642 entdeckt wurde und deren Ur-Einwohner in der Folge von den Europäern systematisch ausgerottet wurden. Aber auch für viele Briten wurde Tasmanien zur letzten Ruhestätte, die Sträflinge wurden teilweise wegen Nichtigkeiten in die Strafkolonie Port Arthur gebracht. Schon lange ausgestorben ist der Tasmanische Tiger und auch einen Tasmanischen Teufel bekommt man nur noch mit sehr viel Glück zu sehen. Dafür gibt es Nacktnasenwombats und Wallabys, Bennett-Kängurus und Kurzschnabeligel und Fuchskuku und das Tasmanische Pfuhlhuhn.

Wenn man am Mittwochabend in Berlin abfliegt, über London und Dubai, kommt man am Freitagmorgen in Melbourne an. Mein Freund W. aus Wien begleitet mich, er plant seine zweite Seven Continents Medaille. Wir treffen uns in Dubai und fliegen von hier gemeinsam weiter. Als ich sage, dass er erst, wenn er den Flughafen verlassen habe, in Dubai gewesen sei, also offiziell eingereist, meint er fünf Minuten später: „Wir könnten doch mal den Marathon in Dubai laufen.“ Womit also schon auf dem Weg zum Marathon auch der nächste wieder geplant ist, im Januar in einem Jahr, wenn nichts dazwischenkommt. Von Melbourne ist es nur noch ein kurzer Flug, nach einer knappen Stunde landen wir tatsächlich in Hobart, der Hauptstadt von Tasmanien und nach Sydney die zweitälteste Stadt Australiens. Es hat 30 Grad und fühlt sich noch heißer an.

Die Startnummer gibt es in einem kleinen Sportladen in der Stadt, das vorbestellte T-Shirt ist weiß. Komplett weiß. Der einzige Aufdruck ist Cadbury Marathon, nach dem Sponsor des Laufs, einer britischen Schokoladenfabrik. Sonst steht wirklich nichts drauf, kein Tasmanien, kein Hobart. Sehr puristisch. Und man musste es sogar vorbestellen. W. lacht laut, als er es sieht, er hatte keines bestellt und war dann doch ziemlich besorgt gewesen, ob das nicht ein Fehler gewesen wäre. „Das ist etwas für den eingeweihten Kenner“, sage ich. Er fragt nach, ob er noch eines bekäme. Leider nein, wird ihm beschieden.

Ich wache am ersten Tag sehr früh auf. Der Schlafrhythmus ist noch gestört, darum versuche ich einfach, so viel zu schlafen, wie nur geht. Nach dem Frühstück drehen wir einen ersten kleinen Erkundungslauf, um die Beine ein wenig in Bewegung zu bringen, entlang am Drewet River und hinauf auf die über 60 Meter hohe Tasman Bridge. Sie schaukelt im Wind und der Boden vibriert, wenn ein Lkw vorbeidonnert. Meine Beine fühlen sich recht gut an.

Natürlich ist im Hotel am Sonntagmorgen um 3.20 Uhr noch niemand auf. Wir haben vorsorglich unser Frühstück gestern schon gekauft. Ich esse ein Honigbrötchen und trinke warmen Orangensaft, dann fahren wir mit einem Bus zum Start, der direkt vor der Schokoladenfabrik sein wird. Charlie ist nicht zu sehen. Es ist noch dunkel, aber immerhin sind schon einige Läufer hier. Ein gelbes auf den Boden geklebtes Paketband markiert die Startlinie. Das Rennen ist ein Gun-to-Finish-Line, einen Chip gibt es nicht. Wie beim Comrades in Südafrika gibt es auch hier nur die Bruttozeit, vom Startschuss bis zur Zielankunft. Die Luft ist noch frisch und fast ein wenig kalt. Gelaufen wird auf einer Pendelstrecke, am MONA Museum vorbei, 10 Kilometer lang bis zu einem Wendepunkt, zurück zum Start, und das gleiche noch einmal von vorn. Zum Teil laufen wir auf einer Autobahn, von der zwei Spuren gesperrt wurden, eine nicht. Es ist manchmal so eng, dass man nicht nebeneinander herlaufen oder überholen kann. Aber überholen ist heute nicht mein Problem. Es ist windig und kurz vor dem Wendepunkt geht es dazu noch über eine Brücke. Die ganze Strecke ist nicht flach, aber dieser Anstieg ist echt noch einmal ziemlich hart. Mit dem Höhersteigen der Sonne wird es schnell sonnig und heiß. Ich starte mit dem optimistischen Ziel Halbmarathon 1h50, vielleicht kann ich ja insgesamt sogar unter 3h40 bleiben. Aber auf der zweiten Runde baue ich deutlich ab. Es gibt nur einen einzigen Verpflegungspunkt mit Wasser und Gatorade, sonst nichts. Das könnte im Prinzip reichen, leider habe ich wieder einmal nichts zu essen dabei, kein Gel, keinen Riegel, keinen Gelchip, nichts davon. Um die halbe Welt geflogen, und kein Gel dabei. Es wird noch heißer, ich werde noch langsamer. Dann versuche ich eben unter vier Stunden. Das Ziel muss angepasst werden, die Vorbereitung war keine, es war ja erst vor zwei Wochen Silvester, dazu die Anreise, die vielen Hügel, die Hitze. Im Januar. Wie soll man da akklimatisiert sein? Gründe finde ich genug. Und schließlich muss ich in erster Linie nur ankommen. Das wäre ja der größte Witz, wenn ich nicht finishen sollte. Das darf überhaupt gar nicht passieren. Also muss ich mich der Strecke und den Bedingungen anpassen, meinen eigenen und denen der Strecke. Über allem steht am Ende nur das Finish. Zuschauer und Musik an der Strecke gibt es natürlich auch keine. Am Ende gerät mir sogar noch das Vier-Stunden-Ziel in Gefahr, ich muss kämpfen und beißen, der letzte Kilometer führt über einen fiesen Anstieg hoch zur Schokoladenfabrik, ich renne tatsächlich diesen Anstieg hoch. Hier stehen auch ein paar kundige Zuschauer, die meinen Kampf um die Sekunden mit Beifall quittieren. Sie wissen genau, worum es geht. Erschöpft sinke ich nach dem Ziel ins Gras unter einem schattigen

Baum. W. kommt 40 Minuten später ins Ziel. Er ist ziemlich grantig, weil mit seiner Zeit natürlich nicht zufrieden. Ich verzichte darauf ihn zu fragen, wo er denn gewesen ist. Wir fotografieren uns mit den Medaillen und dem Zielbogen und seine Laune bessert sich rasch.

Im Laden der Schokoladenfabrik kaufe ich einen Coffee-to-Go-Becher und ein Federmäppchen. Ein Bus bringt uns in die Stadt zurück. Duschen, frische Kleider, ins Restaurant. Es gibt Tasmanian Flathead, dazu Salat, Bier und Chardonnay. Ich bin soeben auf allen sieben Kontinenten einen Marathon gelaufen, das muss gefeiert werden. Den Rest des Nachmittages verschlafe ich. Zum Abendessen werde ich von W. geweckt. Ich hatte so tief geschlafen, dass ich zu ihm sage, ich will nicht frühstücken gehen. Zeitverschiebung, Marathon, Wein, Erschöpfung, komplette Desorientierung, aber ich komme wieder zu mir und wir gehen zum Abendessen in die Stadt.

Die nächsten Tage verbringen wir mit den Sehenswürdigkeiten der Insel. Am Eingang vom Museum of Old and New Art fragt W. ein Mädchen am Eingang, ob sie hier zur Deko stünde. Sie schaut etwas verwirrt. Dann fragt er sie, ob sie ein historisches Kostüm trage. Sie schaut noch verwirrter. Nein, sagt sie knapp. Und dass unser Ticket nicht gültig sei. Gut pariert, denke ich, klassisches Revanchefoul. Als wir nach dem Mittagessen zurückkommen und das Ticket noch einmal zeigen müssen, meint sie, dass sie sich an uns erinnert, wir könnten es stecken lassen. Gelächelt hat sie dabei nicht. T42 sehr nett, habe ich mir in meinem Notizbuch aufgeschrieben. Im tropischen Urwald des Mount Field Nationalpark stehen über 400 Jahre alte Eukalyptusbäume. Es ist sehr heiß und die Luft ist so feucht, als würde man durch einen mit Wasser gefüllte Schwamm atmen. Meine lange Hose ist viel zu warm und ich bin der Einzige, der keine Shorts trägt. Am nächsten Tag fahren wir nach Port Arthur. Ich habe meine kurze Hose an. Es ist bewölkt und sehr kalt. W. lacht. Immerhin habe ich meinen Hoody dabei. Eine Flasche Chardonnay und Prawn Fettucine beenden den Tag. Auf der Insel Bruny nieselt es leicht. Ein großartiger Blueberry Muffin und ein Kaffee lassen darüber hinwegsehen. In einem Boot fahren wir an der Küste entlang, Höhlen und Felsbögen, Strudel und kleine Geysire, ein atmender Fels und eine Robbenkolonie. Auf dem Heimweg machen wir einen kurzen Stop an einem Austern Take Away. Ich esse ein Dutzend und trinke

Weißwein, der im feuchten Pappbecher serviert wird. Wir kommen an einer Bucht vorbei, in der Kapitän Cook geankert hatte. Weil viele Antarktis-Expeditionen von hier starten, hat das Maritime Museum eine dauerhafte Antarktis-Ausstellung. Das kleine Hobart ist mir immer sympathischer geworden, je länger wir dort waren. Recht spröde am Anfang, mit der Zeit aber immer hübscher. Nach einer Weile sieht man die alten kleinen Häuser und kann sich die Geschichten vorstellen und was das bedeutet haben muss, vor 150 Jahren hier mit einem Schiff anzukommen. Ich kaufe letzte Andenken am Flughafen, einen Tasmanischen Tiger-Topflappen und einen Weinflaschenverschluss aus Holz. Dinge fürs Leben.

Hoch am Himmel fliege ich wieder mitten durch die Nacht. Die meisten schlafen. Im Bordfernsehen läuft eine Dokumentation über Drogengebrauch von Tieren. Elefanten taumeln umher, genau wie die betrunkenen Affen. Elche berauschen sich an faulen Früchten, Vögel an gefrorenen Beeren, Igel schlürfen Bierfallen leer und die darin marinierten Schnecken ebenfalls. Ein Jaguar kaut ein Lianen-Halluzinogen und wird als spirituelles Totemtier verehrt. Die Liane heißt Banisteriopsis caepi und ist Bestandteil eines halluzinogenen Getränks namens Ayahuasca. Große Tümmler saugen aufgeblähte Kugelfische aus, wie eine Zigarette reichen sie ihn weiter. Lemuren benebeln sich mit dem Gift von Tausendfüßlern. Rentiere fressen den Fliegenpilz Amanita muscaria, der Schamane trinkt den Urin der Rentiere, die Anhänger des Schamanen trinken dessen Urin. Das teilweise abgebaute Rauschmittel verursacht weniger Brechreiz als der Pilz bei fast gleicher Wirkung. Meine kleine Flasche Rotwein ist eiskalt, beim nächsten Mal nehme ich wieder den Weißwein. Am besten gleich zwei. Beim Zwischenstopp in London ist es Samstagmorgen, 6.00 Uhr. Ich trinke in einem Pub zwei Guinness und gerate kurz in Panik, weil es nur noch eine kleine Tüte mit Essig und Salz Chips gibt. Wenn wir von der existentiellen Not befreit sind, können wir uns abstrakte Sorgen machen. Klingt nach einem Woody Allen-Film. Die Zeit verschwimmt, man kommt ein bisschen durcheinander und ich habe wieder viel zu wenig Wasser getrunken. Fast drei Stunden dauert der Aufenthalt. In Tasmanien ist schon wieder Abend. Am Montag hat es in Berlin Blitzeis. Die Stadt erstarrt vor Kälte unter einem dünnen Film aus Eis. Also wird auch nicht gelaufen.

New York City (40°42'N, 74°0'W)

New York ist auch heute noch der Inbegriff des modernen City-Marathons. Zum Vorprogramm gehört die Parade der Nationen und ein fünf Kilometer Dash-to-the-Finish-Line vom UNO-Gebäude bis zum Central Park, vorbei am Chrysler Building und quer durch Manhattan. Wie großartig wäre es, einfach jedes Jahr beim New York City Marathon dabei sein zu können. Der Central Park im leuchtenden goldgelben Strahlen der Herbstblätter sieht niemals schöner aus. Woody Allen spielt in dem kleinen Jazzkeller. Bruce Willis tritt am Broadway auf mit Ticketpreisen ab 800 US-Dollar. Im Toys „R“ Us am Time Square steht ein lebensgroßer Tyrannosaurus Rex und ein kleines Riesenrad. Das Hard Rock Cafe serviert Burger und Bier aus schweren Gläsern mit einer dünnen Eisschicht. New York ist kein guter Ort, um nüchtern zu sein. Meint Moby. Und er muss es wissen. Hinter Mauern aus Marmor und Efeu umrankt bedankt sich der letzte König von Kalifornien beim Leben. Draußen rollen die Karawanen der Autos vorbei und über seinem Kopf eine Autobahn aus Kerosin. Er schüttelt der Flasche die letzten Tropfen heraus und lässt sich dann rückwärts in seinen Pool fallen. Am Marathon-Wochenende ist manchmal auch noch gleichzeitig Halloween. Anfang November bin ich in New York. Es ist, wie es ist, das war schon immer so, was soll ich machen? So in etwa. Ich sollte wirklich möglichst bald mal wieder nach New York.

Frei nach dem Gedicht von Cassius Clay zu seinem Weltmeisterschaftskampf 1964 würde sich der New York City Marathon selbst vielleicht so beschreiben: „Die Legende vom New York Marathon, dem wunderbarsten Lauf in der Welt, heute und für alle Zeit! ... Ich bin der Größte!“

New York gehört zu jeder Lebenslaufliste. Hier muss man einfach einmal den Marathon gelaufen sein. Und damit ist zum New York Marathon alles gesagt.

Mailand (45°28'N, 9°1'O)

In einem alten Hotel in der Innenstadt Mailands esse ich Spagetti mit Tomatensauce, frischem Parmesan und Basilikum. Dazu trinke ich einen dunkelvioletten Rotwein aus dem Piemont. Also eine Flasche. Ich bin müde und habe ein wenig Halskratzen. Viel zu wenig geschlafen in den letzten beiden Wochen. Am Samstagvormittag fahre ich gegen halb zwölf zur Startnummernausgabe. Im Beutel ist neben der Startnummer auch eine Bierdose. Richtiges Bier, kein isotonisches 0 % Trallala. Bella Italia. Die Sonne scheint, es ist warm und der Himmel ganz blau und klar. Wunderbar. Im Dom zünde ich drei Kerzen an, für meine Kinder, meine Eltern, für mich selbst. Im Kaufhaus gegenüber vom Dom gibt es ein großes Restaurant mit einer herrlichen Terrasse, von der man direkt auf die weißen Mauern des Domes und das Dach sehen kann. Nur in Mailand kann man erwachsenen Männern im dunklen Anzug begegnen, die einen Ferrari Rucksack aus rotem Leder auf dem Rücken tragen. Und dazu grüne Lederslipper. Und damit verdammt gut aussehen. Es ist sehr voll, aber irgendwann wird ja immer ein Platz frei.

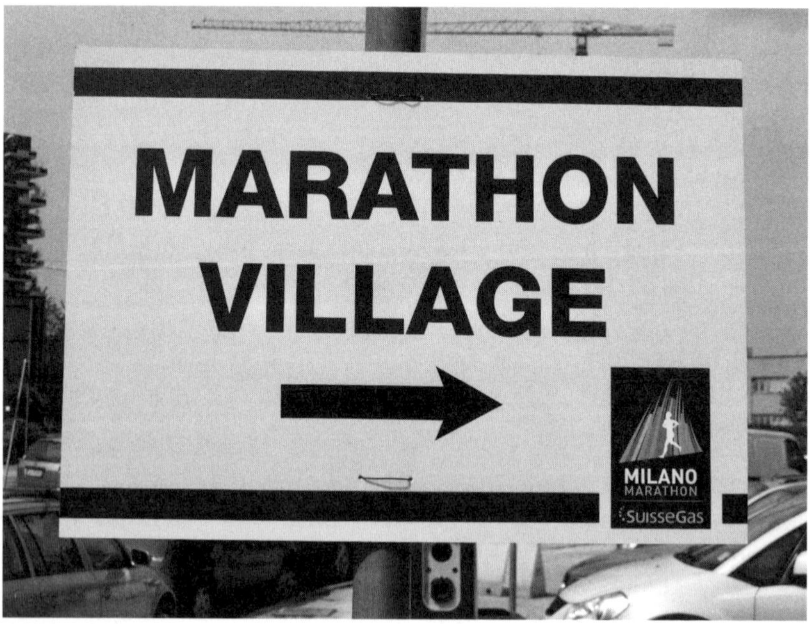

Irgendwo in dieser Stadt lebt Umberto Eco, umgeben von Büchern. In einem Zeitungsartikel stand, dass er 30.000 Bücher allein in seiner Mailänder Wohnung hat und insgesamt über 50.000 in seinem Besitz. Und dass er seine Bücher wieder und wieder liest und die Texte immer wieder neu markiert, kommentiert, unterstreicht. Ich sollte mir nie wieder Sorgen machen, ich hätte zu viele Bücher. Am meisten geliebt und beeinflusst hätten ihn Jorge Luis Borges und James Joyce, schrieb er einmal in einem Essayband. Ich stelle mir Maurizio Pollini vor, wie er auf einem großen Flügel in einer dieser Mailändischen Palazzo-Wohnungen eine Beethoven-Sonate spielt, daneben Umberto Eco in einem schweren dunkelbraunen Ledersessel, der einen doppelten Espresso trinkt und lächelnd eines seiner Lieblingsbücher streichelt, das auf seinem Schoß liegt.

Zurück im Hotel esse ich wieder Nudeln und trinke ein Glas Pinot Grigio. Ich stoße an auf Italien und Mailand, auf den Marathon und ein wenig auf mich selbst. Das ist keine optimale Vorbereitung, aber morgen will ich einfach nur mitlaufen, manchmal ist dabei sein alles, ein weiteres Finish, das Ziel ist das Ziel.

Am Sonntag geht der Wecker um 5.40 Uhr. Am Hauptbahnhof kaufe ich zwei Croissants mit Marmelade und zwei doppelte Espresso in kleinen Plastikbechern. Dazu eine Dose Fanta. Damit sollte ich nun wirklich genügend Koffein und Zucker geladen haben. Die U-Bahn ist sehr voll und es ist jetzt schon sehr warm. Ich lande beim Startgelände in der längsten Toilettenschlange vor einem Marathon aller Zeiten.

Mein Start ist sehr optimistisch für einen „ich lauf da nur mal mit Marathon“. Beim Halbmarathon bin ich noch auf einem guten unter 4-Stunden-Kurs. Es wird dann aber wärmer und ich werde viel langsamer. Dazu kommen ein paar schwer zu laufende Abschnitte mit Kopfsteinpflaster. Sieben Kilometer vor dem Ziel überholen mich die 4h-Ballonträger. Obwohl ich gar nicht unter vier Stunden hier laufen wollte, demoralisiert mich das nun doch. Und schon werde ich gleich noch einmal langsamer, als würde man einen Stecker ziehen. Am Schluss bin ich nur noch mit 6:30 min/km unterwegs. Ausreden habe ich eine Menge für mich selbst. Und dafür ist es am Ende eigentlich ganz in Ordnung. Im Ziel bekommen die Opfer der Hitze erste Hilfe. Es sind einige, die hier auf dem Boden liegend versorgt werden. Beim

Halbmarathon war ich noch auf Position 2.353 und obwohl immer langsamer werdend habe ich mich bis ins Ziel auf Platz 1.969 vorgearbeitet. Aber die Hitze hat eben von allen ihren Tribut gefordert.

Kiel (54°19'N, 10°8'O)

„Kein Weichei!" begrüßt man sich am Ostseekai, dem Ausgabeort der Startnummern für den Kiel Marathon Ende Februar. Gelächter und Schulterklopfen. Die Wetterprognosen sind schlecht mit einer Regenwahrscheinlichkeit von 90 bis 100 % und Sturmböen über 80 km/h aus Südwest. Es wird keinen Schutz durch die Häuser der Stadt und den Düsternbrooker Wald geben.

„Hast du auch nichts Besseres vorgehabt, oder warum läufst du hier?"

„Ist doch herrlich", die Antwort.

„Wir sind gerade mit der Fähre aus Göteborg gekommen", erzählt mir einer auf dem Weg zum Start. „Heute Abend geht es wieder zurück." Die Sackkarren voll mit Alkohol.

Auf dem Weg die Kaistraße entlang vom Hotel beim Hauptbahnhof zum Start läuft vor mir ein knochendünner Läufer, der keinen Umweg um keine Pfütze geht. Seine Schuhe sind klatschnass, obwohl der Start erst in einer Stunde ist. Er hat auch keine Tasche dabei, nichts zum Wechseln, er trägt seine Startnummer auf einem roten, ärmellosen Baumwoll-Singlet. Sein Vollbart ist nass, die Haut seiner Arme sieht aus wie die weiße Brust einer frisch gerupften Gans. Ihm scheint weder der Regen etwas auszumachen noch die vom Wind verstärkte Kälte.

Am Start meint einer, der Wind habe aufgehört. Es war ein Scherz. Weil der Wind gerade so von hinten kam, dass man ihn im Moment kaum zu spüren meinte. Ein paar laufen nur mit T-Shirt und kurzer Hose. Es sollen auch Briten mit am Start sein. Bei sechs Grad und Wind und Regen. Der Himmel verschwindet direkt im Meer, es ist kein Unterschied zu sehen, ein Grau geht in ein anderes über. Nur der Übergang vom Wasser zum Land ist erkennbar, die Grenze zwischen der Welt der Menschen und der Welt der Wale. Das Ehrenmal in Laboe ist nicht zu sehen. Am Marinehafen vorbei laufen wir vier Runden, hinter dem Bunker ist der Wendepunkt, dann kommt ein Verpflegungspunkt. Es gibt Tee und Wasser, ein paar Kleinigkeiten zum Essen, sie sind gut ausgestattet, es ist alles da. Ich werde viermal hier vorbeikommen auf der knapp fünf Kilometer langen Pendelstrecke. Die zweite Runde. Eine noch einmal deutlich stärkere Sturmbö trifft auf einen nochmals gesteigerten Regenguss. Man könnte fast lachen, so absurd ist das. Ich denke mir Koans aus. Mache einen Ausfallschritt mit beiden Beinen. Das Laufen bei dem starken Wind führt dazu, dass der ganze Körper eingehüllt wird und sich wie in einer bewegten Luftblase vorwärtsbewegt. Es ist ein komplett anders Körpergefühl als bei jedem anderen Laufen. Es fühlt sich fast ein wenig an wie der freie Fall. Die Luft, eigentlich ja ohne Masse und uns sonst nur umhüllend und wenig wahrgenommen, bekommt hier eine neue Dimension, eine neue Realität. Der Sturmwind nimmt mich in sich auf wie das Weltall einen Gedanken. So wie Hummeln nicht durch die Luft fliegen, sondern diese als eine verdickte Masse wahrnehmen, sie schwimmen also mehr als sie fliegen.

Ich habe mir das schon immer vorgestellt, wie das wäre, wenn man einfach durch die Luft schwimmen könnte, nicht fliegen wie ein Vogel, sondern wirklich im Sinne von Schwimmen. Die Entwicklung der Menschheit wäre in ganz andere Richtungen verlaufen, wenn wir, wie die Wale durch die Weltmeere, einfach so durch die Luft schwimmen könnten, wie durch einen kalifornischen Swimming-Pool. Das Laufen im Sturm heute kommt diesem Gefühl des durch die Luft Schwimmens schon nahe. Eingehüllt vom Wind kommt es zum Verlust der laufenden Wahrnehmung und das Gefühl, einfach so über die Erde hinwegzufallen, stellt sich ein. Verstärkt wird dieser Eindruck des schwerelos Fallenden noch durch die Entkörperlichung des Läufers von der umgebenden Realität der Welt. Der Wind zieht und zerrt, er schiebt uns nach vorne und nach hinten, er hebt uns leicht empor und drückt uns wieder nach unten. Das Heulen des Windes vermischt sich mit den Gesängen der Wale. Ich nehme ein Windbad, in der Luft, im Wind. Das Laufen am Meer ist immer wunderbar. Ein Spaziergänger steht da, auf einem Spazierstock abgestützt und sieht uns zu. Sein Hund, an einer Leine aus braunem Leder, sitzt neben ihm und blickt in Richtung Horizont, wir interessieren ihn nicht. Er hat sein Maul weit geöffnet, der Wind strömt hinein und bläst sein faltiges Gesicht auf. Es scheint ihm sehr zu gefallen, mit

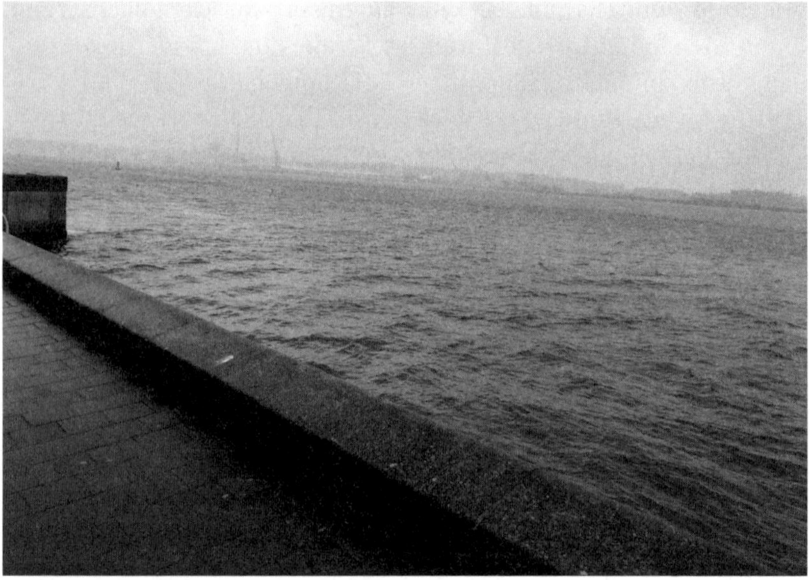

weitgeöffnetem Maul sitzt er da, sein Gesicht flattert wie die Fahnen am Yachtclub im Wind.

Der Sturm geht weiter, im Radio geben sie eine Sturmflutwarnung für die Nordseeküste heraus, dort wo die großen, weißen, hochragenden Windräder stehen. Flapp – Flapp – Flapp. Wie große Wächter stehen sie an der Küste, den Blick starr auf das dunkel schimmernde Meer gerichtet, sturmzerzaust, aber vielleicht ist Don Quichote ja auch schon unterwegs, auf seinem Esel, um die Drachen zu bekämpfen. Die Stadtmusikanten haben sich in der warmen Stube verkrochen. Nur der Schimmelreiter ist noch da draußen, auf dem Deich, irgendwo, in seinem Zwischenreich, zwischen dem grauen Meer und dem grauen Land. Wir laufen weiter durch Wind und Regen an der Förde entlang, die Ostsee ist kaum zu sehen. Der Himmel scheint zu fragen, kleiner Mann, was tust du da, du hast hier nichts verloren, das ist kein Spiel für dich. Der Wind fegt über das Wasser und nimmt mich in sich auf. So muss sich der Tod anfühlen, wenn die Seele ins All gleitet. Runde drei ist fast fertig. Am Abend werden in den Nachrichten schlimme Sturmfolgen gemeldet. Ein lokaler Hurrikan, der 30 Schafe unter Baumstämmen begrub. Ein Toter, der das Gewitter in seinem Auto abwarten wollte, und von einem umstürzenden Baum erschlagen wurde. Es fahren keine Züge mehr zwischen Berlin, Hamburg, Bremen, Hannover. Für die nächsten Tage. Meine Finger werden faltig, wie man sie nach einem zu langen Vollbad bekommt, weil alles nass ist, seit Stunden schon. Die Streckenposten und Besatzungen der beiden VPs stehen tapfer stundenlang im Regen.

„Du bist ja schon so ein Genießer", ruft mir eine Zuschauerin zu, offensichtlich auf mein langsames Tempo anspielend. Ich winke ihr zu, komme zweimal an ihr vorbei, dann ist sie verschwunden. Ich bin nach 4h35 fertig. Im Ostseekai ziehe ich mir was Trockenes an und humpel ins Hotel zurück. Ich bin ganz steif und verkrampft vor lauter Nässe und Kälte. Ich stelle mich lange unter die heiße Dusche. Am Abend gibt es ein Wiener Kalbschnitzel aus der Pfanne, fünf Millimeter dünn geklopft und butterweich, dazu warmer Kartoffelsalat mit Gurken und kaltes dänisches Bier. Bestes Post-Marathon Abendessen.

Um halb elf in der Nacht werde ich geweckt, weil jemand wie verrückt an der Tür herumrüttelt. Er redet und ruft laut und schlägt immer wieder seine Schlüsselkarte an den Türmagneten. Ich reiße, selbst nicht ganz wach, die Tür auf. Ein junger Mann steht vor mir, sehr betrunken, fast wäre er auf mich draufgefallen, als die ruckartig geöffnete Türe ihm beim Anlehnen keinen Halt mehr bot. Er ist nur mit einer Unterhose bekleidet.

„Falsches Zimmer", sag ich, „das ist nicht Ihr Zimmer. Falsches Zimmer."

Er starrt mich an, dreht sich wortlos um und geht weg. Ich mach die Tür zu und leg mich wieder hin. Kurz danach klopft es schon wieder. Er steht wieder da.

„Ich komme nicht in mein Zimmer", jammert er.

„Bitte", sagt ich, „bitte gehen Sie zur Rezeption und lassen mich jetzt schlafen. Ich kann Ihnen nicht helfen. Bitte. Gehen Sie. Zur Rezeption. Wohin auch immer. Das hier ist das falsche Zimmer."

Er weiß offensichtlich nicht, was er tun soll, und würde wohl am liebsten einfach mit mir in mein Zimmer kommen. Ich rufe bei der Rezeption an. Ein freundlicher Mann kommt sofort vorbei und begleitet ihn den Gang hinab. Immerhin hatte er nicht gestern vor dem Lauf angeklopft, wie damals in Durban, keine acht Stunden vor dem Comrades. Immerhin.

Comrades (29°52'S, 31°1'O)

Freitag

„Das Rennen geht abwärts, deshalb laufen wir ... aufwärts."
Mit diesen rätselhaften Worten von Bruce Fordyce im Ohr döse ich weg. Er wiederholt diesen Satz bei jedem down-run, immer wieder. Er hat sich in meinem Kopf eingebrannt wie ein Koan, weil er genauso widersprüchlich und rätselhaft wie einer dieser Sprüche aus dem japanischen Zen-Buddhismus ist. Die Darstellung eines unauflösbaren Widerspruchs in eleganter Selbstverständlichkeit.

„It's a down-run ... so you are running ... up."

Es sind die letzten Minuten der Streckenbesichtigung beim südafrikanischen Comrades Marathon, wir kommen gerade mit der Karawane nach Durban zurück. Es ist immer ein wichtiges Ritual, einmal die komplette Strecke vorher abzufahren. Weil man sich an ein paar Punkte der Strecke erinnern wird. Weil es für Demut sorgt und den notwendigen Respekt. Und weil das hoffentlich verhindert, nach dem Startschuss hemmungslos loszubolzen. Es ist sehr weit. Es ist sehr steil. Es ist sehr verrückt.

Comrades Marathon go-as-you-please. Unter diesem Titel startete am 24. Mai 1921 der erste Comrades Marathon auf den Straßen zwischen Pietermaritzburg und Durban, von der Hauptstadt der Provinz in die Hafenstadt am Indischen Ozean. Neunzig Kilometer über Berge, die hier mit britischem Understatement als Hills bezeichnet werden. In der südafrikanischen Version von Trivial Pursuit wird die Streckenlänge mit 89 km angegeben, in der Realität schwankt die Distanz zwischen 86 und 93 km, es gibt Bauarbeiten, Streckensperrungen und den Lauf der Zeit. Schon im Jahr 1922 wurde die Richtung geändert und von Durban nach Pietermaritzburg gelaufen. Die Tradition der up- und down-runs war geboren.

Die Bustour begann heute Morgen mit einem Besuch im Comrades Museum in Pietermaritzburg. In einem schönen alten viktorianischen Haus ist das Museum untergebracht und die Comrades Marathon Association. Alles wirkt fast wie neu, die Backsteinwände und weißen Holzbalkone und das grüne geziegelte Dach. Davor stehen schlanke hohe Palmen und dickstämmige untersetzt wirkende Bäume und große Farne. Ein Paradies. Eine Büste des Renngründers

Vic Clapham steht auch hier und verschiedene Gedenktafeln. Der Rasen riecht, als wäre er gerade frisch gemäht worden. Ich mache Fotos von alten Schuhen mit dünnen Ledersohlen, von Socken, Laufshirts und Alan Robbs FC Liverpool-Anglermütze, alten Medaillen aus Gold und Silber und dem Megaphon vom allerersten Start. Es ist fast hundert Jahre alt. Neben einem raumfüllenden 3D-Modell der Strecke hängen an der Wand zwei goldene Heroldstäbe des griechischen Gott Hermes. Der Götterbote beherrscht die Symbolik des Comrades Marathons wie auch das Merchandising. Die goldene Figur mit geflügelten Schuhen und Helm ziert jedes T-Shirt, dazu Hosen, Jacken, Taschen, Gläser, Kappen, Socken und so einiges mehr, womit die Läufer auf der Expo ihre Koffer und Taschen füllen. Von 1921 bis in die frühen 1930er-Jahre wurde auf den Badges die ganze Figur abgebildet, der laufende geflügelte Gott, nackt und golden, dann bis Anfang der 1970er nur der Kopf und seitdem wieder eine leicht umgewandelte ganze Figur, die mit leichten Variationen bis heute Verwendung findet.

Den Griechen der Antike galt Hermes als der Gott des Glücks wie auch des Profits, er war Schutzpatron von Hirten, Händlern, Dieben und der Redekunst, nach ihm wurde die Kunst der Textauslegung benannt, die Hermeneutik. Er war der Gott der Straßen und Grenzen, des Schlafes und der Träume. Bote der Götter ist seine bekannteste Funktion. Und wie der ägyptische Gott Anubis, der mit seinem Schakal-Kopf die Seelen der Toten ins Reich der Unsterblichkeit führte, galt auch Hermes als Führer der Seelen in die Totenwelt. Ich hoffe, das wird nicht der Grund gewesen sein, ihn zur Symbolfigur des Comrades zu machen. Aber welch ein Spektrum dieser Hermes abzudecken hatte.

Hermes Statuen standen in der Antike in jedem Gymnasium, wo nackte Männer Sport trieben, in erster Linie Ringen und Laufen. Der Name Gymnasium leitet sich vom griechischen Wort *gymnos* ab, was schlicht nackt bedeutet. Schutzpatron der Athleten war der Sohn von Zeus eben auch. Seine Mutter Maia, Tochter des Titanen Atlas, gebar ihn in einer Höhle des Berges Kyllene in Arkadien auf der Peleponnes. Die Römer machten aus ihm Merkur, den Schutzgott des Handels. Wegen seiner nachgesagten Schnelligkeit nannten sie das Quecksilber *mercurium.* Sein Heroldsstab, den die Römer *caduceus* nannten, wird am Sonntag der Siegerin und dem Sieger überreicht. Darum hängen hier zwei an der Wand. Groß und schwer und golden glänzend. Oben zwei Flügel, vielleicht auch als Symbol für die übermenschliche Geschwindigkeit, mit der ein Sieger über die Strecke gelaufen sein muss. Darunter paaren sich zwei Schlangen.

Im ersten Stock des Museums steht ein Bücherregal mit alten zerfledderten Büchern über das Laufen, über den Comrades und die Läufer. *Running* und *Running in three Continents* von Arthur F. Newton. *Marathon Man* von William Goldman, im Film unvergesslich Dustin Hoffman. *First Four Minutes* von Roger Bannister und *The Complete Book on Running* von James E. Fixx. So wie sie aussehen alles Erstausgaben. Vielleicht kann ich mir zu Hause das ein oder andere davon in einem Antiquariat besorgen. Das Comrades House schließt jedes Jahr während der Holidays vom 15. Dezember bis zum 8. Januar. Das hört sich gut an. Das gefällt mir.

Nach einer halben Stunde geht es wieder zum Bus, die Streckenbesichtigung beginnt. Wir fahren am Rathaus vorbei, wo der Start sein wird, das Banner steht bereits. Darunter hängt ein schmales weißes Schild: „This marks the starting point of the first Comrades Marathon 24 May 1921". Unser Busfahrer verfährt sich direkt nach dem Rathaus. Es wird laut diskutiert und laut gelacht. Spielt doch alles keine Rolle, was soll's, wir sind in Südafrika. In zwei Tagen laufen wir den Comrades. Das Leben meint es gerade gut mit uns.

Auf jeder Bus-Tour gibt es die ein oder andere neue Erkenntnis. Dass der Wasserturm bei Umlaas Road den höchsten Punkt der Strecke markiert, war mir bislang nie aufgefallen. Dabei ist er doch die perfekte Landmarke und steht zugleich für die ersten 23 Kilometer. Beim down-run seien diese ersten 23 Kilometer die schwersten. Egal, wer auch immer etwas über den Comrades zu sagen hat, jeder sagt, dass man unbedingt darauf achten muss, die ersten 23 Kilometer heil durchzukommen. Wenn man sich den Rest klug einteilt, könne man die letzten 23 Kilometer sehr gut laufen. Und das ist immer die Voraussetzung, dass es ein guter, ein sehr guter Lauf wird. Vielleicht kann noch Zeit oder Platzierung gut gemacht werden. Hauptsache, man verliert auf den letzten Kilometern nicht mehr allzu viel. Die Landmarke für den Beginn dieser letzten Kraftanstrengung sei das Ende von Fields Hill – also wenn man nach diesen vier langen Kilometern heil unten angekommen ist. Danach kann man ballern. Theoretisch. Also. Vorsicht bis zum Wasserturm bei Umlaas Road. Und mutig ohne Hemmungen, wenn Fields Hill hinter dir liegt. Das sind schon einmal zwei gute Landmarken.

Für mein generelles Zeitmanagement gilt ganz einfach, ich muss die ersten 50 Kilometer unter fünf Stunden laufen und dabei so vorsichtig bleiben, dass ich für den Marathon danach nicht mehr als vier Stunden brauche. Mein Ziel ist in diesem Jahr eine Bill-Rowan-Medaille.

Der Bus hält ein paar Minuten später vor dem Eingang vom Hilton. Die Sonne steht schon tief und dabei ist es erst kurz nach drei. Beim Ziel waren wir nicht mehr, es bringe Unglück, vor dem Rennen über die Ziellinie zu laufen. Wir steigen aus, meine Beine sind ein wenig steif geworden vom langen Sitzen mit zu wenig Platz. Selbst die Fahrt über die Strecke ist schon anstrengend. Draußen ist es immer noch recht warm, viel wärmer als im Bus eigentlich. Verfluchte Klimaanlagen. Ich zieh meinen Kapuzenpulli aus. So kurz vor dem Lauf entwickle ich immer eine panische Angst vor Ansteckungen jeder Art. Die Straßenverkäufer bieten mir ihre gefälschten Sonnenbrillen an. Alles ist wie immer. Auf der anderen Straßenseite ist die Comrades Expo in vollem Gang, Schauplatz und Bühne für Afrikas größte Marathonmesse, mehr als 100 Aussteller, über 50.000 Besucher, drei Tage lang ein Marathon-Fasching. Vor dem Messegebäude steht eine Freiluftbühne mit Getränkebuden und Bierbänken. Lange Schlangen von Läufern stehen über das ganze Gelände, um sich ihre Startnummern abzuholen. Ich bin froh, dass ich meine gestern schon geholt habe, als es noch deutlich ruhiger war. Zulukrieger tanzen und die Ululu-lus schallen durch die Luft. Ich bin in Durban, Südafrika.

Am Sonntag findet hier der Comrades Marathon statt. Ein Rennen, das unbescheiden von sich behauptet, es sei das ultimate human race. Und dabei so harmlos daherkommt und sich als Marathon bezeichnet. Dabei ist ein Marathon per Definitionem 42.195 Meter lang. Immer und überall, penibel vermessen. Bei den Olympischen Spielen 1908 in London sollte der Start vor der Terrasse des königlichen Schlosses Windsor erfolgen, daraus ergaben sich diese ominösen 26 Meilen und 385 Yards. Vorher betrug die Olympische Marathondistanz zwischen 40 und 41,86 Kilometern, je nachdem wo und wie die Strecke genau verlief. Erst 1921 legte der internationale Leichtathletik Verband verbindlich die Distanz von 42,195 Kilometer fest. Die Strecken der großen schnellen Stadtmarathons wie Berlin oder London sind flach und haben praktisch keine Höhenmeter. Beides ist beim Comrades anders. Er ist nicht 42 Kilometer lang. Und er ist nicht flach.

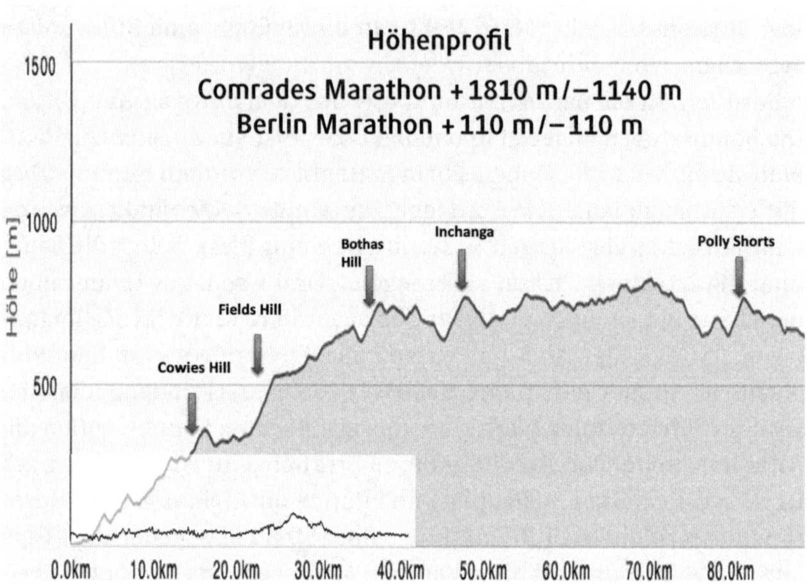

Im Vergleich die Distanz und Höhenmeter vom Berlin Marathon links unten und dem Comrades Marathon. Die Big Five sind mit Pfeilen markiert. Von links nach rechts gelaufen wird der up-run, von rechts nach links der down-run (eigene Messungen).

Vic Clapham wurde 1886 in London geboren und kam als Jugendlicher nach Südafrika. Vom Ersten Weltkrieg traumatisiert, wollte er mit dem Comrades Marathon seine im Krieg getöteten Kameraden ehren und eine Erinnerung an ihr Leiden schaffen. Vereinigungen wie die League of Comrades of the Great War wurden gegründet, um die Familien der Soldaten zu unterstützen. Der Lauf sollte eine wirkliche Herausforderung darstellen mit Leid und Schmerz. Eine Herausforderung, die so groß war, dass normale Menschen es zwar versuchen können, aber der Erfolg nicht garantiert ist und die großen Mut, Hingabe und Opferbereitschaft erfordere. Die Strecke musste darum sehr lang sein und möglichst schwer. Clapham wählte die Straße zwischen Durban und Pietermaritzburg. Natürlich ist das, was wir Läufer hier erleiden werden, nicht vergleichbar mit dem Ersten Weltkrieg. Aber leiden werden wir, das steht außer Frage. Im Jahr 2015 war es vergleichsweise heiß. Von den 13.006 Läufern, die es ins Ziel schafften, wurden im Medizin-Zelt 530 Menschen behandelt, 80 mussten ins Krankenhaus und 13 auf eine Intensivstation.

Es ist Winter in Südafrika, wenn wir uns im Juni hier versammeln, weit unterhalb des Äquators. Die meisten der über 20.000 Anmeldungen kommen aus Südafrika, gerade mal 600 Läufer sind aus dem Rest von Afrika, die 1.600 aus dem Rest der Welt werden hier Internationals genannt. Das ganze Land ist glücklich, wenn es einen südafrikanischen Sieger feiern kann. Die Sonne scheint und es hat angenehme 24 Grad. Die Palmwedel klappern leise in der sanften Brise, die vom Indischen Ozean den Geschmack salziger Luft bringt. Das Hilton Hotel ragt wie ein Segel aus funkelndem Silber in den blauen Himmel hinein. Ich atme tief diese herrliche afrikanische Luft ein und bin glücklich wieder hier zu sein. Es fühlt sich schon ein wenig wie nach Hause kommen an. Es ist immer gut, wieder in Südafrika zu sein.

Von der Bühne herunter schallt Abbas *Waterloo*, eine Gruppe Cheerleader tanzt dazu. Fatboy Slim brüllt in ein schepperndes Mikrophon und animiert uns zum Mittanzen. Er ist es nicht wirklich. Glaube ich. Der Tisch ist voll mit Bier und Plastikbechern. Die Party ist in vollem Gange hier auf dem Parkplatz vor dem Durban Exhibition Center an der Walnut Street, im Schatten vom Hilton und dem Durban International Convention Center. Auf der anderen Seite der Messehalle, wenn man über die Samora Machel Street geht, liegt ein Park mit einem Shopping-Center und daneben ein großer Freiluft-Markt. Die riesige HIV-Gedenkschleife wurde mit Graffitis übersprüht. Zwei Querstraßen weiter steht im Norden das Sahara Kingsmead Stadium. Ein Cricket Stadion aus dem Jahr 1923. Es war fast vierzig Jahre das Ziel des down-runs gewesen.

Ich habe nun schon so lange kein Bier mehr getrunken, dass es mir überhaupt nichts ausmacht, zwischen all den fröhlichen Trinkern nur mit einer Cola zu sitzen. Es ist ja keine Kirchweih, auch wenn es sich so anfühlt. Es ist der Countdown zum größten Ultramarathon der Welt. Und all das Laute und Bunte und Feuchtfröhliche kann nicht darüber hinwegtäuschen, dass es bald sehr ernst wird für jeden von uns. Laufen ist kein Glücksspiel. Jeder muss die Strecke selbst bewältigen. Die Ziellinie ist das Ziel von allem. Do not quit. Never surrender. Mein Ziel ist dieses Jahr allerdings noch ein anderes. Glasklar definiert und ganz einfach. Den Comrades unter neun Stunden schaffen und eine Bill-Rowan-Medaille erhalten. Lange geplant, offen angekündigt, jeder, der mich kennt, weiß davon, ob er es hören wollte oder nicht. Ich habe seit Januar oft darüber gesprochen. Meine Laufzeit beim Comrades. Das war seitdem das große Ziel. Die Bill-Rowan-Medaille. Alles andere würde ich in diesem Jahr als Scheitern betrachten. Ob heroisch, tragisch oder unglücklich, wäre mir dann ganz egal.

Vor dem Rathaus in Pietermaritzburg wurde am 24. Mai 1921 um 7.10 Uhr für 34 Läufer der Startschuss des ersten Comrades Marathons abgefeuert. Genau an der Stelle, an der wir am Sonntag auch stehen werden. Nur 16 schafften es bis ins Ziel. Die Distanz zwischen Durban und Pietermaritzburg muss früher auf die Menschen noch verstörender gewirkt haben als heute bei der Bus-Tour. Die Old Main Road war ein Schotterweg. Verpflegungsstellen gab es keine, und weil Organisatoren und Zuschauer mit ihren Autos nebenherfuhren, wurden die Läufer von riesigen Staubwolken begleitet. Nur ein kleiner Abschnitt der Straße bei Durban war 1921 geteert, drei Jahre später kam ein Stück nach Mayville dazu, 1925 die Straße bei Kloof. Abgeschlossen war der Straßenbau erst 1933. Morris Alexander, langjähriger Historiker des Comrades Marathons und selbst Gewinner von sieben Medaillen, darunter drei goldene, berichtete sogar von Wasserläufen, die die ersten Läufer durchqueren mussten.

Der 26-jährige Farmer Bill Rowan aus Koster in Transvaal ging ungefähr auf halber Strecke in Drummond an seinen Konkurrenten vorbei. Nach 60 Kilometern lag er zwei Meilen in Führung. Sein Lauf würde Geschichte schreiben. Ob er zwischendurch auch daran mal gedacht hat? Geschichte zu schreiben? Oder nur an die Schmerzen oder die Angst, noch überholt zu werden, oder oh du lieber Gott, lass es bald vorbei sein. Wann ist es denn nur endlich vorbei? Vielleicht dachte er auch bloß, hoffentlich sterbe ich bei diesem Irrsinn nicht. Jeder kennt solche Gedanken. Und damals konnte man die Risiken noch viel weniger beurteilen als heute, Rettungshubschrauber und Intensivstationen gab es keine. Es war ein Wagnis, ein Risiko für Leib und Leben in jedem Fall. Bill Rowan selbst hatte eine Zeit von neun Stunden vorhergesagt. Er wird als erster Sieger in die Geschichte des Comrades Marathons eingehen, mit acht Stunden und 59 Minuten, sehr wahrscheinlich mit der für immer langsamsten Siegerzeit. Bills Gedanken und Emotionen während des Laufes sind uns unbekannt. Sie werden den unseren nicht unähnlich gewesen sein.

Heute ist die nach ihm benannte Medaille eine der großen Leistungen im Ultramarathon-Straßenlauf. Ein zarter Traum, eine vage Vorstellung von Olympia, vom Heldentum griechischer Mythologie. Eine der vielen Besonderheiten des Comrades sind die je nach Zielzeit unterschiedlichen Medaillen. Eine Bill-Rowan-Medaille bekommt, wer schneller als neun Stunden läuft, aber langsamer als 7h30. Ihr Ring aus Silber um einen Kern aus Bronze steht sinnbildlich für den Übergang vom ambitionierten Läufer zum professionellen Athleten. Für mich in jedem Fall der Gipfel dessen, was ich sportlich erreichen kann. Ich kann das nur beim down-run schaffen, der up-run gibt das nicht her, das ist mir klargeworden. Ich bin nicht Bruce Fordyce. Also habe ich nur alle zwei Jahre diese Gelegenheit, fast wie bei Olympischen Spielen, eine Chance auf die Medaille gibt es nicht jedes Jahr. Einmal nur alle zwei Jahre und wer weiß schon, was bis in zwei Jahren passiert. Es muss jetzt sein. Es muss bei diesem Lauf geschehen.

Vieles, was heute den Comrades so besonders macht, hatte sich schon in den ersten Jahren entwickelt. Es zählt die Bruttozeit, also vom Startschuss bis zur Überquerung der Ziellinie. Bei vielen Läufen wird die Zeit zwischen Startschuss und dem Überschreiten der Startlinie abgezogen, daraus ergibt sich die Nettozeit von der Start- bis zur Ziellinie. Beim Comrades wird zwar der Chip an der Startlinie ebenfalls registriert, aber die Zeit vom Startschuss bis zum Überqueren der Startlinie nicht abgezogen. Natürlich waren früher nur wenige Läufer am Start, und Chips für eine Nettozeitmessung gab es auch nicht. Heute bedeutet das aber für die weit hinten im Feld stehenden Läufer einen Verlust von wertvollen Minuten, bis endlich die Startlinie überschritten wird. Die ersten Läufer zwischen 1921 bis

1928 hatten zwölf Stunden bis ins Ziel, danach wurde das Limit auf elf Stunden verkürzt. Nach einer zunächst einmaligen Verlängerung auf zwölf Stunden für den Millenniumslauf im Jahr 2000 wurde es drei Jahre später endgültig wieder auf zwölf Stunden festgesetzt. Im gleichen Jahr wurde eine neue Medaille aus Kupfer eingeführt und nach dem Renngründer Vic Clapham benannt. Die Finisher der letzten Stunde sollten mit einer eigenen besonderen Medaille extra ausgezeichnet werden. Und die bekommt mittlerweile ein Viertel bis Drittel aller Finisher.

Ein Stück Blech sei das, meinte etwas despektierlich ein Finisher vor Jahren, als er eine Woche vor dem Comrades beim Training schwer gestürzt war und nur dank einer großen Willensleistung überhaupt ins Ziel kam. Letztlich war er dankbar und glücklich, es überhaupt ins Ziel geschafft zu haben. So wie alle. Schließlich ist jeder Comrades Finisher ein kleiner Held, für sich selbst und für den Rest der Welt. Eine Comrades Medaille. Der sichtbar gewordene Nachweis von Mut, Hingabe und Ausdauer. Und ganz egal wie oft man schon hier war. Jedes Jahr ist anders. Jedes Jahr muss das Training erneut absolviert werden. Es hilft nichts. Man kann die Form für den Comrades nicht konservieren. Man muss sie sich Jahr für Jahr neu erarbeiten. Und bereits Arthur Newton stellte fest, dass die Vorbereitung auf das Rennen eine weit größere Herausforderung darstellt als das Rennen selbst.

Als Zeichen für den dritten Startblock steht auf meiner Startnummer ein großes C. Jeder hier ist im Qualifikationsmarathon schneller als 3h40 gelaufen und trotzdem wird nur jeder fünfte die Bill-Rowan-Medaille bekommen. Das sind nicht viele. Es ist nur eine Statistik, sage ich mir und versuche, das auszublenden. Es sind nur Zahlen. Ich werde es schaffen. Die Block-B-Läufer mit einer Marathonzeit unter 3h20 haben schon eine deutlich höhere Chance auf eine Bill-Rowan-Medaille, hier schaffen es immerhin fast 60 %. Gold-Medaillen sind praktisch dem Block A vorbehalten. Eine Marathonzeit unter drei Stunden ist hier Pflicht, der Wegscheide zwischen, ja, zwischen was? In jedem Fall zwischen mir und den Dreistunden-Läufern.

„Das Geheimnis einer guten Tour ist ganz einfach“, sagen Tour de France-Fahrer. „Mit guten Beinen schnell zu starten, dann steigern und im Sprint zu Ende fahren." Könnte man auch auf den Comrades beziehen. Auf jeden Lauf eigentlich. Theoretisch und am Abend. Aber auf keinen Fall kann und darf ich so laufen. Das ist nur eine Strategie für die Unsterblichen, die Unglaublichen, die Kipchoges und Fordyces dieser Welt.

Ich gehe noch einmal in die Messehallen und kaufe mir für 15 Rand weiße Strickhandschuhe. Beim offiziellen Stand gibt es nahezu nichts mehr mit einem Hermes- oder dem Comrades-Schriftzug. Alles ist ausverkauft. Ich verlasse die Hallen wieder. Auf der Bühne spielen sie AC/DCs *For those about to rock*. Immer wenn we salute you ertönt stehen alle auf und schreien es laut mit, we salute you, we salute you. Wir grüßen euch alle. Die Südafrikaner um uns herum lachen und winken, wir sind leicht als Internationals erkennbar, viele tragen die Farben ihrer Landesflaggen auf dem Shirt. Einer spielt Air Gitarre, die Stimmung ist ausgelassen, eine Mischung aus Karneval und Oktoberfest, we salute you Africa, we salute you Ocean, we salute you Comrades runners, we salute you. Die Menschen sitzen in der untergehenden Sonne, trinken und lachen und unterhalten sich. Jeder ist erst einmal froh, hier zu sein. Es gesund hierher geschafft zu haben, an den Start gehen zu können. Vor dem Messeeingang stehen immer noch sehr viele Läufer in der Schlange. Die meisten südafrikanischen Teilnehmer kommen erst am Freitagnachmittag nach Durban und wollen sich jetzt ihre Nummern abzuholen.

Trotz der ewig langen Wartezeit bleibt die Atmosphäre fröhlich, bunt, und laut. Es wird früh dunkel, die Sonne geht gefühlt ab halb vier unter. Wir sind sehr weit im Süden hier, südlich sogar des Wendekreises des Steinbocks. Tropic of Capricorn. Der südlichste Breitenkreis, an dem die Mittagssonne gerade noch ihren Zenit erreicht. Der Roman von Henry Miller konnte 1939 nur in Paris in die Buchläden kommen, weil er in den USA auf dem Index landete. Erst als das US-Justizministerium 1961 entschied, die dargestellten Inhalte seien nicht obszön, erschien das Buch auch in den USA.

Nachdem die Sonne weg ist und wir im Schatten sitzen, wird es sofort ein wenig kühl. Ich bringe meine Sachen ins Hotelzimmer, dann gehen wir zum Abendessen an die Strandpromenade. Je früher ich esse, umso früher kann ich ins Hotel zurück und mich wieder hinlegen. Die vorletzte Nacht vor dem Rennen ist die wichtigste. Die

Nacht vor dem Start ist immer sehr kurz. Letztes Jahr bin ich sogar noch extra früh ins Bett gegangen, so gegen 20 Uhr und auch sofort eingeschlafen. Um 21 Uhr klopft jemand an meine Tür, ein Südafrikaner steht da, groß, muskulös, breites Kreuz, wie ein Boxer. Er starrt mich an, ich ihn. Dann lacht er schallend. „I am sorry“, meint er, „falsche Tür.“ Und ging weg. Ich starrte ihm hinterher, fassungslos, dass ich so sinnlos geweckt worden bin. Und natürlich konnte ich dann nicht wieder einschlafen, erst gegen halb zwölf und um halb eins ging schon der Wecker. Aber es ist eigentlich egal, die letzte Nacht, selbst wenn man gar nicht geschlafen hat. Für die Leistung am Tag des Rennens spielt das keine große Rolle, also sollte man diesbezüglich nicht allzu beunruhigt sein.

Wir essen im California Dreaming an der Strandpromenade. Vom Lied der Mamas&Papas aus dem Jahr 1965 gibt es über 50 Coverversionen, berühmter als das Original wurde die Version der Beach Boys. Deren erste Singles lauteten übrigens Surfin' – Surfin' Safari – Surfer Girl – Surfin' USA. Danach kamen I get around – Fun Fun Fun – California Girls. Hat es auch wirklich jeder mitbekommen, sollte das wohl bedeuten. Wir mögen Surfen. Und Mädchen. Nicht das schlechteste Erfolgskonzept für eine Rockband. Hier in Durban, dem „warmest place to be“, ist das California Dreaming eine Mischung aus Beach Bar und Lounge, Terrassen-Restaurant und Café mit Blick auf die Promenade, den Strand und den Ozean. Bruce Fordyce veranstaltet hier am Montag eine After-Race-Party mit Fingerfood und jeder Menge Alkohol zu trinken, vielen Geschichten und neuen Bekanntschaften. Manchmal signiert er auch die markanten gelben Markierungsschilder, die den Streckenverlauf über die ganzen 90 Kilometer anzeigen.

Weil wir zu acht sind, werden auf der Terrasse zwei Tische zusammengeschoben. Bald sind die beiden Tische voll mit großen Platten voller Fleisch und Fisch, Salaten und Kartoffeln, Nudeln und Tomatensauce. Ich esse einen südafrikanischen Kingklip, den Schlangenfisch. Es sei hier ein Klassiker, in Europa noch ein Geheimtipp. Ich kannte ihn gar nicht. Aber das zarte Fleisch ist wirklich ganz hervorragend, dazu gibt es scharf angegrilltes und kräftig gewürztes Gemüse und grüne Bandnudeln. Das muss ich mir für daheim merken. Es wird Weißwein gebracht und Bier und eine große Flasche Mineralwasser für mich.

Gegen acht Uhr löst sich die Gesellschaft auch schon wieder auf. Jeder will so früh wie möglich in sein Hotel, liegen, ausruhen, schlafen. Ich gehe alleine und zu Fuß, es ist noch früh, da muss man keine allzu große Angst haben, auch wenn das Auswärtige Amt natürlich davor warnt. „Meiden Sie ... insbesondere nach Einbruch der Dunkelheit die Innenstädte von Johannesburg, Kapstadt ... Durban ... an Sonn- und Feiertagen sollten Sie sich nur in Gruppen in den Innenstädten aufhalten. Lassen Sie auch tagsüber Vorsicht walten." Die Liste der Warnungen ist lang, das Ausmaß der Taten umfasst alle Formen von Gewaltkriminalität, die man sich vorstellen kann. Insbesondere sollte „auf jegliche Gegenwehr verzichtet werden, die Täter könnten bewaffnet sein". Über mir der wolkenlose, weite, aufgespannte Himmel. Die Strandpromenade liegt ruhig und sauber da, die Surfboards sind verstaut, die Wellen des Ozeans rauschen. Die Menschen gehen spazieren und genießen den Abend. Ich bin trotzdem immer froh, wenn ich von der Strandpromenade durch die dunklen Straßen heil ins Hotel zurückgekommen bin. Es wirkt alles wie ein Paradies, wie ein Traum. Aber es ist auch ein Dschungel. Und wie in jedem Dschungel lauern auch hier die Jäger auf der Jagd nach Beute, wie immer lauert auch hier der Tod verborgen in der Schönheit.

„Du Glücklicher", sagt eine Australierin im Hotelaufzug, „dann weißt du ja was dich erwartet." Sie hatte mich gefragt, ob ich schon einmal hier war. Ihr Begleiter trägt eine Aircast Schiene im Schuh. Vor vier Wochen, erzählt er, habe er sich die Außenbänder angerissen. Seitdem sei er nicht mehr gelaufen und habe jeden Tag diesen Schuh getragen. „Ich werde es aber auf jedem Fall versuchen", sagt er, „auf jedem Fall." Am Sonntag wird er das erste Mal seit vier Wochen wieder ohne diese Schiene laufen. Ich wünsche beiden viel Glück, viel Erfolg, wir werden uns ja im Internationalen Zelt sicher wiedersehen.

Als „echter" Comrades-Läufer gilt nur, wer in beiden Städten finishen konnte. In der Küstenstadt Durban beim down-run. In Pietermaritzburg beim up-run. Die burischen Voortrekker benannten die Stadt nach ihrem Anführer Pieter Mauritz Retief (später fiel das u weg). Dessen Ermordung durch Zulus, deren Land die Voortrekker vorher besetzt hatten, mündete in einen blutigen Racheakt der Buren. In der Schlacht am Blood River, dem Fluss Ncome in Natal, wurden im Dezember 1838 einige Buren verletzt, aber mehrere tausende Zulus getötet. 1938 verkündete die Stadt offiziell, dass maritz künftig für Gert Maritz stehen sollte, einem weiteren Voortrekker Pionier. Um der Tatsache Rechnung zu tragen, dass ein Großteil der Fläche der Provinz Natal ehemaliges Gebiet der Zulu war, erfolgte 1994 die Umbenennung in KwaZulu-Natal. Hinter Pietermaritzburg liegen die berühmten Drakensberge, in der Sprache der Zulu Wand der aufgestellten Speere (uKhalamba). Die hier sehr zahlreichen Felsmalereien sind über 300.000 Jahre alt. Als am Ende des Films *2012* die Welt untergeht, sind diese Drakensberge aufgrund der angestiegenen afrikanischen Platte die höchsten Berge der Erde.

Der Begriff der Big Five stammt von britischen und amerikanischen Großwildjägern, die in der späten Kolonialzeit zu Fuß und mit der Waffe in der Hand Jagd auf Elefanten, Löwen, Leoparden, Büffel und Nashörner machten. Die Größe der Tiere spielte dabei keine Rolle, es ging nur um die Schwierigkeiten und Gefahren der Jagd. Es sei eine Sünde, sagte Clint Eastwood in *Weißer Jäger, schwarzes Herz,* und nichts anderes ist diese Art der Jagd. Es ist schließlich ein Geschenk, die Big Five in ihrem natürlichen Lebensraum zu sehen. Freie Elefanten, die durch die scheinbar endlose Weite Afrikas ziehen. Es gibt nur wenig Anblicke auf dieser Welt, die hinsichtlich Majestät und Schönheit an solch ein Bild herankommen. Elefanten wiegen bis zu 6.000 Kilogramm, trotzdem erreichen sie eine Laufgeschwindigkeit von bis zu 40 km/h. Das schafft nicht einmal Usain Bolt. Als Veganer in Reinstform benötigen sie pro Tag bis zu 250 Liter Wasser und 200 Kilogramm Gras, Wurzeln und Baumrinde. Nashörner wiegen bis zu 3.500 Kilogramm und sind mit 50 km/h ein wenig schneller als Elefanten. Sie sind extrem kurzsichtige Gesellen, die in ihrem Stuhl Duftnoten als Botschaften für andere Nashörner hinterlassen. Büffel wiederum sollen sich gut an die Menschen erinnern können, die sie bereits einmal angegriffen hatten. Im Falle einer erneuten Begegnung ist daher ein weiterer Angriff zu befürchten. Und weil sie im Gegensatz zum Nashorn sehr gut sehen können, werden Widersacher bereits in 1.500 Metern Entfernung erkannt. Sie sind so schnell wie Nashörner und könnten einen Elefanten auf der Laufbahn demnach schlagen. Schneller sind natürlich die beiden Raubkatzen. Leoparden und Löwen schaffen im Sprint bis zu 60 km/h. Leoparden markieren ihr Revier mit Urin, das nach Popcorn riecht. Vielleicht liegt es daran, dass sie einzelgängerisch veranlagt sind. Im Gegensatz dazu leben männliche Löwen im Rudel mit jeweils drei bis 15 Weibchen. Die großen Fünf sind also alle schnell unterwegs, selbst die Dicksten und Schwersten. Das kann Hoffnung machen für Sonntag.

Auch der Comrades Marathon hat seine Big Five. Es sind die fünf großen, mit Eigennamen versehenen Hills der Strecke. Von Durban kommend der Reihe nach Cowies Hill, Fields Hill, Botha's Hill, Inchanga und Polly Shortts. Sie alle sind sehr schwierig zu laufen und können für den unvorsichtigen Läufer sehr gefährlich sein. Ein Fehler hier und das Rennen ist möglicherweise gelaufen. Nur wenig wird verziehen. Eigentlich nichts. Der Comrades bestraft jene unbarmherzig, die ihm nicht den notwendigen Respekt zollen. „Never race a hill with a name in Comrades", sagt eine der vielen Empfehlungen, die sich im Lauf der fast 100 Jahre angesammelt haben. Und zwar ganz gleich, in welcher Richtung du ihn läufst. Dazwischen geht es über die vielen Namenlosen und so mancher davon wäre für die meisten Stadtmarathons ein absoluter Heartbreak Hill. Hier ist es nur der dritte Anstieg hinter Camperdown, der unbekannt ein namenloses Dasein fristet.

Wenn neben dem Laufen noch Zeit für weiteres Training ist, empfehlen die Experten, sich der Stärkung der Oberschenkel-, Waden-, Bauch- und Rückenmuskulatur zu widmen. Dazu vielleicht noch ein bisschen Oberkörper und Arme, um es ganz perfekt zu machen. Aber nur, wenn Zeit ist. Wenn nicht, einfach nur laufen. Laufen trainiert man am besten mit Laufen. Ein schöner Satz, leider nicht der Wahrheit entsprechend. Normalerweise beginne ich im November, jeden Tag ein wenig für den nächsten Comrades Marathon zu tun. Und wenn es nur fünf Liegestützen sind oder acht Kniebeugen. Hauptsache in Gedanken jeden Tag ein wenig beim Comrades. Die Vorbereitung für einen sehr langen Lauf ist eben auch sehr lang. Mehr als 30 Kilometer ist die Grenze zum langen Lauf. Alles andere ist nicht lang, ein Halbmarathon ist nicht lang genug. Leider. Die Langsamkeit des langen Laufs. Bruce Fordyce empfiehlt für eine Trainingswoche einen langen Lauf am Wochenende und einen Lauf über 15–25 Kilometer im geplanten Renntempo in der Mitte der Woche, dazu Bergaufläufe und ein wenig Tempotraining. Die freien Tage werden mit Regenerationsläufen verbracht. Einen Ruhetag sollte man nur einlegen, wenn es gar nicht mehr geht. Die Wochenendläufe wechseln zwischen wirklich langen und kürzeren langen Distanzen, also 40 – 30 – 50 – 30 – 60 Kilometer. „Der Comrades", sagt Fordyce, „ist ein eifersüchtiges und selbstsüchtiges Rennen. Er belohnt nur diejenigen, die bereit sind, ihm alles zu opfern." Die Müdigkeit wird ständiger Begleiter, ein Sozialleben findet nicht mehr statt. Ab März nimmt der Comrades einen so großen Raum im Denken ein, dass das Leben in den Hintergrund gerät. Der Trainingsplan bestimmt das Sein.

Laufen, laufen, laufen. Besessen, fanatisch, obsessiv, kompromisslos. Was braucht es für einen erfolgreichen Comrades, was sind die entscheidenden Komponenten? Verrückt genug, tapfer genug und ziemlich gut trainiert. Mehr Schlaf und sehr viel mehr Training. So schlank wie bei der Konfirmation. „Um ein Krieger zu sein, muss man leicht und beweglich bleiben", schreibt Castaneda, auch das ist natürlich zu beachten. Leicht und beweglich sein. Tim Noakes schreibt, wer in den sechs Wochen vor dem Comrades dreimal 30 Kilometer am Stück gelaufen ist, könne es ins Ziel schaffen. Aber so wenig habe ich schon seit Jahren nicht mehr trainiert.

Wirklich weise ist, wer mehr Träume in seiner Seele hat, als die Realität zerstören kann. Ich müsste wieder mehr die Weisheiten der Hopi studieren. Alltag war für sie immer auch gleichzeitig Religion, langes Laufen ein Gebet. Der Adler galt als Botschafter des großen Geistes. Weil er dem Himmel am nächsten kam. Er war heilig. Büffel, die in riesigen Herden über die Prärie zogen, wild und frei. Mit der Eisenbahn brach dann eine neue Zeit an. In ihr waren Büffel und freie Native Americans nicht mehr vorgesehen. Wir müssen die negativen Gedanken loswerden, sagte mein Schamane im Wochenendseminar. Hass, Neid und Angst. Ich solle mehr mit der Rassel arbeiten. Tsch, tsch, tsch, tsch, tsch, tsch, tsch, tsch. Die Stimme des Geistes sei die Rassel, sagte mein Schamane. Rassel die Rassel, das befreit.

Alles ist fertig. Zähne geputzt. Fernseher aus. Absolute Stille, bis auf das Rauschen der Autos in der Nacht. Durban bei Nacht ist unheimlich. Es gibt Ecken, da habe ich schon tagsüber Angst, wenn ich dort alleine unterwegs bin. Die Nacht über dem Meer ist sehr dunkel. Hippos laufen in Santa Lucia durch die Straßen, 400 Kilometer nördlich von hier. Freie Nilpferde, schwarz glänzend im Lichterschein der gelben Laternen.

Samstag

Ich wache um halb zehn auf, und gehe direkt laufen. Dreimal eine Runde um das Hotel sind genau drei Kilometer. Die Sonne scheint bei angenehmen 22 Grad in einer leichten Brise von der See. Es ist ein traumhafter Morgen. Glücklich und leicht und stark und in Südafrika mit einer Comrades Startnummer. Viel mehr kann man vom Leben gar nicht mehr erwarten.

Ich habe eine detaillierte Streckenbeschreibung dabei, mit Entfernungen und Landmarken, den Big Five und unbenannten Hindernissen, Cut-off Zeiten, persönlichen Notizen, Empfehlungen der Experten. Am Ende stand eine vier Seiten füllende Tabelle. Mein persönlicher Comrades Plan, seit Monaten wieder und wieder gelesen, studiert, meditiert, mit der offiziellen Streckenkarte all diese Informationen in mein Hirn gebrannt. Ich könnte die Strecke im Schlaf herunterbeten. Eine ehemalige Siegerin hatte sich den Lauf in neun 10-Kilometer-Rennen eingeteilt. Ist das eine Alternative? Sie hat immerhin gewonnen. Jeder macht es anders, aber irgendwann muss der Plan für das Rennen stehen. Und dann muss man daran festhalten. Plane dein Rennen. Und renne deinen Plan.

Eine lange Reise sollte man gut ausgeruht beginnen, und der Comrades ist eine sehr lange Reise. Es ist also gut, ausgeruht am Start zu stehen. Damit ich länger schlafen kann und mir die Busfahrt um 2.00 Uhr morgens sparen kann, übernachte ich im Imperial Hotel in Pietermaritzburg, wo ich am Nachmittag ankomme. Es ist wie eine Zeitreise in die britische Kronkolonie, wenig erinnert an die Gegenwart. Weiße Männer in weißer britischer Kolonialuniform, die Gin trinkend auf Queen Victoria anstoßen. Vor dem Rathaus sind die Startvorbereitungen fast fertig. Daneben ist ein kleiner Park mit einer Statue von Mahatma Gandhi. Aus einem Ghettoblaster tönt lauter HipHop. Gandhi hatte sich 1893 aus Indien nach Durban begeben, um dort für ein Jahr zu arbeiten. Auf dem Weg nach Pretoria war er im Bahnhof von Pietermaritzburg aus einem Waggon der 1. Klasse geworfen worden, obwohl er ein gültiges Ticket besaß. Seine Erfahrungen mit der südafrikanischen Rassendiskriminierung werden sein Leben verändern, danach das von vielen anderen und dann den Lauf der Welt. Ein Straßenschild neben dem Hotel warnt ausführlich und drastisch vor bewaffneten Raubüberfällen und ist umringt von vier Kameras und viel Stacheldraht. Ich habe eine Flasche mit einem Liter grünen kalten Tee dabei. Optimierung des Wasserhaushalts. Den schönen Brauch eines Weg-Biers hebe ich mir für die Tage nach dem Rennen auf, für die Strandpromenade in Durban. Regeneration mit Kohlenhydraten und Alkohol, Wasser und Sprudel und ein wenig Betäubung gegen die Schmerzen. Hopfen und Malz.

Im Hotel setze ich mich an einen kleinen Tisch in der Lobby. Es soll mal das Haus des Bürgermeisters gewesen sein. Heute brummt die Klimaanlage und der Aufzug ist defekt. Big Bang. Die Küche macht um 18 Uhr auf, ich bestelle sofort mein Abendessen. Auch die anderen Tische füllen sich rasch. Jeder will so früh wie möglich essen. Es gibt für mich Cola und einen Cheeseburger mit Ketchup und Pommes. Ein viel besseres Abendessen als die Pasta-Partys der Vergangenheit.

Das Zimmer ist hellhörig und das Licht vom Gang scheint hell durch einen breiten Spalt unter der Tür. Das Fenster schließt nicht richtig ab, davor ist ein großer Taubenschlag. Ich stehe auf und versuche, das Fenster zu verbarrikadieren. Es gelingt schließlich mit einem Keil aus einem Kissen und einer leeren Plastikflasche. Ich bin froh, als ich endlich auf meinem Bett liege. Das Gebäude knarzt und gibt ächzende Geräusche von sich, die Bewegungen seiner Bewohner werden über die Holzböden und Mauern von Stockwerk zu Stockwerk weitergereicht. Geräusche wie in einem alten Segelschiff auf hoher See. Ich lese noch ein wenig und lösche gegen halb zehn das Licht.

Sonntag

Der Wecker klingelt drei Stunden vor dem Start. Ich trinke einen halben Liter Wasser und zwei Tassen Nescafé, dazu zwei ungetoastete Toastscheiben mit Himbeermarmelade, Marzipanschokolade und Kekse. Anstelle so zum Start zu gehen, wie ich es gestern abgelaufen bin, trotte ich einfach den Massen hinterher. Leider ist dieser Weg nicht nur viel weiter, es sind hier auch mehr Menschen unterwegs. Und ich lande genau an der Seite des Startbereichs, wo gerade die ganzen Busse aus Durban ankommen. Es herrscht das blanke Chaos. Nicht hadern, denke ich mir und versuche, mich zu entspannen. Mein Startblock ist bereits gut gefüllt, ein paar Südafrikaner drängeln sich zäh und geduldig weiter nach vorne. Ich hänge mich an sie dran und versuche, dabei nicht auf jemanden zu treten, der am Boden sitzt. So weit nach vorne wie es nur irgendwie geht. Jeder Schritt bringt mich dem Ziel jetzt schon näher. Um 4.45 Uhr ist Schluss, jetzt heißt es warten. Die durchschnittliche Temperatur beim Start in Pietermaritzburg beträgt vier Grad. Es ist Winter in Südafrika. Heute ist es nicht ganz so kalt, aber die Handschuhe sind trotzdem Gold wert. Wir warten stehend, zum Sitzen ist es zu eng. Um 5.18 Uhr kommt Bewegung in das Feld, langsam gehen wir in Richtung Start. Die Absperrungen zwischen den Blöcken werden geöffnet. Ein paar versuchen, über die Zäune zu klettern, der Zugang zu den Blöcken wurde längst geschlossen, es gibt eine ziemliche Drängelei an den Zäunen, ich habe Glück, weil ich in der Mitte bin, es geht nach vorne, fast bis an den Block A. In der aktuellen Ausgabe der südafrikanischen Runner's World sind Bilder aus dem letzten Block, man kann nur Köpfe und Körper sehen, das Startbanner ist zu weit weg. Nicht einmal das Rathaus ist zu sehen. Eine Schlange aus 17.000 Menschen. Einer von fünf, denke ich. Ich werde heute einer von den fünf sein, die aus dem Block C starten und eine Bill-Rowan-Medaille bekommen. Ich habe das Training. Und die Zuversicht. Heute werde ich das schaffen. Das Rathaus aus britischem roten Backstein ist das größte dieser Art in der südlichen Hemisphäre. Es wird von sich bewegenden bunten Lichtern angestrahlt und wirkt wie etwas Lebendiges. Angeblich war die aus England kommende Schiffsladung für Kalkutta in Indien bestimmt. Weil das Schiff einschließlich der Baupläne aus Versehen in Durban entladen wurde und dann schon einmal alles hier war, baute man eben das Rathaus in Pietermaritzburg. Die Palmen stehen wie Schatten vor dem noch blauschwarzen Himmel. Noch zehn Minuten. Es wird still, die Lautsprecher verstummen. Ich starte die Suche nach dem GPS-Signal meiner Uhr. Die Ouvertüre beginnt mit dem Abspielen der südafrikanischen Nationalhymne. Es werden immer die gleichen Stücke in der gleichen Reihenfolge gespielt. Es ist immer derselbe Ablauf. Tradition ist alles beim ältesten Ultramarathon der Welt. Zuerst die Nationalhymne Südafrikas, dann *Shosholoza*, dann *Chariots of Fire*. Es wird noch einmal kurz hochemotional, bevor es dann sehr lange sehr ernst wird. Das ist hier kein Platz für Feiglinge. Ohne Krieg, sagte mal jemand, könne man gar nicht mehr herausfinden, ob man ein Feigling ist oder ein Held. Ich finde das nicht. Hier, am Start des Comrades Marathons, kann man das. Hier stehen heute keine Feiglinge.

„Nkosi sikelel' iAfrica", mehr kann ich mir von dem Anfang nicht merken, „Herr, segne Afrika, möge sein Geist (wörtlich Horn) aufsteigen." Die Musik dieser Nationalhymne ist wunderbar. The Economist wählte sie 2017 zur besten Nationalhymne der Welt. Für den Text der vier Strophen wurden die fünf am meisten verwendeten Sprachen Südafrikas verwendet. Die ersten beiden Zeilen der ersten Strophe sind in der Sprache der Xhosa verfasst, die beiden folgenden auf isiZulu. Für die zweite Strophe verwendete man Sesotho, eine Untergruppe der afrikanischen Niger-Kongo-Sprachen, die Sprache der Buren Afrikaans für die dritte Strophe und Englisch für die vierte Strophe. Die Melodie ist ergreifend, der Text die reine Poesie. „Aus dem Blau unseres Himmels, aus der Tiefe unserer See, über unseren ewigen Bergen, wo die Felswände Antwort geben", singt die dritte Strophe, und die vierte vollendet das Pathos. „Und vereint werden wir stehen, lasst uns leben und streben für die Freiheit, in Südafrika, unserem Land".

Und so stehen wir alle hier zusammen, unter dem gleichen Himmel, auf der gleichen Erde. Wir sehen die gleichen Sterne und den gleichen Mond, später wird eine Sonne auf uns alle scheinen. Wir stehen hier alle miteinander, gleich welcher Hautfarbe und welcher Herkunft, welchen Geschlechts und welchen Alters, welcher Religion und welchen Berufs. Wir sind hier und überall alle gleich. Barhäuptig, die rechte Hand auf dem Herzen, in der afrikanischen Dunkelheit. Wo der Mensch irgendwann den Kopf über die Gräser der Savanne hob, laut grunzte und sich dann auf seine beiden Beine stellte. Vielleicht hielt er auch triumphierend die Arme in die Höhe, wie jeder, der hier beim Comrades über das Ziel läuft. Wir haben alle die gleiche Geschichte. Hier stehen wir. Gemeinsam am Start. Gemeinsam im Rennen. Gemeinsam im Ziel. Es gibt nur eine Erde. Es gibt nur eine Menschheit. Es gibt nur einen Comrades Marathon.

Es folgt *Shosholoza*, ein altes Arbeiterlied. Pete Seeger spielte das live und legendär in der New Yorker Carnegie Hall am 8. Juni 1963. Tshotsholosa steht auf dem Plattencover. Es sei „eine Ode an das Zeitalter der Maschinen", so Pete Seeger. Aber am schönsten klingt es doch hier, ein Chor der vielen Tausend, immer wieder unterbrochen von den hochgezogenen Ululului. „Shosholoza, shosholoza, ku lezontaba, stimela, siphum' eSouth Africa, wenu yabaleka, wenu yabaleka, ku lezontaba, stimela, siphum' e South Africa, er bewegt sich schnell, bewegt sich stark, durch diese Berge, Zug aus Südafrika." Inoffizielle Hymne des Landes, des Comrades, und für mich mittlerweile auch. Zuletzt *Chariots of Fire*, die Titelmelodie aus dem gleichnamigen Film. Vangelis hat sich damit selbst ein Denkmal komponiert. Jeder weiß jetzt, dass es nun gleich los geht. Wenn du diese Melodie hörst, denkst du an Südafrika und den Comrades Marathon. Immer und überall, egal wo du es hörst. Das Lied steht seit Jahren für den Comrades, manchmal kann man es schon fast nicht mehr hören, so oft wird es hier gespielt. Aber am Start ist das natürlich etwas anderes. Hier zeigt es an, dass bald Magie entstehen wird, etwas Zauberhaftes. Ein großes Gemälde aus vielen Tausend Beinen und Leibern, wie ein Wimmelbild, das einen Moment sichtbar wird, und sich dann wieder auflöst. Das aber in den Erinnerungen der Menschen, die dabei waren, weiterlebt. Und diese Erinnerungen werden weitergegeben, an die nächsten Generationen von Comrades Läufern.

Dann verebbt der letzte Ton. Ein weiteres großes Drama in der fast hundertjährigen Geschichte des Comrades steht an. Kurze totale Stille. Die Atemlosigkeit eines Vakuums. In dieser angespannten Atmosphäre hatte 1948 ein Mann kurz vor seiner achten Teilnahme das irrwitzige Gefühl, irgendwohin mit seiner Energie zu müssen. Er war einer von 44 Startern, niemand wusste, warum er es tat, aber er legte die Hände an seinen Mund und stieß ein lautes Kikeriki aus. Einen Hahnenschrei. Alle waren so begeistert, dass Max Trimborn das Ritual wiederholte, Jahr für Jahr die ganzen nächsten 32 Jahre. Als er 1985 starb, hatte er, ich weiß nicht, wie viele Medaillen und sein Hahnenschrei war längst auf Band konserviert. Auch heute, von den mächtigen Lautsprechern verstärkt, signalisiert er mit seinem Hahnenschrei den Start des Comrades. Kikeriki... Kikeriki... Ich starte meine Uhr. Auf in den Kampf. Die Luft vibriert erzitternd, ein Kanonenknall donnert über unsere Köpfe hinweg, Fanfaren schicken uns auf die Reise. Es geht los.

Ich versuche, langsam zu laufen und nicht zu stolpern. Der Start entscheidet immer über das Ergebnis. Arthur Newton hatte schon in den 1930er-Jahren geraten, auf keinen Fall der Menge hinterher zu jagen, und Bruce Fordyce meint, man könne gar nicht genug vorsichtig am Start des Comrades sein. Und dann? Allen Vorsätzen zum

Trotz wird man einfach mitgerissen von dieser Flutwelle aus Tausenden von Menschen. Es ist kaum zu verhindern. Nachdem wir am Start von der Musik und dem Geschrei aufgeputscht wurden, ist der Startschuss wie eine Erlösung, es geht los und jetzt muss das alles erst einmal raus. Die Angst und die Euphorie, der Rausch und die Aufregung. Das lange Warten hat endlich ein Ende, das Rennen ist gestartet, ich kann laufen, ich muss laufen, unerbittlich beginnt die Zeit zu laufen. Die Aufregung und Angst kann man nun hinter der Startlinie zurücklassen, ich muss mich entspannen, langsam warm werden und einlaufen. Komme gut in den Tag, genieße den Moment. Nach einem Kilometer mache ich den geplanten Stopp. Wasserlassen. Nicht weil ich wirklich muss, aber ich will ein wenig runterkommen. Mein Puls wird gleich langsamer, was zeigt, dass ich doch wieder zu schnell gestartet bin, wie immer.

Ich reihe mich wieder ein. Nur nicht zu viel Energie am Anfang liegen lassen, nicht stolpern in der Dunkelheit, überall liegen die am Start wärmenden Plastikfolien herum und leere Plastikflaschen. Ich laufe auf der rechten Seite, nicht zu nah am Rand, damit ich nicht über einen Gullydeckel falle, aber auch nicht zu weit in der Mitte, hier sind manchmal die Leuchtmarkierungen der Mittelstreifen eine Stolperfalle. Ich muss viel langsamer machen. Meine Pace ist gerade unter 5:00 min/km. Alles gut, es ist alles gut, denke ich. Und schließlich fühlt sich ja wirklich alles sehr gut an. Geplant habe ich für die ersten zehn Kilometer 65 bis 70 Minuten, also etwas langsamer als die geplante Durchschnitts-Pace. Ich gehe meinen Plan im Kopf durch. Die ersten 20 Kilometer so kontrolliert wie möglich laufen. So viel wie möglich entspannen. Nie schwer atmen. Viel und regelmäßig zu trinken. Keinesfalls das Tempo von jemand anderem bestimmen lassen. Kein Rennen gegen jemanden zu laufen. Es geht nur um mein eigenes Tempo. Meine eigene Zeit. Alles andere spielt keine Rolle. Keine Beschleunigungen, nur mein eigenes Tempo machen. Kurze Gehpausen von Anfang an. Wir laufen durch die nächtlichen Straßen von Pietermaritzburg. Nach dem Wahnsinn am Start wird es schnell ruhiger. Nur noch wenige Zuschauer stehen hier am Straßenrand und sammeln die ersten weggeworfenen Kleidungsstücke ein.

Nach acht Kilometern komme ich am Gipfel von Polly Shortts an, dem ersten der Big Five. Es ist immer noch dunkel. Laufe so entspannt wie möglich, laufe so langsam wie möglich, immer wieder sage ich mir das vor, wie ein Mantra. Berühmt und berüchtigt. Polly Shortts. Eine schwarze Straße mit drei steilen Kurven hinunter in ein dunkles Tal. Beim up-run ist das der letzte absolute Hammer, aber die Kilometerzahlen sind ab hier dann eben auch einstellig, das Ziel in Reichweite, wenn man erstmal oben ist, wo die Kameras stehen und die gepeinigten Gesichter der langsam gehenden Menschen live im Fernsehen den Zuschauern im ganzen Land zeigen. Heute geht es bergab, nicht so schwierig wie bergauf, aber sehr gefährlich. Hier kann man sich schon den ganzen Tag kaputt machen, wenn man unvorsichtig ist. Manche brechen an mir vorbei, stürzen sich neben der Straße durch das Geröll, als gäbe es kein Morgen. Ich versuche, meine Oberschenkelmuskeln zu schonen, und mache langsam und vorsichtig. Nach einer Stunde bin ich bei Kilometer 9, also sechs Minuten oder einen Kilometer langsamer als die geplante Durchschnittspace und damit voll im Plan. Unten angekommen wird es deutlich kühler. Die warme Kleidung und Handschuhe sollten bis zu der kleinen weißen Brücke nahe Ashburton anbehalten werden. Die ersten 23 Kilometer des Down Runs seien die schwersten, sagt Coach

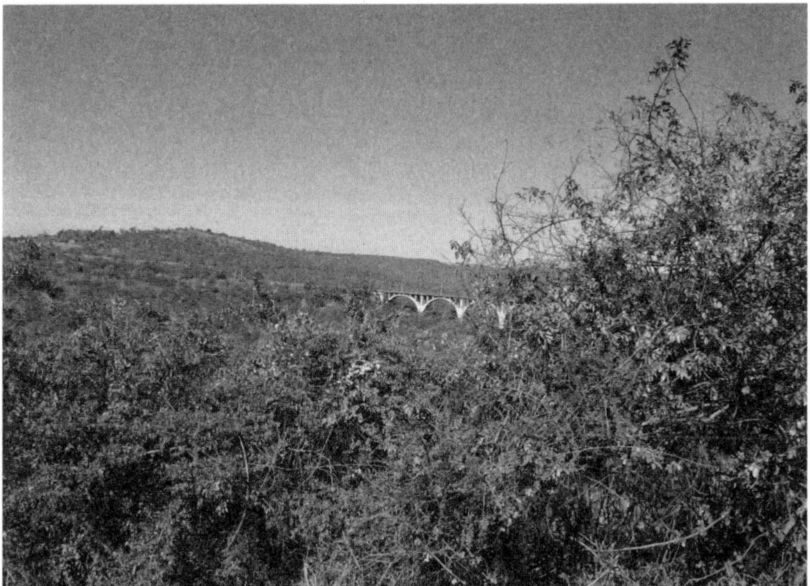

Lindsay Parry, offizieller Trainer des Comrades Marathons. Die von ihm betreute Carolyne Woostman gewann 2015 und belegte trotz schlimmster Krämpfe 2016 immer noch den 2. Platz. Ich mach mir keine Sorgen, schließlich war genau das mein Plan, langsam starten und mich auf den ersten 20 Kilometern warmlaufen.

Bei der Premiere 1921 und den ersten Jahren danach bekamen alle Finisher eine Medaille aus purem Silber. Vielleicht erklärt das die nach heutigen Maßstäben bescheiden wirkende Größe der Medaillen. Für die ersten sechs Finisher wurden 1931 Gold-Medaillen eingeführt. Echtes Gold natürlich, wir sind in Südafrika, dem größten Goldproduzenten der Welt. Ab 1972 gab es die bei Olympia üblichen drei Medaillenkategorien. Gold für die ersten 10, Silber für alle unter 7h30 und Bronze für alle anderen, die im Zeitlimit von unter 11h ins Ziel kamen. Im Jahr 1980 wurde das Material abgewertet. Aus Gold wurde Sterling-Silber mit Goldbezug, statt reinem Silber verwendete man Silber bezogenes „high qualitiy gilding metal". Goldmedaillen bekommen heute die ersten zehn Frauen und die ersten zehn Männer. Für die restlichen Finisher gibt es die Wally-Hayward-Medaille (goldener Rand mit Silberkern, seit 2007 für den 11. Finisher und alle Männer, die unter 6h bleiben), die Isavel-Roche-Kelly-Medaille (goldener Rand mit Silberkern, seit 2019 für die 11. Finisherin und alle Frauen, die unter 7h30 bleiben), die Silber-Medaille (für alle Männer zwischen 6h und 7h30), die Bill-Rowan-Medaille (silberner Rand mit Bronzekern, seit 2000 für alle Finisher zwischen 7h30 und 9h), die Robert-Mtshali-Medaille (Titan, seit 2019 für alle Finisher zwischen 9h und unter 10h), die Bronze-Medaille (für alle Finisher zwischen 10h und unter 11h) und der Renngründer wurde 2003 geehrt mit der kupfernen Vic-Clapham-Medaille für die Finisher der letzten Stunde. Die Silber-Medaille ist die Älteste, sie gab es von Anfang an.

Mir fehlt also nach einer Stunde ein Kilometer. Ein ganzer Acht-Stunden-Tag liegt vor mir, um diesen einen Kilometer reinzulaufen. Theoretisch achtmal 125 Meter, ich muss in jeder der nächsten Stunden 125 Meter reinholen. Das klingt nach nichts. Ich mache mir darum auch keine großen Sorgen. Gar keine eigentlich. Teil des Plans war, ab dem Gipfel von Botha's Hill noch stark laufen zu können. Die Landmarke dafür ist das Kearsney College. Erst hier beginnt das harte Abwärtslaufen. Wenn die Schmerzen zu stark werden und ich bergab gehen muss, bin ich verloren. Also gut bis Botha's Hill kommen und die restlichen 40 Kilometer stark laufen. Am Botha's Hill wird mein Rennen losgehen. Wenn ich dann noch zu einer Pace zwischen 5:25 und 5:45 min/km in der Lage bin, sollte es doch eigentlich schaffen zu schaffen sein. Ich werde das heute schaffen, ich sage es mir immer und immer wieder. Nur keinen Zweifel aufkommen lassen. Ich habe gar keine Zweifel. Nicht zu diesem Zeitpunkt des Tages. Ich fühle mich stark und leicht und sehr fit und glücklich und frei.

In Japan sagt man, jeder sollte einmal im Leben den Mount Fuji besteigen. Für Südafrikas Läufer gilt, einmal im Leben muss der Comrades gelaufen werden. Die schlauen Japaner belassen es dabei, ein zweites Mal auf den Fuji gehe nur ein Esel. Beim Comrades dagegen gab es von Anfang an Wiederholungstäter. Weil nur vier Männer bis heute jeweils fünfmal gewinnen konnten, gilt dies als die Marke für wahre, echte Comrades Größe. Arthur Francis Hamilton Newton (Siege 1922–1925 und 1927) ist die legendenumwobene Überfigur. Der gebürtige Engländer stellte dazu noch Weltrekorde über 50 Meilen, 100 Meilen und 24 Stunden auf und revolutionierte nebenbei das Langstreckenlauf-Training. Wally Hayward gewann 1930 und dann erst wieder 1950, 1951, 1953 und 1954. Zum Liebling aller wurde er, als er 1988 zurückkehrte und wenige Tage nach seinem 80. Geburtstag mit 9h44 ins Ziel einlief und ein Jahr später sogar noch einmal finishen konnte. Hardy Ballington gewann 1933, 1934, 1936, 1938 und 1947. Wer weiß, wo er stünde, wäre der Comrades kriegsbedingt nicht zwischen 1943 und 1945 ausgefallen. Jackie Mekler gewann 1958, 1960, 1963, 1964, und 1968. Nur wenige Wochen, nachdem er sein frisch erschienenes Buch *Running alone* auf der Comrades Expo signiert hatte, kam die traurige Nachricht, dass er im Alter von 87 Jahren in Kapstadt verstorben war. Ende April erst musste sich die Comrades Gemeinde bereits von Tommy Malone verabschieden, Protagonist des wohl spektakulärsten Zieleinlaufs aller Zeiten. Malone stand 1967 kurz vor seinem zweiten Triumph in Folge, als er nur wenige Meter vor der Ziellinie zusammenbrach, dokumentiert in einem verwackelten Schwarzweiß-Film. Er rappelte sich wieder auf und stürzte erneut. Im Hintergrund tauchte plötzlich der herbeifliegende Manie Kuhn auf. Malone war noch auf den Knien, das Gesicht nur Zentimeter vor der Zielschnur, mit letzter Kraft versuchte er, sich über die Zielschnur zu werfen. Es gelang nicht und Kuhn fing ihn auf dem letzten Meter des Comrades noch ab, die Arme im Triumph erhoben, die Augen geschlossen, ein ungläubiges Lächeln im Gesicht. Ein ultimatives Comrades Drama.

Auch wenn Alan Robb der fünfte Sieg verwehrt blieb, gehört er doch zu den Giganten des Comrades. Darüber besteht keinerlei Zweifel, bei niemandem. Es ist unbestritten. Er war der erste unter 5h30 und besitzt 42 Comrades Medaillen. Nur wenige waren so gesehen erfolgreicher. Vielleicht nur einer. Bruce *Comrades King* Fordyce, der Einzige, der das Rennen neunmal gewann, von 1981 bis 1988 achtmal in Folge und ein weiteres Mal 1990. Frauen durften offiziell erst seit dem goldenen Jubiläum 1975 teilnehmen. Elena Nurgalieva konnte mit acht Siegen fast mit Fordyce gleichziehen, mit den beiden Siegen ihrer Schwester Olesya werden sie für lange Zeit das erfolgreichste Geschwisterpaar im Comrades bleiben. Vier Läuferinnen, Maria Bak, Frith van der Merwe, Helen Lucre und Lettie van Zyl, siegten dreimal.

Für Fanatiker noch ein paar nackte Zahlen. Erste Läufer unter 6h waren Wally Hayward im down-run 1953 und Jackie Mekler 1960 im up-run. Alan Robb war der erste unter 5h30 (down-run 1978), Bruce Fordyce 1988 im up-run. Den Rekord hält der Südafrikaner David Gatebe mit 5h18 (down-run, 2016). Die erste Frau unter 6h war Frith van der Merwe 1989 in 5h54 (down-run) und bis heute war keine Frau schneller. Erster offizieller schwarzer Sieger wurde Samuel Tshabalala im gleichen Jahr. Robert Mtshali lief bereits 1935 die gesamte Strecke, inoffiziell, im Jahr 2005 wurde dies offiziell vom Veranstalter gewürdigt.

Wenn man nicht Bruce Fordyce heißt, bedeutet der Wunsch nach einer schnellen Zeit, einer persönlichen Bestzeit oder der nächsten Medaillenkategorie, dass man einen down-run laufen muss. Leider macht die Verlängerung der Strecke um etwa einen Kilometer durch die Verlegung in das Fußballstadion diese Aufgabe wieder etwas schwieriger. Zum 75. Jubiläum im Jahr 2000 erreichten 20.047 Läufer das Ziel, 1946 kamen dagegen nur acht Läufer ins Ziel, 1940 zehn und 1938 elf, die bisherigen Negativrekorde.

Amby Burfoot, Boston Marathon Sieger und langjähriger Chefredakteur der amerikanischen Runner's World, schrieb in einem

Bericht über seine Comrades Erfahrungen, dass er nur drei Medaillen im Wohnzimmer hängen habe. Die Siegermedaille vom Boston Marathon und seine beiden Comrades Finisher Medaillen. „Jeder Läufer sollte eine haben", schreibt er. Die heißbegehrte Comrades Finisher Medaille. Dazu gibt es, wenn man im Jahr nach der ersten Teilnahme erneut erfolgreich ins Ziel kommt, eine Back-to-Back-Medaille. Ich finde, auch die sollte jeder haben.

Die Versorgung über den ganzen Tag ist perfekt. Auf den Straßen zwischen Durban und Pietermaritzburg stehen 46 Verpflegungsstände. Niemand wird verdursten oder verhungern, das ist sicher. Es gibt über 30.00 Liter Coca-Cola, 750.000 Beutel mit einem Isogetränk und fast zwei Millionen Beutel mit Wasser. Dazu neun Tonnen Bananen, acht Tonnen Orangen, eine Tonne Biskuits und zwei Tonnen gekochte Kartoffeln. Unbekannt sind die Mengen an Grillfleisch, die von den Zuschauern entlang der gesamten Strecke auf offenen Flammen gebraten werden und mit kaltem Flaschenbier ein Festmahl ergeben. Der Rauch des verbrannten Fleischs steigt in dichten Schwaden in den Himmel, so stelle ich mir das kultische Brandopfer einer Hekatombe Stiere in der Odyssee vor. Ursprünglich im antiken Griechenland ein Opfer von 100 Rindern, bei Homer genügten schon zwölf Stiere. Was immer noch eine gewaltige Menge verbrannten Fleisches ist. Es ist ein Feiertag für das ganze Land, nicht nur für uns Läufer, alles steht Kopf, das Fernsehen überträgt über zwölf Stunden live, das komplette Rennen und das gesamte Drumherum. Trotz dieses Angebots habe ich vier Gels mit Koffein dabei, Gel-Chips wären auch gut gewesen, aber irgendwas ist halt immer. Am Ende, wenn es auf den letzten Halbmarathon geht oder so ungefähr, wird es frische kalte Coca-Cola geben. An jedem Stand. Herrlich kalt, prickelnd und wunderbar. Ein Mysterium auch dies. Nach Polly Shortts geht es auf einen sieben Kilometer langen Anstieg zum 1. Cut-off, N3 Subway/ Lion Park, Lynnfield Park. Der Löwenpark war der erste Park dieser Art in Südafrika, gegründet von Dick Chipperfield vom Chipperfield Zirkus. Die Unterführung hier wird von Veteranen als Ten Mile Subway bezeichnet. Es ist ein down-run, muss ich an die Worte vom Comrades King denken, darum laufe ich aufwärts.

Ein Bauernschneutzer vom Nebenmann streift meine linke Wade. Ich bleibe stehen und spüle es mit Wasser ab, ist ja ekelhaft, echt jetzt. Es ist noch früh im Rennen, da regt man sich über so etwas noch auf. In 50 Kilometern werde ich solchen Kleinigkeiten keine Aufmerksamkeit mehr schenken. Ich wechsle leicht die Straßenseite. Fliegende Spucke und Nasensekrete sind ein normaler Teil dieses Tages.

Wir passieren die Hühnerfarmen. Rainbow Farms steht auf einem Schild. Wenn der Wind falsch steht, stinkt es furchtbar. Es sieht aus wie ein grauenhaftes Lager, Stacheldrahtrollen auf den Zäunen, flache, langgestreckte Bauten, die den Horror dahinter verbergen. Aber der Wind steht heute günstig, der Brechreiz bleibt mir erspart.

Bei Kilometer 19 steht auf der anderen Seite des Freeway ein Wasserturm. Wenn man nicht wüsste, dass dies mit 870 Meter über dem Meer der höchste Punkt der Strecke ist, würde man nicht draufkommen. Zu unspektakulär kommt Umlaas Road daher. Früher gab es wenigstens noch eine schwarze Holztafel, aber die wurde dann entfernt, als man begann, die Highlights der Strecke mit Backsteintürmchen und neuen Tafeln zu würdigen und zu markieren. 1979 kollabierte hier der bis dahin weit in Führung liegende Johnny Halberstedt. Piet Vorster gewann in neuer Rekordzeit (5h45.02). Halberstedt wurde mit 5h50 immerhin noch zweiter, eine Minute vor dem jungen Bruce Fordyce. Es war das erste Jahr, in dem Begleitfahrzeuge auf der Strecke verboten wurden. Auf einem Foto der drei Männer im Ziel blickt Vorster mit ungläubigem Gesichtsausdruck Fordyce an. Fordyce, der in den kommenden Jahren mit neun Siegen zum Comrades King werden sollte, erinnert an diesen Lauf in seinem Buch *Run the Comrades*. „The 1979 up Comrades Marathon will always be my favourite race ... And it was the year that I realized that it was actually possible to run up Polly Shortts." Amby Burfoot schrieb, dass er vor seiner ersten Teilnahme beunruhigt über Polly Shortts war und Forcyce zu ihm gesagt habe, dass er sich deswegen keine Sorgen machen solle. Er würde bei Polly Shortts sowieso gehen müssen. Burfoot vermutete, dass Fordyce wohl nicht wusste, dass er einen Boston Marathon-Sieger vor sich habe. Wie von Fordyce vorhergesagt, musste aber auch er bei Polly Shortts gehen, wie so viele andere.

Kilometer 26 Camperdown. Arthur *Greatheart* Newton übernahm hier 1922 die Führung. Es war der Beginn seiner Unsterblichkeit. Jackie Mekler ging 1968 ebenfalls hier in Führung auf dem Weg zu seinem fünften Sieg. Beim up-run herrscht hier Tour-de-France-Alpe-d'Huez-Stimmung. Heute geht es eher beschaulich zu. Vorbei an der Moschee und durch die scharfe rechts-links Kurve lassen wir Camperdown schnell hinter uns.

Cato Ridge, Kilometer 30. Einer meiner Lieblingsorte der Strecke. Ein starker Name. Eine wichtige Landmarke. Das erste Drittel ist geschafft, der zweite Cut-off, die Strecke wird hier offiziell nach 4h20 geschlossen. Ich bin bei 3h03 durch, aber heute interessieren die Cut-off Zeiten nicht, darum wird es für mich nicht gehen. Weiterhin fehlt mir der in der ersten Stunde verlorene Kilometer. Aber ein Drittel liegt hinter mir. Cato der Ältere soll jede seiner Reden mit dem Satz „Ceterum censeo Carthaginem esse delendam" beendet haben, so berichtet es Plutarch. Auf Latein eine Alliteration, das C wurde wie ein K gesprochen. Woher wollen wir das wissen? Großes Latinum. Accusativus cum infinitivo, der sich auf censeo bezieht und selbst eine Gerundivkonstruktion ist. Karthago sei eine zu Zerstörende. 1864 spricht sich ein gewisser Ludwig Pfau für eine Auflösung Preußens aus, da ohne diese eine Einigung Deutschlands im freiheitlichen Sinne nicht möglich sei. Er bezog sich dabei auf Cato. „Ceterum censeo Borussiam esse delendam". Das wäre doch mal ein lässiger Spruch auf einem roten Bundesliga-Trikot. Namensgeber für Cato Ridge war aber kein altrömischer Politiker, sondern George Cato, Durbans erster Bürgermeister. Der Ort selbst, von der Straße aus gesehen, auf der wir ihn durchqueren, ist ein staubiger Rastplatz für Lkw-Fahrer und erinnert an apokalyptische Endzeitfilme. Mad Max könnte um die Ecke kommen oder Clint Eastwood in einem Tarantino-Film. Der Wind weht über sonnenverbrannte Straßen. Staubige Gestalten mit misstrauischen Blicken sitzen auf billigen Plastikstühlen und essen trockene Wurst und hartes Brot, die sie mit großen Messern zerteilen. Sie trinken aus zerbeulten emaillierten Kaffeebechern, es könnte alles darin sein, schwarzgebrannter Schnaps, Poitin oder auch nur Kaffee. Leere Bierdosen werden vom Wind blechern klappernd hin und her bewegt. Große Giftschlangen habe ich noch keine gesehen, aber sie würden gut ins Bild passen. CATO RIDGE ELECTRONICS steht in riesigen weißen Buchstaben auf einer Lagerhalle und daher ist diese Landmarke schon von weitem sichtbar.

Hinter Cato Ridge geht es über mehrere Kilometer recht unspektakulär auf und ab so dahin. Harrison Flats ist alles, nur nicht flach. Und egal in welcher Richtung man hier läuft, es fühlt sich immer so an, als müsste man leicht, aber schmerzhaft bergauf laufen. Mancher sagt, wer beim up-run hier noch in guter Verfassung ist, könne auf diesem Streckenabschnitt ein letztes Mal versuchen, Zeit gut zu machen. Ich dagegen muss es heute nur hinter mich bringen. Bei meinem ersten Comrades habe ich mich hier an den Straßenrand gestellt und bin dafür tief in das braune Gras hinein gegangen, um ein wenig von der Straße wegzukommen. „Beware of the snakes", rief mir ein vorbeikommender Afrikaner zu. „No joke. Beware of the snakes." Mit heruntergelassener Hose zog ich mich rückwärts wieder in Richtung Straße aus der Gefahrenzone zurück.

Ich denke im Moment nicht weiter als bis zum nächsten Kilometer-Schild und konzentriere mich auf die Zeit, die ich bis dahin gebraucht habe. Ein Flow stellt sich ein, ein rauschhaftes Gefühl von Leichtigkeit und Kraft, Geschwindigkeit – und Peng ist das Gefühl schon wieder weg. Weil ich mich habe mitreißen lassen. Es muss sich unbewusst entwickeln und wie eine Seifenblase dahinschweben. Sobald man sich der eigenen Schwerelosigkeit im Flow bewusst wird, platzt die Blase. Wenn man denkt, wie großartig es doch läuft, ist man nicht mehr fokussiert genug und das Gefühl ist sofort wieder weg. Ich versuche, meinen Geist auf das zu konzentrieren, was ich gerade tue. Laufen. Gehen. Trinken. Essen. Laufen. Ein weißer Tiger durchstreift die braungebrannte Savanne. Nein, es war nur eine Katze. Aber was für ein fettes Ding. Daneben liegen zwei Pferde und starren mir hinterher. Ob die Zeit der Native Americans noch einmal kommen wird? Sitting Bull, Geronimo, die Chiefs der Sioux und Apachen, magische Namen meiner Kindheit. Was hat die Welt verloren, mit ihrer Weisheit und der Kultur der Tibeter, das können Worte nicht beschreiben. Wir sind ein armer trauriger Wüstenplanet geworden. Wenn der Regenwald im Amazonas erst einmal komplett abgeholzt ist, ja, was dann? Der Verlust wird unerträglich sein. Vielleicht unlebbar. Gedanken durchziehen meinen Geist, den ich doch zu kontrollieren suche und verblassen wieder. Ich nehme sie kaum noch wahr. Einfach nur auf das Wesentliche konzentrieren. Laufen. Gehen. Trinken. Essen. Laufen. Immer und immer wieder. Bis ins Ziel. Ich möchte es komplett erfassen, als Ganzes und im Detail, und in seiner ganzen Bedeutsamkeit, sagte der Schlumpf zur Meerjungfrau, die ihn daraufhin in die Arme nahm und in ihr Reich hinunterbrachte. Laufen. Gehen. Trinken. Essen. Laufen.

Ethembeni School ist der nächste Höhepunkt, eine Schule für Blinde und körperlich behinderte Kinder, die in Schuluniformen mit Krücken am Straßenrand stehen oder in ihren Rollstühlen sitzen, uns zuwinken und High Fives geben. Durch Radnor gelaufen liegt vor mir nun Inchanga, der zweite Big Five. Und mein Lieblingsberg. Nach zweieinhalb langen Kilometern Bergauflaufen erwartet uns oben eine andere Welt. Südafrikanische Highlands mit einem verfallenen Backsteinhaus und einem der letzten alten übriggebliebenen Schilder von den Höhepunkten der Strecke. Egal aus welcher Richtung, immer wenn ich Inchanga erreicht habe, ist das ein großartiges Gefühl.

„Ist das ein Big Five?“, fragt mich ein International. Er hat sich offenbar nur wenig mit der Strecke und ihren Höhepunkten auseinandergesetzt. Das ist schade für ihn, denn dieses Rennen bietet so viele Geschichten, große und kleine, dass ich nie genug davon bekommen kann. Die erste Geschichte des Comrades schrieb Morris Alex-

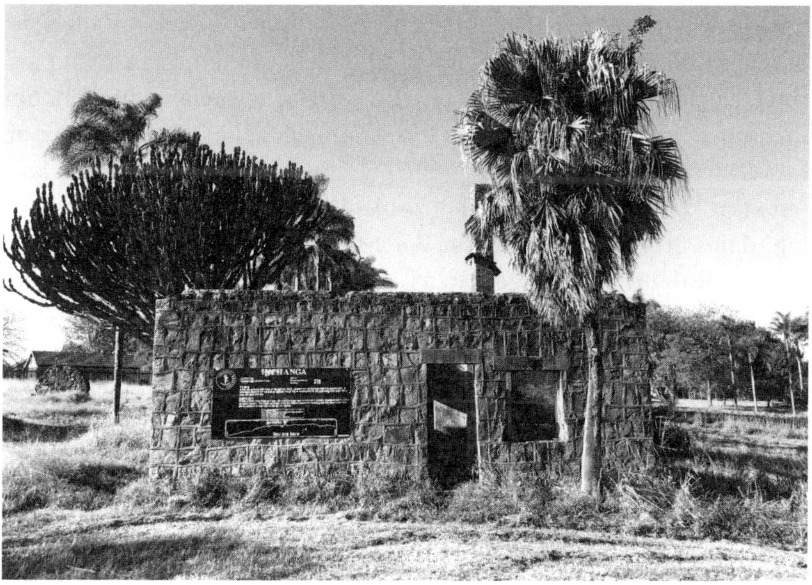

ander mit *The Comrades Marathon Story*, Erstauflage 1966. Ihm ist es zu verdanken, dass viele Kleinigkeiten, die sonst längst vergessen wären, auch uns heute noch inspirieren können. John Cameron-Dow trat 46 Jahre später als Nachfolger in seine Fußstapfen mit seinem Buch *Comrades Marathon. The ultimate human race*. Und ihm verdankte Bruce Fordyce auch seinen Titel Comrades King.

„Inchanga", sag ich. „Das ist Inchanga."

Ein Höhepunkt der Strecke. Was für ein Berg. Sehr schwierig zu laufen. Geheimnisvoller Klang der Zuluworte. Inchanga ist ein Berg und kein Hügel. In der Sprache der Zulu wird er Klinge eines Messers genannt. Rhythmische Trommelklänge, die Geister der geschmückten Krieger bewachen seinen Gipfel. Wer sich nicht ehrfürchtig genug verhält, wird die Klinge Inchangas zu spüren bekommen.

„Dahinter kommt Drummond. Die Hälfte."

„Oh, cool", meint er. „Good luck."

„Danke, ebenfalls."

Ich zähle meine Schritte, immer bis zehn, dann wieder von vorn. Das ist ein einfaches Mantra und funktioniert immer. Es schaltet mein Denken aus und verhindert, über das Warum und das Wie-lange-noch nachzudenken. Es ist zu steil zum Laufen. Ich muss gehen, wie so viele andere auch. Langsam werde ich mich hinaufarbeiten. Langsam weiter, immer weiter. Löwen auf der Hochebene im Sonnenlicht. Was auch passiert, ich bleibe nicht stehen. Was auch passiert, ich bewege mich vorwärts. „Ein Comrades Sieger geht nicht bei Inchanga", sagt Bruce Fordyce. Ich schon. Ich gehe und laufe, immer im Wechsel, und das ist schon eine Leistung. Überhaupt noch zu laufen statt komplett zu gehen. Ich zähle die Schritte. 100 Schritte laufen, dann 20 gehen. Immer im Wechsel. Je nach Steigung muss ich auch mal deutlich weniger Schritte laufen, 50 oder sogar nur 20. Ich werde aber versuchen, immer nur 20 Schritte zu gehen. Schritte zählen verdrängt negative Gedanken. Ich zähle manchmal sogar mit den Fingern mit, damit ich weiß, wann ich 50 Schritte gemacht habe. 20 Schritte gehen. 50 Schritte laufen. Ich komme auf der hohen Ebene von Inchanga an. Der Wind hat die Bäume schief gemacht, das Gras ist braun und von der Sonne verbrannt. Erinnerungen an die schottischen Highlands bei Glen Coe. „Wo sind wir?", fragte die sterbende Heather ihren Mann, den unsterblichen Highlander Connor Mac-

Leod. „Wir sind in den Highlands. Wo sonst?" Sie lächelte glücklich und starb in seinen Armen.

Doch ist jetzt keine Zeit zum Sterben, und auch nicht für Entspannung, es geht auf der anderen Seite steil bergab. Ich strecke die Arme von mir und segele ein wenig vom Gipfel Inchangas hinunter in Richtung Drummond. Where is my mind, where is my mind, das hochgezogene huuuhuhuuu, die Gitarre, Surfer Rosa, Magie der Worte, die obwohl keine wirkliche Bedeutung doch Bilder im Kopf entstehen lassen. Ich lege die Arme wieder an. Ich muss vorsichtig sein. Konzentriere dich auf das nächste Kilometer-Schild. Es ist nicht die Zeit für Spielchen. Zweieinhalb Kilometer hinunter nach Drummond, der offiziellen Hälfte der Strecke. Laute Musik, Partystimmung. Bill *Big Pill* Payn, der 1922 mit Rugby-Schuhen lief, trank hier mit seinem Freund *Zulu* Wade in einem Pub einige Pints Bier, danach beendete er seinen epischen Lauf. Drummond liegt auf 523 Meter über dem Meeresspiegel und ist damit nur unwesentlich niedriger als der Start in Pietermaritzburg. Der nächste Aufstieg führt auf 654 Meter, den Gipfel von Botha's Hill. Hier wird mein Lauf wirklich beginnen, dann sind es noch 40 Kilometer. Fast ein Marathon. Nur noch ein Marathon. Bis dort muss ich so stark wie möglich bleiben, damit ich ab dort noch gut laufen kann. Mein Tag beginnt auf dem Gipfel von Botha's Hill.

Es ist erstaunlich, welche aufbauende Wirkung die Worte „you are looking good" aus dem Mund einer wildfremden Frau haben können, die ich noch nicht einmal gesehen habe, nur gehört. Aber sie wird schon mich gemeint haben. Wie auch die, die mir „run, you sexy god", hinterhergeschrien hat, beinahe Beatlemania-mäßig gekreischt. Dann erhalte ich einen festen Schlag auf den Rücken. Im Fußball wäre das eine klare rote Karte. Ich erschrecke total, komme aus dem Tritt, stolpere zwei Schritte und drehe mich wütend um, bereit den Foulspieler laut anzuschreien. Ich blicke in ein breit lachendes, fröhliches, Wassertropfen verteilendes Gesicht eines jungen Südafrikaners.

„Hey, Tscherr-Maanie", schreit er, als er locker an mir vorbeizieht, „willkommen, willkommen." Er möchte mich begrüßen und seine Deutschkenntnisse anbringen.

„Good luck“, rufe ich ihm hinterher, mein Rücken ist total verspannt und ich muss ein paar Meter gehen und versuchen, die Verspannung wieder zu lockern. Es war natürlich nett gemeint, aber ein schlichtes „Hallo“ hätte auch gereicht.

In Pietermaritzburg wurde 1903, als es noch Teil der britischen Kolonie Natal war, der Dichter Alan Paton geboren. Nachdem die Nasionale Party die Parlamentswahlen 1948 gewann und sofort damit begann, die Apartheid systematisch zu institutionalisieren und im weiteren Verlauf gesetzlich festzuschreiben, schrieb Paton den Roman *Cry, the beloved Country.* Früh hat er die Problematik der Apartheid thematisiert. Später gab er seinen Job als Lehrer auf, um sich ganz der Schriftstellerei widmen zu können und gründete die Liberal Party of South Africa. Sein Eintreten für Nelson Mandela in dessen Prozess 1964 konnte zumindest die drohende Todesstrafe verhindern. Seinen Alterswohnsitz wählte er hier, an den grünen Hängen von Botha's Hill. Seine unsterblichen poetischen Worte haben die Apartheid überdauert. „These hills are grass-covered and rolling, and they are lovely beyond any singing of it.“ Und sie liegen nun vor mir, diese grünen Hügel Afrikas, das Valley of Thousand Hills. Zwei Jahre vor Nelson Mandelas Freilassung starb Paton 1988 in Durban, so dass er sein ganzes Leben eng mit der Strecke des Comrades verbunden war.

Im nächsten Jahr werden wir hier an der Halfway Mark roten Wein aus Stellenbosch trinken und Londoner Gin, im Kruger Park Löwen und Elefanten sehen, einen Leoparden und ein Nashorn Baby, das Kap der Guten Hoffnung und den Tafelberg und Pinguine am Boulders Beach. Aber das wird erst nächstes Jahr sein. Heute muss ich nur hier durch. Ich nehme den Lärm Drummonds auf, er motiviert mich und das ist immer gefährlich. Bloß keinen Zwischensprint. Nicht durch die Zuschauer verleiten lassen. Immer vorsichtig bleiben, die Kontrolle behalten. Nicht jeder Kilometer wird perfekt sein, das ist nicht möglich und auch nicht erforderlich. Das Wichtigste ist, mehr oder weniger gleichmäßig schnell zu sein. Wenn die meisten Kilometer nach Plan gelaufen werden, wird das Puzzle aus den 90 einzelnen Kilometern ein perfektes Gesamtbild ergeben. Und im Mittelpunkt dieses perfekten Bildes wird meine Bill-Rowan-Medaille glitzern, halb Silber, halb Bronze.

Hinter Drummond geht es immer steil bergauf. Beim up-run ist es Inchanga, heute beim down-run geht es nach Alverstone. Fast vier Kilometer lang kontinuierlich aufwärts und das ist noch nicht einmal ein Big Five. Es ist ein down-run, darum laufe ich up, up, up. Noch einen letzten Blick über das Valley of Thousand Hills, das glitzernde Funkeln eines Flusses darin. Warum müssen wir über alle tausend Hügel? Es sieht so wunderbar schön aus. Aber ich kann mich heute damit nicht weiter aufhalten. Ich werde bis an den Rand gehen und muss aufpassen, dass ich nicht darüber falle. Es ist ein hartes Rennen, das mit offenem Visier gekämpft werden muss, und wenn ich Pech habe, geht es am Ende, nach fast neun Stunden, um einzelne Sekunden. Und zwar um jede einzelne. Nicht daran denken. 9h00.01. Es wird heute passieren, weil es nur heute geschehen kann. Es gibt solche Tage im Leben. Den fehlenden Kilometer hole ich mir noch und die anderen laufe ich im nötigen Zeitfenster. Ich lasse Drummond und die grünen Hügel hinter mir und fange wieder an zu klettern. Es geht darum, geduldig zu sein und so lange mit seinen Kräften hauszuhalten, bis man diese letzte Beschleunigung sicher bis ins Ziel durchhalten kann.

Arthur's Seat ist hier eine in den Sandfelsen hineingeschlagene Kuhle auf der rechten Straßenseite. Von hier grüßt der sitzende Geist

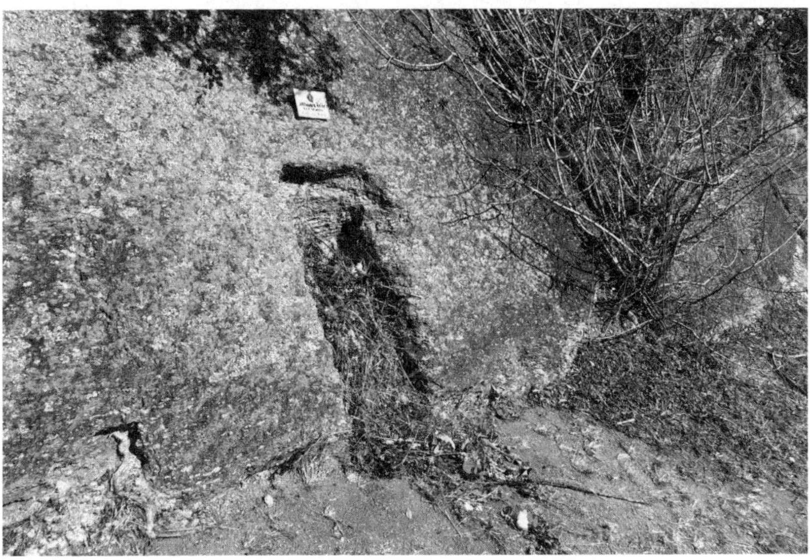

von Arthur Newton die passierenden Läufer. Die Legende verheißt den Respektlosen, die nicht zurück grüßen, eine schlechte zweite Hälfte. Das will ich nicht riskieren. Ich ziehe brav meinen Hut beziehungsweise die Kappe, sage laut und deutlich „Good Morning, Sir" und lege eine Blume ab in das Blumenmeer auf der Straße. Direkt dahinter kommt die Wall of Honour. Jeder Finisher kann sich für ein paar Rand seine Plakette mit Namen und Nummer kaufen. Es müssen tausende Plaketten sein, auf einer vier Meter hohen und mehrere hundert Meter langen Mauer. Nach meiner ersten Teilnahme habe ich daheim erzählt, es seien Gedenkplaketten für die beim Lauf Gestorbenen. Fand niemand witzig. Rechts über uns thront auf einem der 1.000 Hills der 247 Meter hohe Radioturm Alverstone. Ein Name wie aus dem Star Wars Universum, kurz vor Mos Eisley. Alverstone ist seit Kilometern schon eine wichtige Landmarke, wir zirkeln in großen Bögen um ihn herum. Nach der Wall of Honour geht es erst ein Stück geradeaus, dann kommt eine Haarnadelkurve nach links und wir laufen in weiteren Bögen weiter hinauf, irgendwann geht die Alverstone Road ab. Kurz danach folgt der PheZulu Safari Park mit einem Laden für afrikanisches Kunsthandwerk, dem Reptilienpark und Giraffen. Vor mir liegt nun Botha's Hill, der Safari Park ist nur

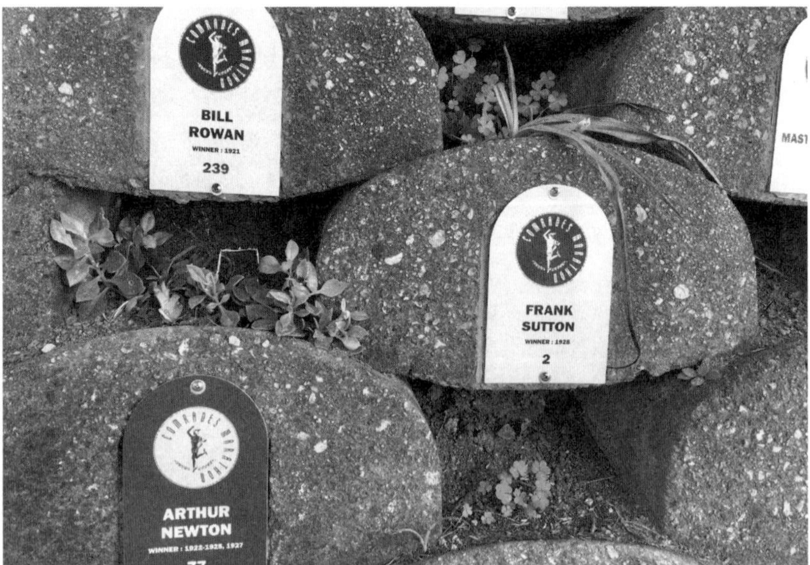

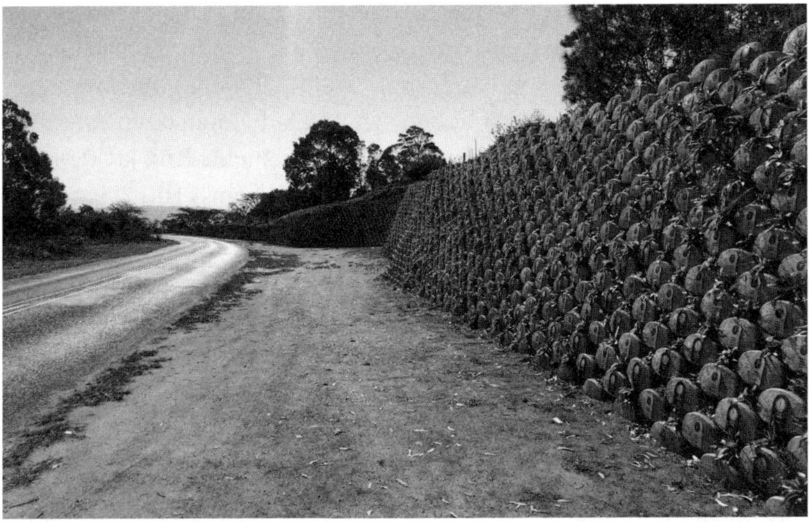

eine weitere Landmarke auf der langen Strecke, die wiedererkannt und abgehakt werden kann. Wir kommen beim down-run auf der Rückseite des dritten Big Five an, der hier fast verführerisch wirkt in seiner Harmlosigkeit. The Fainting Goat grüßt uns vom Schild des gleichnamigen Pubs beim Vorbeilaufen.

Der Gipfel von Botha's liegt kurz vor dem Kearsney College, das nicht zu übersehen ist. Wieder eine sehr gute Landmarke. Die Knaben der 1921 gegründeten Privat-Schule stehen pflichtgemäß mit ihren Uniformen am Wegrand und klatschen und rufen. Manche langweilen sich. Manche winken zurück, ein paar der Läufer klatschen sich und den Schülern Beifall. Wenn der Gipfel des Berges erreicht ist, geht es danach bergab. Und wie. Was beim up-run ein sehr harter Aufstieg ist, wird nun zum Gefühl eines freien Falls. Eigentlich beginnt hier der down-run erst. 50 Kilometer sind wir gelaufen rauf und runter und wir sind immer noch höher als in Pietermaritzburg. Jetzt werden die Abstiege länger und härter. Die verbleibenden 40 Kilometer führen uns hinunter an die Shining Shores des Indischen Ozeans. Aber noch stehen mir zwei Big Five im Weg. Und weiterhin fehlt mir ein Kilometer. Der, den ich von Anfang an verloren hatte. Ich habe 5h06 gebraucht für die ersten 50 Kilometer.

Letztes Jahr habe ich auf der Messe eine Sammlung mit Aquarellen der Big Five gekauft. Die Bilder sind alle aus der Perspektive des down-runs gezeichnet und jeweils von einer Comrades Legende signiert. Polly Shortts bergab, rechts davon die Eisenbahnbrücke, die wie ein Aquädukt in der Landschaft steht, signiert von Dave Rodgers. Blick auf Inchanga mit hohen schlanken Palmen davor, signiert von Bruce Fordyce. Die Autobahn runter von Fields Hill, Jackie Mekler. Der Brunnen bei Cowies Hill, Alan Robb. Botha's Hill zeigt einen alten Backstein-Bahnhof. Man sieht ihn nur, wenn man bewusst danach sucht, früher bin ich daran immer vorbeigelaufen. Botha's Hill ist unterschrieben von Frith van der Merve. Heute sehe ich zum ersten Mal bewusst hier das alte Bahnhofsgebäude. Keinen der Big Five sollte man im Renntempo laufen, weder rauf, noch runter. Klare Ansage. Aber alle anderen. Wenn mir das gelingen sollte, habe ich eine reale Chance. So hatte ich mir das zumindest daheim ausgerechnet. Aber der Plan war halt auch, ab Botha's im Soll zu sein und nur noch das Tempo zu halten. 50 Kilometer in fünf Stunden. Ergibt 90 Kilometer in unter neun, weil am Ende, auf den letzten Kilometern, die Aussicht auf den Erfolg mir Flügel verleihen würde. Das war der Plan. Der Plan sah nicht vor, ab hier immer noch sechs Minuten aufholen zu müssen. Einen Kilometer zurückzuliegen, hinter meinem imaginären Pacer-Car. Aber ich komme wenigstens gut hinunter, mit kleinen Tippelschritten, nur keine zu starke Belastung auf die Oberschenkel bringen. Ich kann das notwendige Mindesttempo gehen. Aber ich kann natürlich keine Zeit gutmachen. Never race a hill with a name.

Hillcrest, der vierte Cut-off bei Kilometer 56. Winston Park, eine Caltex Tankstelle zur Linken, erneut deutlich über der geplanten Zeit. Bill *Big Pill* Pane frühstückte hier beim ersten up-run Eier mit Speck und Wally Hayward, der nach über 20-jähriger Comrades-Pause 1950 zurückkam, überholte Reg Allison.

Gillits, nur noch ein Drittel übrig. Es kommt langsam die Zeit, in der man Farbe bekennen muss.

Kloof, Kilometer 61. Ein wunderschöner Ort mit schattigen alten Bäumen mit dicken Stämmen, saftige grüne Wiesen am Straßenrand. Links, rechts, rechts, geradeaus. Der ferne Klang einer japanischen Flöte. Ein fremder, eigenartiger Klang. Die durch das Einatmen entstehenden Pausen sind ein aktiver Raum und werden in Japan Ma genannt. Strahlender Leer-Raum. Ziehe dich in die Lücke zwischen zwei Gedanken zurück. Hier herrscht die Stille, die deine Seele sucht. Hier kannst du dich zurückziehen, vom Lärm der Welt. Hinein in die Stille zwischen zwei Flötenstößen. In die Pause zwischen zwei Gedanken. Ich bin nicht im Ma, ich bin in Kloof. Und die Stimmung ist einfach fantastisch. Winkende Cheerleaderinnen, das Fett riesiger Steaks verbrennt auf glühenden Holzkohlen, von den eiskalten Bierflaschen perlt das Kondenswasser herunter. Lass dich nicht ablenken. Konzentriere dich auf deine Aufgabe. Bill-Rowan. Aber wenn ich eines Tages mal als Zuschauer herkomme, werde ich mich hier niederlassen.

Nur noch fünf Kilometer, dann kommt Fields Hill, 1982 das Ende aller Träume für Alan Robb von einem möglichen fünften Sieg. Nach einem intensiven Duell über viele Kilometer musste er Bruce Fordyce doch noch ziehen lassen. Der vierte Big Five, der schlimmste und gefährlichste der fünf großen Hügel. Über vier Kilometer langes steiles Bergablaufen. Auf der Autobahn geht es in weiten Kurven lange und weit hinunter. In der Ferne kann man schon das Meer erahnen, hinter den Hochhaustürmen der großen Stadt. Vor zwei Jahren bin ich, euphorisiert durch meine bis dahin gute Zeit, mit voller Wucht hinuntergestürmt. Danach musste ich gehen, immer und immer wieder, die Kraft war weg. Hier habe ich damals die gar nicht ernsthaft angestrebte Bill-Rowan-Medaille verloren. Am Ende haben mir 16 Minuten gefehlt, bei Fields Hill war ich noch exakt im Plan. Heute sechs Minuten über dem Plan. Immer noch ein ganzer Kilometer. Fields ist der längste und gefährlichste der Big Five. Langsam und vorsichtig, so wenig bremsen wie erforderlich, am besten die Schwerkraft wirken lassen und ihr hinab folgend. Drei weitgeschwungene Kurven, die sich von dem mit tropischem Grün bedeckten Hügel hinunterwinden.

Ich versuche, immer wieder möglichst weit rechts zu laufen, ein wenig Schatten mitnehmen. Dafür ist hier die Straße sehr stark zur Seite hin abschüssig. Es ist ein Balanceakt. Der Teil der Strecke, auf dem man nichts gewinnen, aber alles verlieren kann. Ein Spruch für das Phrasenschwein. Dennoch die Wahrheit. Ich komme heute aber ziemlich gut runter. Über eine Auffahrt geht es endlich wieder von der großen Straße runter, hier steht auch wieder Publikum. Eine scharfe Kurve. Fields Hill ist geschafft. Meine Beine sind heil geblieben und ich bewege mich kontinuierlich vorwärts. Und ich habe jetzt die prominentesten Abstiege hinter mir. Die einzelnen Kilometer beim Abstieg von Fields Hill sind 5:58, 5:48 und 6:28. Nicht schlecht, nichts aufgeholt, aber auch nichts verloren.

Die Langsamkeit des Langstreckenlaufs, mit der „Kraft, Mühsal zu ertragen und wenig zu bedürfen". Marc Aurel war zwar nur ein römischer Kaiser und kein Marathonläufer, auch wenn die Originalstrecke ja gewissermaßen in seinem Vorgarten lag. Aber Wahrheiten bleiben wahr, auch über die Jahrhunderte hinweg. Es muss nicht viel mehr sein, als einen Kilometer nach dem anderen zu laufen, glücklich in sich selbst versunken oder der Welt ganz zugewandt. „What's the use of worrying? What's the use of anything", Paul McCartney im lässigen Singsang. Auch dies bleibt wahr, über die Jahrtausende. Fahnen flattern im Wind, weiße Vögel und ein blauer Himmel. Steine liegen im Sand und unter dem Rand des Meeres. Am Ende der Welt klingelt eine einsame Kirchenglocke. Straßen in der Stadt oder im weiten Raum dazwischen. Der Schmerz der Anstrengung erfüllt unseren Körper. Alle Sorgen sind fort, der Geist ist frei. Vom Alltag zumindest. Und wenn auch nur vom Start zum Ziel. Ein paar Stunden in der absoluten Leere. Eine Insel der Glückseligkeit im Ozean des Leidens der Welt. Laufen auf einem schwarzen Diamanten. Pinetown. Ich hatte die ersten Jahre beim Namen Pinetown immer an die Bilder vom viel hübscheren Kloof gedacht, an die dicken Stämme der schattenspendenden Bäume im gepflegten Grün der Vorgärten. Kloof liegt vor Fields Hill, Pinetown dahinter. Pinetown klang für mich nach dem Geruch der Pinienwälder an der französischen Atlantikküste, an Ferien im August, wenn der Sommer noch endlos schien. Der Name der Stadt kommt aber vom Gouverneur der Kolonie Natal Sir Benjamin Pine. Von Pinien keine Spur, die Briten internierten hier im zweiten Krieg gegen die Buren deren Frauen und Kinder in erstmals so bezeichneten concentration camps. Pinetown ist unspektakulär, hässlich fast, also was wir sehen, Läden, Tankstellen, Schrott- und Autohändler, viel Staub in der Luft und Dreck am Straßenrand. Mitten in der Stadt gibt es eine fiese Unterführung, durch die wir müssen, erst hinunter, dann wieder rauf. Beides ist jetzt fast gleich schmerzhaft.

Es ist klar, die anderen Läufer sind nicht meine Gegner. Jeder läuft für sich allein. Und nur gegen sich selbst. Aber du, Kamerad, wenn du mir jetzt noch ein drittes Mal hintereinander auf meinen Schuh spuckst, dann kracht's gleich gewaltig zwischen uns. Ich lasse den Gedanken treiben und mich im Strom der Läufer ein wenig nach rechts, weg von der Spuckmaschine. Jeder braucht eben sein Ritual, bei ihm war es offensichtlich alle 30 Sekunden auf den Boden zu spucken. Weiter geht es, die Straßen rauf und runter. Immer schön cruisen, nicht zu hart laufen, die Beine schonen und doch das Tempo halten. Irgendwo dazwischen liegt heute für mich eine Bill-Rowan-Medaille.

Die Pace im Blick, das nächste Schild, der nächste gelaufene Kilometer. Und doch, ich muss auch immer das große Ganze im Blick haben. Und das große Ganze bedeutet, mir fehlen weiterhin sechs Minuten, jetzt und hier in Pinetown. Bei Kilometer 69, einen läppischen Halbmarathon vor dem Ziel, sechs Minuten ist gleich ein Kilometer. Ein Kilometer fehlt. Ich habe es nicht geschafft, ihn reinzulaufen. Natürlich habe ich es die ganze Zeit versucht. Aber eben nicht geschafft. Es war immer noch zu riskant, vor Fields Hill schon ins letzte Risiko zu gehen. Für die drei letzten Kilometer hatte ich erst 6:28 gebraucht, dann 5:55 und jetzt wieder nur eine 6:13. So hole ich das nie auf. Jetzt kommt es doch, das Panikgespenst, und es kommt mit aller Macht. Eine schwarze Welle, die über meinem Kopf zusammenbricht und mich fast zu Boden drückt. Ich schaffe es nicht. Der schlimmste Gedanke der Welt. Ich bin so knapp davor und doch fehlt mir so viel. 69 Kilometer in sieben Stunden. 70 Kilometer hätten es sein müssen. Das Schild zeigt 21 Kilometer to go. Anstatt wie sonst üblich werden wir beim Comrades von Anfang an mit der Reststrecke konfrontiert. 89 Kilometer to go kurz nach dem Start, da ist die Euphorie noch groß, die 89 nur eine Zahl ohne Bedeutung. Es ist weit, ja, das weiß nun jeder, mehr nicht. Jetzt steht dort die 21. Nicht viel, aber nach sieben Stunden Laufen am Anschlag ist ein Halbmarathon auch kein Spaziergang mehr. Ich kann mir an diesem Punkt im Rennen gerade nicht vorstellen, dass ich das heute noch schaffe. Ich bin sieben Stunden unterwegs, 69 Kilometer mit fast 6 min/km Pace gelaufen, mit all diesen Höhenmetern, Polly Shortts runter, Inchanga rauf und runter, Botha's rauf und runter, Fields runter und jetzt soll ich einen Halbmarathon in weniger als zwei Stunden laufen? Und es kommen ja noch Cowies Hill, 45th Cutting, Tollgate, die ganzen no-names, Berge ohne Namen. Namenlose Monster. Aber Monster. Die nackte Angst hüllt mich ein, umgibt mich, die graue Angst es nicht zu schaffen. Wann, wenn nicht heute? Nach all der Vorbereitung mit so vielen 35 Kilometer-Läufen, nach all den schmerzhaften Endbeschleunigungen? Könnte ich dieses Training überhaupt noch einmal wiederholen? Noch mehr trainieren? Und das Schlimmste ist, jeder wird sagen, schade, beim letzten down-run hättest du es ja geschafft. Der endete nämlich im Kingsmead Stadion und war einen Kilometer kürzer als heute. Es muss also heute sein. Es muss. Die Panik lässt nach.

Ich konzentriere mich wieder auf meine Uhr und die Pace. Meine Schritte, meine Arme, Ein- und Ausatmen, das Trinken und immer wieder den Kopf nass machen. Das Gefühl wird besser. Noch kann ich es schaffen. Wenn ich so hart laufe, wie ich kann. Alles oder nichts. Wenn ich das Tempo nicht durchhalten kann und besinnungslos auf dem Asphalt liegenbleibe, habe ich es wenigstens versucht. Wenn ich es jetzt nicht versuche, schaffe ich es auf keinen Fall, weil ich sechs Minuten niemals in einer Stunde reinlaufen kann. Aber vielleicht in zwei. Über diese letzten 21 Kilometer. Nur noch ein Halbmarathon. Volles Risiko. Dig deep. Wie sehr willst du das hier wirklich? Mehr. Mehr als alles auf der Welt. Dig deep, Marcus, always, schrieb mir Scott Jurek einst ins Buch. Ich will das. Jetzt. Und ich kann heute jede Hilfe gebrauchen, jeden einzelnen Ratschlag, den ich jemals irgendwo gehört oder gelesen habe. Ich muss es einfach versuchen. Es sind ja noch 21 Kilometer, ein halber Marathon. Zeit genug einen Kilometer reinzulaufen. Alles, was ich tun muss, ist so hart zu laufen, wie ich nur kann. Alles reinlegen, alles raushauen. Jetzt oder nie, die Zeit des Taktierens ist vorbei, das Visier wird geöffnet. Bill Rowan oder nichts. Du weißt, was dich erwartet. Cowies, 45th Cutting, die Überführung in der Stadt, alles klar, noch 21 Kilometer. Ich werde bis an die Grenze laufen. Den Rand. Mehr kann ich nicht von mir erwarten. Aber auch nicht weniger. Ich werde an den Rand laufen und wenn ich darüber falle, ich nehme es in Kauf. Wenn ich aufgeben muss, langsamer werde oder gar zusammenklappe? Bitte sehr. Ob ich irgendwann ins Ziel trudle oder der Tag im Kollaps endet, bedeutet mir im Moment nichts. Ich will unter neun Stunden bleiben. Ich bin so weit gekommen und wenn es auch im Moment nicht gut ausschaut, noch ist das Rennen nicht verloren. Heute ist meine Chance auf diese Medaille und vielleicht meine letzte. Aber ich muss die Pace jetzt anziehen. Sonst schaffe ich es in keinem Fall.

Und in diesem Moment verwandelt sich das Rennen. Es verwandelt sich in das, wovon ich bisher immer nur gelesen habe. In das Wichtigste. In das Wichtigste, was ich jemals im Leben geleistet habe. Ich versuche zu beschleunigen. Nach 7h15 habe ich immer noch 19 Kilometer übrig. Es ist zum Verzweifeln. Ich muss noch mehr Druck machen. Ich spritze mir mit dem eiskalten Wasserbeutel erst in den Mund, dann über den Kopf, der Kopf muss immer nass sein. Das gibt immer wieder einen kurzen Schub. Denk positiv. Fields Hill liegt auch schon hinter dir. Es war wie erwartet schmerzhaft, aber ich war vorsichtig genug, habe nichts verkehrt gemacht, bin Fields Hill nicht zu schnell gelaufen. Das ist aber nun vorbei. Jetzt gibt es kein zu schnell mehr. „Muss da durch", meint Udo dazu, die Nachtigall. „Muss da durch." Die Melodie zerfasert und verschwindet, das Gehirn schafft das nicht mehr, eine ganze Melodie zu denken. Ich muss da durch. Ein gesprochener Satz nur. „Es hilft ja nichts, Spatzl", meint der Monaco, „ich muss da durch." Es hilft ja nichts. Er meinte einen aussichtslo-

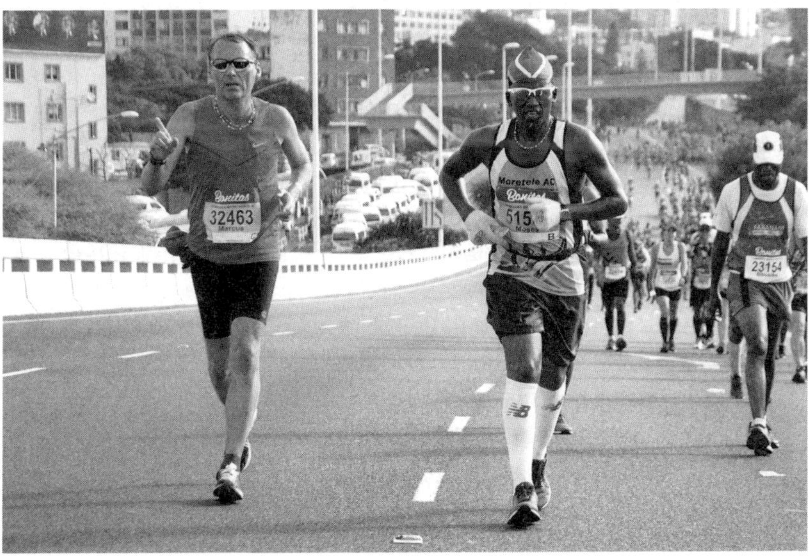

Foto: Action Photo SA

sen Boxkampf, um einer jungen Frau zu imponieren. Ich muss trotz aller Schmerzen gerade ein wenig lachen, als ich daran denke, es hilft ja nichts, ich muss da durch. Jede noch so sinnloseste Heldenbestätigung kann damit begründet werden, als wäre es ein göttliches Schicksal. Ich muss da durch, Spatzl, es hilft ja nichts. Also. Auf geht's. Die letzten 17 Kilometer auf einer Straße, die irgendwann im Irgendwo in eine andere Straße mündet, die mich irgendwie ins Ziel hineinführt.

Es geht weiter rauf und wieder runter. Nach der langen Gerade in Pinetown macht die Straße zwei kleinere Biegungen. Dann kommt der Anstieg zu Cowies Hill. Ein hartes Baby, es ist der fünfte und letzte Big Five. Aber heute lasse ich mich von ihm nicht aufhalten. Ich fühle mich jetzt wieder viel besser, die Panik ist verflogen, die Zuversicht ist wieder da. Cowies Hill wird mein Freund heute, der Berg legt mir keine Hindernisse in den Weg. Gehend und laufend erzwinge ich mir den Aufstieg, immer im Wechsel. 25 Doppelschritte gehen, dann Laufen so lange es geht, dann wieder 25 Doppelschritte. Druck machen. Ich komme oben an, laufe wieder und über den höchsten Punkt am Brunnen vorbei, den man extra für die gebaut hatte, die hier beim Training vorbeikommen. Kurve nach links und es geht wieder runter. Trotz Streckenbesichtigung am Freitag habe ich schon wieder ganz vergessen, wie verrückt steil das ist. Für diese beiden Kilometer brauche ich schon wieder 6:33 und 6:19. Nichts aufgeholt, aber jetzt habe ich alle großen Namen hinter mir. Und ich kann noch gut laufen, das Gefühl wird Gewissheit, ich kann immer noch Druck machen. Irgendwo hatte ich gelesen, der Abschnitt zwischen Cowies Hill und Tollgate Hill sei der anspruchsvollste des ganzen Comrades, weil ein ständiges Auf und Ab. Mir scheint so langsam, dass beim Comrades jeder Abschnitt ein schwierigster ist. Je nachdem wer wann und wo etwas dazu zu sagen hat.

„Push, push, push", schreien die Zuschauer.

Weiter. Weiter. Westville. Gegründet von deutschen Einwanderern und benannt nach dem ersten Lieutenant-Governor von Natal, Martin West. Irrelevant, alle Gedanken nur auf die Pace konzentriert. Und die wird eindeutig besser jetzt, die Kraft ist noch da für das letzte Stück. Und endlich werden auch meine Kilometerzeiten schneller, 5:08 erscheint mir aber doch ein wenig zu forsch, ich nehme ein wenig raus, es ist ja noch ein gutes Stück, weiter mit 5:48, 5:36, 5:31, ich komme immer besser rein jetzt, 5:06, 5:03, 5:01, ich nehme die vorbeiziehenden Kilometerschilder wahr und lasse jedes einzelne dankbar hinter mir.

Der Badener Charly Doll überholte 1993 bei 45th Cutting Theo Rafiri und wurde der erste Internationals Sieger seit vielen Jahren. Der merkwürdige Name von 45th Cutting geht auf das 45. Britische Infanterie Regiment zurück, das von 1843 bis 1859 in Natal stationiert war. Sherwood Foresters wurden sie auch genannt, nach ihnen wurde der Stadtteil Sherwood hier benannt. 45th Cutting steht für den mit Schaufeln und Spitzhacke hier angelegten Durchbruch durch einen Hügel. Für mich bedeutet 45th Cutting einen weiteren sehr hässlichen Anstieg. Aber auch eine sehr wichtige Landmarke. Nur noch 10 Kilometer! Ab jetzt bin ich im einstelligen Bereich. Die Straße macht eine leichte Biegung nach rechts, bevor es vorbei am Kentucky Fried Chicken nach oben geht.

Und hier geschieht das Wunder. Kurz vor dem Anstieg zu 45th Cutting laufe ich auf den nine-hour-bus auf, die Tempoläufer für die Bill-Rowan-Medaille, SUB9 steht auf ihren Fahnen. Und sie machen gerade eine Gehpause. Das ist meine Chance. Entschuldigen Sie, ich muss da durch, höflicher Ellenbogeneinsatz, gerade so, dass es kein Foul ist, aber sonst kommt man hier nicht vorbei. Ich entschuldige mich fortwährend, excuse me, I am sorry, excuse me, sorry, ich sporne mich an, immer wieder, sorry, ich muss da durch, danke, thank you, ich muss da durch, sorry, please please me, und weiter. Und plötzlich bin ich vor dem Bus. Als würde man durch eine dichte Wolke hinein in einen wunderbar blauen wolkenlosen Himmel fliegen, der Sonne entgegen. Ich bin durch und versuche, sofort so weit wie möglich wegzukommen, so lange sie noch in der Gehpause verweilen. Nichts ist schlimmer, als selbst wieder gehen zu müssen und dann vom Bus überrollt zu werden. Das hatte ich auch schon mal, über viele Kilometer ging das so, überholen und überholt werden, es ist sehr anstrengend und zerstört jeden Rhythmus. Heute drücke ich hinter der Gruppe voll rein. Die freie Straße vor mir und die Aussicht auf das Ziel, die einstellige Kilometerzahlen, all das setzt neue Kräfte frei. Noch einer mit einer SUB9-Fahne, ein letzter Bus, er läuft fast alleine und seine Gruppe ist kein Bus. Ich komme problemlos auch hier vorbei und bin jetzt, wo keine zehn Kilometer mehr zu laufen sind, vor allen SUB9-Pacemakern. Die werden mich heute nicht mehr einholen. Ich werde so hart laufen, wie ich kann, oder einfach umfallen, ich werde mich von euch nicht mehr überholen lassen und wenn ich vor euch bleibe, schaffe ich es. Diesen Anstieg von 45th Cutting werde ich nicht mehr vergessen. Er bremst natürlich ein wenig ab, aber langsamer als 6:30 werde ich nicht und auch das nur kurz. Dann geht es auch schon wieder bergab und die Uhr zeigt eine gute Pace. 5:14 min/km. Ich höre wogenförmiges Gekreische der Zuschauer, als der Bus vorbeizieht, „nine-hour-bus-nine-hour-bus-nine-hour-bus", hysterisch fast, aber es wird langsam leiser. Ich kann Distanz gut machen. Ich komme ein wenig weg. Sehr gut.

8h10 zeigt die Uhr. Ich bin fast 82 Kilometer gelaufen. Der verlorene Kilometer ist reingelaufen. Peng ist er wieder da. Es ist fast unglaublich. Eine neue Welle Adrenalin wird freigesetzt. Keine Ahnung, wo das immer noch herkommt. Die Strecke führt durch einen Tunnel und dann links hoch. Eine Rampe hinauf zur Autobahn N3. Es ist ein unglaublich steiles Stück, aber nur ganz kurz, das muss man wissen, sonst könnte man hier sofort das Heulen bekommen. Wenn man es weiß, ist es nicht so schlimm. Einfach kräftig klettern, alle anderen müssen hier auch gehen. Auf der Autobahn drehe ich mich noch einmal kurz um. Wenn ich den Bus abhänge, bekomme ich die Medaille, das ist klar, die waren auch gut in der Zeit. Anders als vor zwei Jahren, da war der nine-hour-bus weit hinter mir und kam sogar erst nach 9h46 ins Ziel. Das sollte nicht passieren, aber hier gibt es keine Garantie, dass die Tempoläufer das versprochene Tempo bis ins Ziel laufen. Es ist keiner hinter mir, ich kann sie nicht sehen, nicht einmal mehr hören kann ich sie. Sie singen und schreien, manche zählen laut, man kann die Gruppen meistens früher hören als sehen. Ab jetzt werde ich mich nicht mehr umdrehen. Einfach laufen so gut es geht. Umdrehen nützt auch nichts mehr. Ich muss die Zeit im Auge behalten. Bloß nicht nachlassen. Bloß nicht überziehen. Mein Gehirn rotiert, erst, du schaffst es, du hast ein Polster, dann meldet es, pass auf, es könnte knapp werden. Ich versuche, den Druck zu halten und zugleich noch mehr zu machen. Die Autobahn, auf der wir am Ende des Rennens laufen ist die National Route N3 und verbindet den Hafen von Durban mit der Hauptstadt Johannesburg über eine Länge von 579 Kilometer. Der Comrades Marathon geht mehr oder weniger parallel dazu, wie oft wir die Autobahn über- oder unterquert haben, habe ich nicht gezählt. Der Großteil der Strecke wird auf der Old Main Route gelaufen. Wieder einmal erscheint mir eine Straße riesig und breit, wenn keine Autos darauf fahren. Die Sonne scheint jetzt vom wolkenlosen südafrikanischen Himmel und ihre Glut sammelt sich in einem Canyon aus Zement und Asphalt, links und rechts neben der Autobahn stehen meterhohe Lärmschutzmauern.

Eine größere Gruppe Zuschauer rechts an der Straße, kurz vor dem Anstieg zu Tollgate Hill feuert uns fanatisch an. „Bill – Ro – wan", schreien sie, rhythmisch im Chor, „Bill – Ro – wan – Bill – Ro – wan", immer und immer wieder. Wie schön wäre es, könnte mich dieser Chor ins Ziel begleiten. Sie wissen genau, um was es für uns geht, um alles einfach, nichts kann daneben in diesem Moment Bestand habe. Die Bill-Rowan-Medaille. Die Beine und der Asphalt. Weiter hoch zur Tollgate Bridge, ich muss immer wieder ein paar Meter gehen ab und an, wenn es gar nicht mehr geht. Schräg vor mir zwei Frauen, die ungefähr meine Pace haben. Wir könnten es zusammen schaffen, denkt mein Gehirn, als Team. Dann beschleunigen sie, eine Spur nur, fast unmerklich. Sie hängen mich ab und ich werde sie nie wiedersehen. Bye-bye und gute Reise.

In einer hier errichteten Mautstelle sammelte man im 19. Jahrhundert Geld für den Bau der Berea Road. Übrig blieb die Tollgate Bridge. Auch auf der markanten Brücke mit dem Bogen stehen Zuschauer und rufen und winken. Früher waren es von hier nur noch fünf Kilometer bergab zur Ziellinie. Gestern ist nicht heute. Wir müssen zum Fußballstadion. Das neue Ziel bedeutet eine neue Route auf den letzten Kilometern. Und weil die Distanz ab Tollgate sogar zwei Kilometer länger ist als vorher wurde die Strecke schon in Pietermaritzburg um einen Kilometer gekürzt. Am Ende bleibt einer der längsten down-runs aller Zeiten.

Nur noch diese eine Überführung, einmal nur noch bergauf. Ich bin deutlich vor dem nine-hour-bus, ich kann es wirklich schaffen, obwohl es lange nicht mehr danach aussah. Weil jeder sagt, man müsse sehr langsam loslaufen, die Zeit könne man später wieder reinholen, habe ich ein vielleicht ein wenig zu viel Zeit verloren. Aber vielleicht war gerade das genau richtig. Erst bei Kilometer 82 war ich im Plan, bei 45th Cutting und dann noch 40 Minuten für die letzten sieben Kilometer. Mehr Druck machen, immer drauf. Push, push push. Ich biege ab, lasse das Hilton und das alte Kingsmead Stadium hinter mir, seit 1976 Ziel aller down-runs, es ist jetzt egal, wo früher mal das Ziel war. Einfach weiter. Noch drei Kilometer, ich schaffe es, aber ich darf auch nicht nachlassen, ich darf es nicht mehr aus der Hand geben. Ich laufe wieder ein wenig schneller, aber es ist ziemlich heiß geworden, hoffentlich übertreibe ich es nicht. „Keep on pushing, keep on pushing, push the sky away", schreit Nick Cave. „Push, push, push", wieder eine Gruppe Zuschauer, „push, push, push." Mehr Druck machen, mehr Druck machen. Und wieder der verführerische Gedanke, du schaffst es jetzt, du musst nicht mehr so schnell laufen. Lass ein wenig nach, vielleicht gehst du sogar ein paar Meter. Weg mit dir, Satan, bricht es aus mir heraus. Die Vorstellung, ins Stadion einzulaufen und eine neun Stunden irgendwas auf der Uhr zu sehen, gibt mir letzten Antrieb. Ich hoffe nur, dass ich nicht auf den letzten Metern vor dem Ziel noch kollabiere, auch solche Geschichten gibt es ja. Das Ziel in Sicht zieht das Gehirn den Stecker, der Körper fällt in sich zusammen. Die Finishline bleibt, nur wenige Meter entfernt, dennoch unerreichbar. Denk was anderes. Ich schaffe das. Ich werde es schaffen.

„What about Bill Rowan?", fragt neben mir ein Läufer seine Begleiterin.

„Weiß ich nicht, darüber habe ich mir noch keine Gedanken gemacht", antwortet sie doch tatsächlich. Sie scheinen beide recht entspannt zu sein. Wir sind keine drei Kilometer vor dem Ziel und es sind vielleicht noch 20 Minuten bis zur 9h-Grenze, und neben mir läuft jemand, der sich darüber noch keine Gedanken gemacht hat? Das erscheint mir so surreal, dass ich fast geschrien hätte, „natürlich schaffen wir Bill Rowan". Ich sage aber nichts und pushe mich weiter. Ich muss es einfach schaffen. Es wird knapp. Aber ich werde jetzt nicht mehr aufgeben, ich werde nicht mehr gehen, einfach nur kaltes Wasser über den Kopf, ein wenig in den Mund, weiter, weiter. Ich setze die Mütze wegen der Sonne kurz auf, das ist viel zu warm, also wieder runter und weg damit. Noch zwei Kilometer. Wieder ein Blick auf die Uhr. Es scheint zu reichen, es ist möglich, aber eben auch noch zwei Kilometer, kein Pappenstiel, die Beine sind kaputt, alles schmerzt, Puls weit über der Maximalfrequenz. Egal, alles egal jetzt, es zählt nur die Ziellinie, irgendwo dort vorne. Alles oder nichts, so einfach. Weiter, weiter, weiter. Ich warte auf das 1km-to-go-Schild. Wo ist das letzte Schild? Es kann doch jetzt nicht mehr so weit sein. Wo ist das Schild?

Aber es kommt keines mehr. Es ist nicht da. Später wird mir jemand erzählen, er habe es gesehen. So fehlt mir jetzt die Orientierung. Das Stadion will und will nicht näherkommen. Wie weit ist es noch genau? Wird es reichen? Aber die Pace zu halten, ist schon die Grenze des Möglichen. Ich kann nur noch vorwärts stolpern, mehr ist das nicht mehr, jeder Schritt ein wenig kontrollierter Fall, und dann ganz plötzlich, da vorne biegen sie ab, es kann kein Kilometer mehr sein, ein Zaun lenkt uns zum Stadion, das wie ein blendend weißes Geisterschiff vor mir auftaucht, ich laufe durch das Tor hinein in eine enge Kurve, ich betrete die Grasbahn, das verführerisch weiche grüne Gras, ich bin wirklich im Stadion, da hinten tickt die Uhr in dem grünen Zielbogen, acht Stunden glaube ich zu erkennen, acht Stunden und irgendwas mit 50 Minuten, es wird reichen, ich gebe noch einmal alles, Geist und Körper betäubt und berauscht zugleich. Ich komme aus der Kurve heraus auf die Gerade, kann die Zeit nicht richtig lesen, weil ich nur noch verschwommen sehe, die Minute wird wohl noch voll, ich komme näher, es ist gar nicht die 56, sondern erst die 55. Ich laufe über beide Zielmatten, immer aus Angst, dass die Zeit sonst vielleicht nicht stehenbleibt. Dann bleibe ich stehen. Auch meine Zeit hält an. Acht Stunden und 56 Minuten und 10 Sekunden. Bill Rowan. Keine vier Minuten vor dem Cut-off. Ich heule vor Glück und Erleichterung, vornübergebeugt, mit beiden Händen vor dem Gesicht. Eine TV-Kamera taucht vor meinem Kopf auf, die Bilder werden Teil der 12-Stunden-Liveübertragung und wie jeder Zieleinlauf Teil der Comrades Historie. Ich werde freundlich, aber bestimmt weitergleitet und bekomme meine Medaille um den Hals gelegt, congratulations, well done, thank you, awesome, excellent, thank you so much. Sie ist wunderbar und so viel schöner als in meinen Träumen. Weiter, weiter, winken jetzt die Aufseher energischer, es wird immer voller, immer hektischer, schließlich müssen auf die Sekunde genau die einlaufenden Finisher nach neun Stunden zu den Bronzemedaillen geleitet werden.

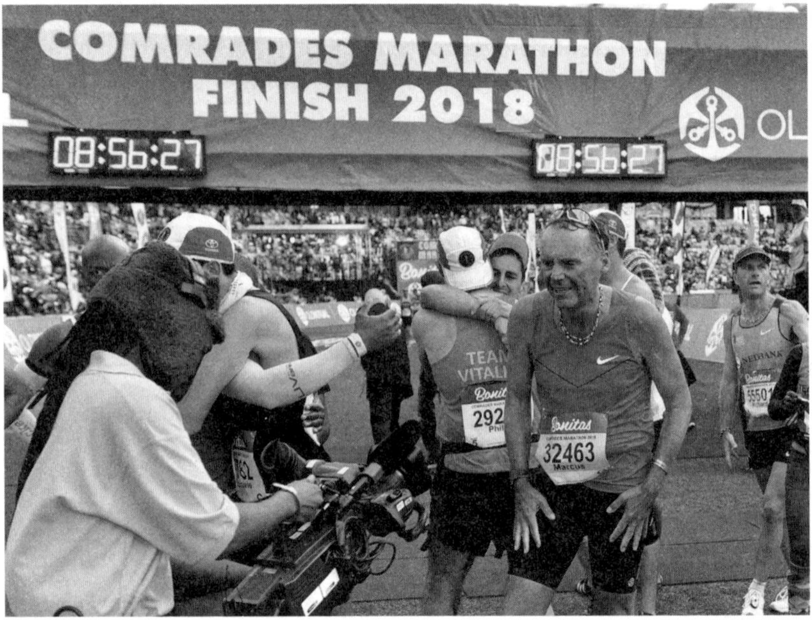

Foto: Action Photo SA

Wir sitzen hoch oben in den fast leeren Zuschauerränge auf der Höhe des Zielbogens. Das Drama naht am Ende des Tages. Wenn die letzten Läufer in das Stadion einlaufen, ist schon klar, dass es für sie nicht mehr reichen wird. Tausende kommen in der letzten Stunde ins Ziel. Die Sekunden werden runter gezählt. Ein letzter Böllerschuss und das Ziel wird von einer kräftigen Menschenkette abgeriegelt. Auf die Sekunde genau zwölf Stunden nach dem Startschuss. Ein paar Verzweifelte versuchen sich mit Gewalt noch durchzuschieben, hineinzuwerfen in das Ziel, aber das gelingt niemandem. Die Unglücklichen sinken vor dem Ziel auf den Boden, die letzten Glücklichen dahinter. Der erste, der es gerade nicht mehr geschafft hat, bekommt einen Blumenstrauß und wird für das Fernsehen interviewt. Wie im antiken Theater zu Epidauros wohnen wir der Tragödie bei. Es ist dunkel geworden. Das Geschrei verebbt. Die Menschen gehen nach Hause.

Um kurz vor 19.00 Uhr betrete ich mein Hotelzimmer daheim im Hotel in Durban. Draußen ist es stockdunkel. Der Tag, der heute Morgen um drei in Pietermaritzburg begonnen hat, ist zu Ende. Das Ziel ist erreicht, die Medaille liegt auf dem Kopfkissen. Nach dem

Duschen und Anziehen möchte ich einfach nur auf dem Bett liegen. Es ist so herrlich zu liegen. Ein paar Kleinigkeiten erledigen, den Rückflug für morgen einchecken, die Heimat anrufen, Bilder verschicken. Freunde hatten mein Resultat schon in die Netzwerke gepostet, Gratulationen, ich freue mich sehr darüber und antworte auch gleich. Ich döse ein.

Am Abend sind wir wieder im California Dreaming. Der Wein ist kalt und hat das herbe Aroma der Kapregion, aus der er kommt. Lachende müde Gesichter, Medaillen, bunte Finisher Shirts, unser Glück perlt durch Luft. Es sind die besten gegrillten Calamari, die ich kenne, der Teller ist randvoll, dazu gibt es frischen Salat und Pommes. Wir haben einen guten Tisch. Vor uns bricht sich der nächtliche Ozean in weißer Brandung. Auf der Promenade sind ein paar vereinzelte Spaziergänger. Geschichten von dem langen Tag, so viele Kilometer, so viele Bilder im Kopf, die gerade langsam verschwimmen. Nach dem Essen schleicht sich die Müdigkeit in die Knochen. Noch einen letzten Schluck Wein, ein Grappa, dann wird gezahlt, wir brechen auf. Der Tanz ist getanzt, die Party ist vorüber. Morgen geht es für die meisten wieder nach Hause. Es gibt viel mehr Sterne an diesem Südhimmel als daheim im Norden. Das Kreuz des Südens, die Magellanschen Wolken. Sterne, Planeten und Sonnen, inmitten einer unfassbaren Weite, einem Meer aus Sternen. Es ist ganz still. Ich bin heute meinen besten Comrades gelaufen. Ich danke still dem Himmel und dem Universum dafür.

In der Lobby vom Hilton treffen sich große Gruppen von Läufern. Ich begrüße die beiden Australier aus dem Aufzug. Beide haben es geschafft. Sie hat ihre erste Medaille und er trotz der Verletzung seine vierte.

„Drei Minuten", sagt er, „drei Minuten vor Zielschluss. Humpelnd und mit Schmerzen. Aber geschafft."

„Das trifft doch für jeden Finisher zu", sage ich, „humpelnd und mit Schmerzen."

Er lacht und wir verabschieden uns in den Abend hinein.

Montag

Der Montagmorgen nach dem Comrades. Ich bin sehr früh wach und habe ganz gegen meine Gewohnheiten richtig Hunger. Die Terrasse ist noch leer. Es gibt frischen Kaffee und ein volles Buffet. In der Zeitung steht, dass im Ziel des Comrades Marathons eine der größten mobilen ärztliche Versorgungseinrichtung steht, die sich nicht auf einem Kriegsschlachtfeld befindet. Zwanzig Ärzte, drei mobile Intensivbetten, zahllose Pflegekräfte und Helfer. Für Renn-Arzt Jeremy Boulter „ein normaler Tag des organisierten Chaos".

Nach dem Frühstück gehe ich runter zum Strand. Noch einmal die Promenade entlang bummeln, bevor es wieder nach Hause geht. Die Medaille baumelt um meinen Hals, ich sehe viele bekannte Gesichter. Die meisten haben ihre Medaille umhängen und tragen das bunte Finisher Shirt. Die Sonne scheint und das Meer ist blau und riecht nach Salz. Nächstes Jahr werde ich wieder hier sein, das ist klar. Es waren Portugiesen, die diesen Teil der Welt nach Europa brachten, Vasco da Gama ging hier am 25.Dezember 1497 auf der Suche nach einem Seeweg nach Indien vor Anker. Weil er den Ankerplatz für eine Flussmündung hielt, nannte er den vermeintlichen Fluss Rio de Natal. Mangroven wuchsen an den Ufern und Löwen wanderten frei durch die Savannen im Hinterland. Die Briten benannten 1824 ihre erste Siedlung Port Natal und änderten das 1835 nach dem Gouverneur der Kapkolonie Benjamin D'Urban um in D'Urban. Der Winter hier ist wie ein herrlicher Sommer, das Klima subtropisch. Die Luft strahlt ganz klar. Es ist dieses wunderbare reine Sonnenlicht, das sich auf dem Wasser spiegelt. Die Schiffe, die auf die See hinausfahren, kaum Wind, das Meer glänzt wie flüssiges Silber, Surfer sind auch schon im Wasser. Möwen zeichnen in der Luft weiße Spuren im tiefen Blau. Es ist einfach wundervoll. Der Zeiger der Uhr bewegt sich nur minimal, wie in Zeitlupe. Vielleicht bleibt aber auch nur gerade die Zeit einfach stehen, verlangsamt sich und endet dann. Wenn die Zeit endet, was passiert dann? Danach? Gibt es überhaupt ein danach? Ein nachdem die Zeit stehen geblieben ist? Schwer vorstellbar. Aber was heißt das schon, unser Geist ist für so vieles zu beschränkt, warum nicht auch hierfür? Der Himmel ist jedenfalls ohne Wolken, keinerlei Bewegung ist in seinem weiten Blau zu sehen. Die Unendlichkeit ist eingefroren. Ein paar Palmblätter klappern im milden Wind. Den Strand und die Promenade bevölkern Sonnenanbeter, Surfer und gelbe Bay-Watch-Autos. Surf City wird die Stadt auch mal genannt und der Strand Golden Mile, eingeteilt in Sektoren. Auf der weitläufig geschwungenen Promenade trainieren Jogger umringt von Skateboard- und Fahrradfahrern. Touristen bummeln zeitverloren, viele sind heute Comrades Teilnehmer. Straßenhändler bieten bunte Stoffe und afrikanische Souvenirs an. Rikscha-Fahrer warten auf Gäste, manchmal springen sie in die Luft, die Sitze kippen abrupt nach hinten, die Fahrgäste kreischen erst und lachen dann. Ein Aquapark mit einer kleinen Gondel und verschiedenen Pools, in denen kleine Kinder planschen. Strahlend weiß ragt aus dem Dunst der Küste das Moses-Mabhida-Stadion hervor. Der begehbare Mittelbogen ist zum Wahrzeichen geworden.

Wir waren die ersten Comrades Finisher, die hier ins Ziel gelaufen sind. 70.000 Zuschauer bei der FIFA-WM 2010. Es sollte eigentlich nach dem Zulu-Häuptling Senzangakhona benannt werden, aber noch während des Baus hat man es nach dem kommunistischen Politiker Moses Mabhida umbenannt. Vielleicht weil man sich bei der FIFA den Namen nicht merken konnte. Vielleicht auch aus anderen Gründen. Das größte Aquarium Südafrikas am südlichen Ende der Promenade. Dort ist auch das Moyo's, ein Restaurant am Strand und eine Bar auf dem uShaka Pier. Hier würde Hemingway sein letztes Bier trinken, wenn er die Wahl hätte. Umgeben von den ewigen Wellen des Indischen Ozeans, auf breiten hölzernen Stelzen. Durban. Größter Containerhafen Afrikas. Größte indisch-stämmige Gemeinschaft in einer Stadt außerhalb Indiens. Wenn die Sonne hinter dem Horizont über den Hügeln untergegangen ist, die letzten Sundowner getrunken sind, kann man von hier die komplette goldene Meile leuchten sehen, vom Moses-Mabhida-Stadion bis zur uShaka Marine World. King Shaka war ein berühmter Zulu Häuptling, unter ihm stiegen die Zulu von einer kleinen Gruppe zu großer Macht auf und beherrschten große Teile des heutigen Südafrikas. Er besaß das Geschick, militärische Siege einzufahren und die Unterworfenen dann einzugliedern. Sein Harem soll aus 1.500 Frauen bestanden haben, aber Nachkommen hinterließ er keine. Er fürchtete deren Konkurrenz um seine Macht. Für die Zulu ist er ein Nationalheld, für die Welt eine der bekanntesten Figuren des Kontinents. Auch der neue Flughafen Durbans erinnert an ihn, als King Shaka International Airport ging er in Betrieb.

„Nie mehr. Nie mehr wieder". Das sagen sich viele im Ziel. Und dann, Stunden nur, manchmal Tage oder Wochen später, melden sie sich doch wieder an. Vielleicht für eine Back-to-Back Medaille. Vielleicht für eine bessere Zeit. Oder einfach nur einmal in die andere Richtung laufen. Und dann hat er dich, der Comrades Marathon. Dann hängst du am Haken und kommst wieder und wieder und dann wird es ein jährliches Ritual. Wenn du Glück hast. Denn gibt es auf dieser Welt Schöneres, als den Comrades Marathon zu laufen, als hier ins Ziel zu kommen? Was kann man denn mehr vom Leben erwarten, von sich selbst, vom eigenen Körper, vom eigenen Geist, vom eigenen Herz, als hier am Start zu stehen? Zumindest einmal diese legendären Kilometer laufen, Teil der Comrades Familie zu werden mit einem Eintrag in die Ergebnislisten, Teil einer Geschichte von 100 Jahren werden. Eine dieser berühmten kleinen Medaillen zu bekommen. Was kann man mehr vom Leben bekommen? Aber nur den wenigsten wird es vergönnt sein, das Glück von Louis Massyn und Barry Holland zu teilen. Jeder der beiden hat 47 erfolgreiche Teilnahmen auf seinem Konto. Siebenundvierzig Comrades Medaillen. Was für ein herrliches Leben diese beiden gehabt haben müssen. Verletzungsfrei zu laufen, über so viele Jahre, fast ein halbes Jahrhundert Comrades, Jahr für Jahr.

„Wow", sagte Bill Rodgers zu Amby Burfoot im Film über den Boston Marathon. „Wir sind verletzungsfrei, wir sind immer noch Läufer. Das Leben ist gut." So muss man das sehen und so sollte man jeden Tag im Leben leben.

Der Comrades ist ein wunderbares Rennen. Die dort waren, wissen es. Ich muss das nicht mehr rechtfertigen. Und bis es wieder soweit ist, bis der nächste Comrades Marathon stattfinden wird, bleibt uns nur, davon zu träumen, von diesen wunderbaren Tagen in Südafrika. Ich werde in diesem Jahr wieder Geburtstag feiern, Weihnachten und Ostern, es werden eine Bundesliga-Saison und die komplette Champions-League gespielt werden. Es ist eine lange Zeit, so ein Jahr, wenn man es sich so vorstellt. Und wenn man es sich nicht so vorstellt, vergeht es wie im Flug, und plötzlich sind es viele Jahre geworden und viele Comrades Medaillen haben sich angesammelt. Wir sind alt und gebrechlich geworden und sehen dem Tod entgegen, unserem eigenen und dem der anderen. So wie es ja schon immer war. Ein Comrades ist eine wunderbare Leistung und eine noch wunderbarere Erfahrung und jeder, der sie gemacht hat, möchte sie wiederholen, und jeder, der sie nicht gemacht hat, tut mir leid. Ich fliege in Gedanken über halb Europa und fast ganz Afrika, all diese Länder, Naturwunder, Kulturerben. Über die Alpen und vorbei an Venedig und Rom und Neapel und über das Mittelmeer. Die Mittelmeerküste von Libyen, unter uns nun der afrikanische Kontinent. Wir streifen kurz den Tschad, den Sudan und den Südsudan und die Zentralafrikanische Republik, überqueren die Demokratische Republik Kongo und seine riesigen tropischen Regenwälder, Bilder von Menschenaffen tauchen auf, nur hier gibt noch alle drei Arten, Gorillas und Bonobos und Schimpansen. Bilder von King Kong und Menschen in Ebola-Schutzanzügen mischen sich darunter. Weiter über den Äquator, Sambia, Simbabwe, und Botswana. Tropicus capricorni. All das wird in wenigen Stunden überflogen und ich bin wieder in Durban und beim Comrades. Ich sehe die bunten Kleider der Zulu Krieger und der vielen Läufer, rieche das gegrillte Fleisch und höre den Beifall der Zuschauer. Der Geruch des blauen Indischen Ozeans und das Klappern der Palmwedel im Wind und das Gefühl der Sonne unter der Haut. Das Glücksgefühl am Start und im Ziel. Ich höre die stolzen Gesänge Südafrikas und sehe das erhabene Schreiten der Giraffen durch die unendlichen freien Weiten Afrikas. Und bis es wieder soweit ist, bleibt nicht mehr, als ordentlich zu trainieren und verletzungsfrei zu bleiben und das Leben anständig und ehrlich zu leben. Mehr kann man nicht tun. Und wenn man dann wieder herkommt, dankbar zum Himmel blicken.

Ich verlasse den Strand, gehe ins Hotel zurück und checke aus. Ich bin glücklich. Wenn das der Comrades mit mir macht, möchte ich das jedes Jahr wiederhaben. Ich werde hier laufen, so lange ich die Kraft und Motivation für das Training habe und die Pace im Rennen halten kann. „So glücklich, wie die Könige" hatte Hemingway einst geschrieben und genau so geht es mir heute. Die grünen Hügel Afrikas warten schon wieder auf mich im Valley of the 1.000 Hills von KwaZulu-Natal. Wir sehen uns nächstes Jahr, in Durban. Mit diesen Worten verabschieden wir uns jedes Jahr aufs Neue. Next year – in Durban.

Playlist

Lieder und Alben in der Reihenfolge der Nennung

Lied	Interpret	Album	Jahr
Heart-shaped Box	Nirvana	In Utero	1993
Eisbär	Grauzone	Grauzone	1980
Love Cats	The Cure	Japanese Whispers	1983
Herr Rossi sucht das Glück	Franco Godi	Soundtrack „Herr Rossi sucht das Glück“	1976
We are all made of Stars	Moby	18	2002
Ashes to Ashes	David Bowie	Scary Monsters (And Super Creeps)	1980
Perfect Day	Lou Reed	Transformer	1972
For those about to rock (We salute you)	AC/DC	For those about to rock (We salute you)	1981
Sirius	Alan Parsons Project	Eye in the Sky	1982
Yellow Submarine	The Beatles	Yellow Submarine	1966
Octopus Garden	The Beatles	Abbey Road	1969
Let's dance	David Bowie	Let's dance	1983
Am Landwehrkanal	Einstürzende Neubauten	Alles in Allem	2020
Crosseyed Heart	Keith Richards	Crosseyed Heart	2015
Voodoo Child	Jimi Hendrix	Electric Ladyland	1968
Another Girl	The Beatles	Help	1965
Lauf weiter	Etzelstreetband	Lauf weiter	2016
L.A. Woman	The Doors	L.A. Woman	1971
Peace Frog	The Doors	Morrison Hotel	1970
Sonderzug nach Pankow	Udo Lindenberg	Odyssee	1983
Wahn! Wahn! Überall Wahn!	Richard Wagner	Meistersinger von Nürnberg	1868
Mermaids	Nick Cave	Push the Sky Away	2013
Autobahn	Kraftwerk	Autobahn	1974
Ich mach mein Ding	Udo Lindenberg	Stark wie Zwei	2008

Lied	Interpret	Album	Jahr
Ich bin von Kopf bis Fuß auf Liebe eingestellt	Friedrich Hollaender	Soundtrack „Der blaue Engel“	1930
Berlin, Berlin	Harald Juhnke	Berlin, Berlin	1992
Where are we now	David Bowie	The Next Day	2013
Parallel Universe	Red Hot Chili Peppers	Californication	1999
Großgehirn	Seed	Music Monks	2003
Über sieben Brücken musst du gehn	Karat	Soundtrack „Über Sieben Brücken musst du gehen“	1978
Man with the Harmonica	Enio Morricone	Soundtrack „Spiel mir das Lied vom Tod“	1968
The Times they are a-changing	Bob Dylan	The Times they are a-changing	1964
Life is good – Thank God for the music – Send Love Spread Peace – What's my name	Ringo Starr	What's my Name	2019
Stern des Südens	Bayern-Fans United	Heimspiel	1999
Solo-Wal	Aufnahmen von R.S. Payne	Die Gesänge der Wale	1991
One night in Bangkok	Mike Tyson	Soundtrack "Hangover 2"	2011
Waterloo	Abba	Waterloo	1974
Ya Mama	Fatboy Slim	Soundtrack "Charlie's Angels"	2000
California Dreamin'	The Mamas and the Papas	Single	1965
Surfin' – Surfin' Safari – Surfer Girl – Surfin' USA – I get around – Fun Fun Fun – California Girls	Beach Boys	Singles	1961 – 1965
History of everything	Barenaked Ladies	Soundtrack "Big Bang Theory“	2008
South African National Anthem*	Christ Church Cathedral Choir Oxford	Favourite Hymns from Oxford – Amazing Grace	2004
Tshotsholosa (Road Song)*	Pete Seeger	The Complete Carnegie Hall Concert	1963

Lied	Interpret	Album	Jahr
Chariots of Fire	Vangelis	Soundtrack „Die Stunde des Siegers"	1981
Where is my mind	The Pixies	Surfer Rosa	1988
Cantina Band	John Williams	Soundtrack "Star Wars – A New Hope"	1977
Mrs. Vandebilt	Paul McCartney and Wings	Band on the Run	1973
Muss da durch	Udo Lindenberg	Stärker als die Zeit	2016
Im Wagen vor mir	Hans Blum	Single unter Pseudonym „Henry Valentino + Uschi"	1977
Push the Sky away	Nick Cave	Push the Sky away	2013
*Offizielle Nationalhymne Südafrikas	Text: E.M. Sontonga, C.J. Langenhoven Musik: E.M. Sontonga, M.L. de Villiers		seit 1997
*Shosholoza	Todd Matshikiza	Südafrikanisches Volkslied	1959

Literaturverzeichnis

James Joyce: Ulysses. Suhrkamp Verlag, 1982

Hermann Melville: Moby Dick; oder: Der Wal. Jung und Jung, 2016

Mike Spino: Laufen – die innere Dimension (im Original: Beyond Jogging). Ravensburg, 1988

Tim Noakes: Lore of Running. Human Kinetics, 2002

Douglas Adams: Das Leben, das Universum und der ganze Rest. Kein und Aber, 2017

Die Bibel: Der Prediger Salomo (Kohelet). Deutsche Bibelgesellschaft, 1984

Goethe: Faust. Insel, 2003

Alfred Döblin: Berlin Alexanderplatz. Fischer, 2013

Wolf Wondratschek: Lied von der Liebe. Dtv, 2008

Klaus Feierabend: Vom Lauf des Lebens. Arete Verlag, 2014

Paul Boldt: Auf der Terasse des Café Josty. www.paul-boldt.de

Alan Paton: Cry, the beloved Country. Vintage Classics, 2002

Mark Aurel: Selbstbetrachtungen. Alfred Kröner Verlag, 2008

Ernest Hemingway: So glücklich, wie die Könige. Rowohlt Buchverlag, 1984

Eine Historie „100 Jahre Comrades Marathon" ist unter www.arete-verlag.de abrufbar.